2nd edition

Mathematical Economics

数理经济学（第二版）

李晓春 著

图书在版编目(CIP)数据

数理经济学 / 李晓春著. —2 版. —北京：北京大学出版社，2023.4
21 世纪经济与管理规划教材·经济学系列
ISBN 978-7-301-33782-0

Ⅰ.①数… Ⅱ.①李… Ⅲ.①数理经济学-高等学校-教材 Ⅳ.①F224.0

中国国家版本馆 CIP 数据核字（2023）第 036041 号

书　　名	数理经济学（第二版） SHULI JINGJIXUE（DI-ER BAN）
著作责任者	李晓春　著
责 任 编 辑	裴　蕾
标 准 书 号	ISBN 978-7-301-33782-0
出 版 发 行	北京大学出版社
地　　址	北京市海淀区成府路 205 号　100871
网　　址	http://www.pup.cn
电 子 信 箱	em@pup.com
新 浪 微 博	@北京大学出版社
电　　话	邮购部 010-62752015　发行部 010-62750672　编辑部 010-62752926
印 刷 者	北京市科星印刷有限责任公司
经 销 者	新华书店
	787 毫米×1092 毫米　16 开本　15.25 印张　365 千字 2006 年 11 月第 1 版 2023 年 4 月第 2 版　2024 年 12 月第 2 次印刷
定　　价	48.00 元

未经许可，不得以任何方式复制或抄袭本书之部分或全部内容。
版权所有，侵权必究
举报电话：010-62752024　电子信箱：fd@pup.pku.edu.cn
图书如有印装质量问题，请与出版部联系，电话：010-62756370

丛书出版前言

"21 世纪经济与管理规划教材"由在我国经济与管理领域颇具影响力和潜力的专家学者编写而成，面向各高等院校经济与管理专业的本科生，不仅涵盖经济与管理类传统课程教材，还包括根据学科发展不断开发的新兴课程教材；注重系统性、综合性、与研究生教育的接轨以及学生综合素质的培养，以帮助学生打下扎实的专业基础和掌握最新的学科前沿知识，满足高等院校培养高质量人才的需要。自出版以来，本系列教材已被国内多所高等院校选用，得到师生的广泛好评。

为深入贯彻落实习近平总书记关于教育的重要论述、全国教育大会精神以及中共中央办公厅、国务院办公厅《关于深化新时代学校思想政治理论课改革创新的若干意见》，北京大学出版社按照国家教材委员会《全国大中小学教材建设规划（2019—2022 年）》和教育部《普通高等学校教材管理办法》《高等学校课程思政建设指导纲要》等文件精神，特对"21 世纪经济与管理规划教材"进行整合和优化，在融入课程思政内容的基础上，积极组织构建信息技术与教育教学深度融合、多种介质综合运用、表现力丰富的高质量新形态本科教材体系。

本系列教材在内容上将力求吸收国内外同类教材优点，坚持正确导向，落实立德树人的根本任务，立足中国实践，总结中国经验，形成具有中国特色的教材体系；在形式上将不再局限于传统纸质教材，而是会根据学科特点，添加讲解重点难点的视频音频、检测学习效果的在线测评、扩展学习内容的延伸阅读、展示运算过程及结果的软件应用等数字资源，以增强教材的表现力和吸引力，有效服务线上教学、混合式教学等新型教学模式。

为了使本系列教材具有持续的生命力,我们将积极与作者沟通,争取按学制周期对教材进行修订。您在使用本系列教材的过程中,如果发现任何问题或者有任何意见或者建议,欢迎随时与我们联系(邮件请发至 em@pup.cn)。我们会将您的宝贵意见或建议及时反馈给作者,以便修订再版时进一步完善教材内容,更好地满足教师教学和学生学习的需要。

最后,感谢所有参与编写和为我们出谋划策提供帮助的专家学者,以及广大使用本系列教材的师生。希望本系列教材能够为我国高等院校经管专业教育贡献绵薄之力!

北京大学出版社
经济与管理图书事业部

第二版前言

党的二十大报告要求我们"加强基础学科、新兴学科、交叉学科建设，加快建设中国特色、世界一流的大学和优势学科"。数理经济学是系统运用高等数学方法来表述、研究和论证经济理论的学科，是大学经济学专业的基础课程之一。作者从 2004 年开始至今在南京大学商学院经济学系从事数理经济学的教学，深感教材对于教学的重要性。在南大，数理经济学是经济学本科生和研究生的一门选修课（数量经济学专业的研究生除外），虽然课程需要较强的抽象逻辑思维，但多年来，这门课程一直受到学生的欢迎。究其原因，除其内容对于经济学的学习有重要的支撑作用外，一本好教材所发挥的作用居功至伟。

2006 年，我编著了《数理经济学》，由北京大学出版社出版，受到学生们的热烈欢迎。此后，随着我国经济学教学水平的不断提高，为使教材能与时俱进、贴近教与学的实际，我曾几次萌发改写《数理经济学》的念头，但也屡屡作罢，主要原因是想多积累一些教学实践经验并将其反映到新版教材里去，为读者和教学人员提供一部更为成熟的教材。

此次再版，我对旧版《数理经济学》进行了较大幅度的修改，时隔 17 年，终于可以将《数理经济学（第二版）》呈现给广大读者了。此次修改突出"为教学服务、方便自学"的原则，强调循序渐进的学习方法，这使得本书更加适合当前高校经管专业的教学安排，也为自学者提供了一部便于学习的教材，还为专业研究人员提供了一部使用便利的研究参考书。与 2006 年版的《数理经济学》相比，《数理经济学（第二版）》主要修改部分如下：

一、根据本科生和硕士生课程的教学特点，调整了部分内容

第二版主要调整了以下四个方面：
第一，全书按教学层次重新编排了章节顺序。
根据本科生和硕士生一学期 2 学分、36 课时的教学时长，对旧版《数理经济学》的内容整理编组。我建议对本科生可以进行第一章至第五章的教学，这部分概念多，旨在培养学生以向量函数来思考经济学问题的习惯；而对硕士生则可以继续完成从第六章至第十章的教学；第十一章至第十三章的内容供有兴趣的同学继续学习。这样的安排兼顾了学生的学习和教师的教学，使得《数理经济学（第二版）》与大学经管专业的教学贴得更紧。

第二，调整了部分章节。

我教授数理经济学课程近 20 年，根据教学经验，对旧版《数理经济学》的部分章节进行了调整。例如，将旧版第四章与第五章的核心内容合并，组成第二版第四章"向量函数的连续性和微分"；将旧版第四章中的拓扑和紧集等内容单独编成第二版第六章"拓扑与紧集"等，更加贴合了现在的教学实际。

第三，删去了旧版第三章"矩阵、行列式和线性规划"中的矩阵、行列式部分。

删掉这些内容，是因为其与本科一年级的高等数学课程中的相关部分重复，如果数理经济学课程安排在本科一年级下学期或以后的学期进行，则学生就不必学习重复的内容。

第四，新增第九章"库恩-塔克条件"。

增加库恩-塔克条件及非线性规划的内容，主要有两个原因：一是为了与第三章"线性规划和产业关联"的内容相对应，用库恩-塔克条件阐明目标函数的极值问题与函数的鞍点问题之间的关系，从而使经济学中的最优化问题得到完整的讨论；二是最优化问题是经济学中的重要内容，具有基础性，掌握这部分知识有利于学生今后的发展。

二、增加了例题解析的内容

在教学中，常常有学生反映希望增加一些例题的讲解。因此，此次改版中，我也注意了这一点，在前十章中增加了例题，这使得《数理经济学（第二版）》更便于低年级学生自习。

三、充实了练习题

根据教学中收到的学生们的反馈，第二版剔除了一些陈旧的练习题，同时增加了一些更具代表性的练习题，以方便学生练习。

《数理经济学（第二版）》的出版得到南京大学商学院党委和行政部门同事的大力支持；南京大学商学院为《数理经济学（第二版）》的出版提供了部分经费；商学院副院长、经济学院院长郑江淮教授为本书做了审稿推荐；南京大学毓秀学者、博士后伍云云老师通读全书，并校对了第九章"库恩-塔克条件"，提出不少有价值的意见；博士生傅华楠、贾甜甜、李敏和赵彬策参与了书稿的通读；北京大学出版社的林君秀编审、裴蕾编辑在出版中多次提供无私的帮助和支持。没有他们卓有成效的工作，《数理经济学（第二版）》不会如此顺利地出版。在此，我向他们表示衷心的感谢！

李晓春

2023 年 2 月于安中楼

第一版前言

20世纪80年代末我到国外留学学习经济学时，为了尽快掌握所学内容，非常想得到一本中文的微观经济学或宏观经济学的书作为学习参考书。为此，我托家人和朋友跑了许多书店，都无一收获。2003年9月，我回国工作，发现国内经济学的教学与研究的水平已经发生了很大的变化，国内出版了许多有关西方经济学的专著，不少国外的著名教材已经成了国内教师和学生们常用的教学参考书。也正是在这一段时期，用数学来研究经济问题越来越被更多的人所接受。不论人们的主观意愿如何，我国经济学教学和研究的方法正在迅速地发生变化，经济学的教学和研究已经进入一个新的发展时期。虽然目前从整体情况上来看，我们在理论经济学方面的教学与研究水平与国外还有差距；但我深信，在不太长的未来，就会迎来中国人进入世界一流经济学家队伍的时代；因为我们的学生们已经浩浩荡荡地开来，他们比我们幸运，处在了一个好时代，一定会比我们强得多。这一天的早日到来需要我们的努力，而数理经济学就是我们必须学好的科目之一。自我在南京大学商学院承担数理经济学的授课任务以来，我时常为学生们对这门课的学习热情而感动，也正是这些学生们的强烈的求知愿望，使我萌发了要为他们编写数理经济学教材的愿望。

本书是根据我在南京大学商学院经济学系对本科和研究生教学的教案整理而成的。这份教案是以日本学者武限慎一先生的《数理经济学》为基础、兼顾我们学生的实际情况、参考了一些有关教材编写的。本书所设定的读者群是经济学系、国际贸易学系、金融学系等与经济学有关的学科和专业的本科生和低年级研究生，为数理经济学基础水平的教材。故而，本书也适合有志于经济学的自学人员。

由于经济学的基础是市场以及由市场决定的价格分析，所以，本书的主线也是市场和价格。至于本书的结构设计，却让我花费了不少时间，因为在数理经济学中并不存在一个明确的界限，指明什么内容在这个范围中，什么内容不在。现在呈现在读者面前的结构也许并不是最佳的，但我努力使本书有一个能够既便于教又便于学的结构。例如，本书介绍的数学内容被限定在与本书的经济学内容相关的最小范围之中，即微分、线性代数、欧几里得空间的拓扑等知识，只要上过大学基础课程的人就可以几乎没有障碍地阅读本书；再如，对于一些超越基础水平、经济学上又经常使用的内容，如"不动点定理"等,本书则省去这些内容中的数学理论性较强的证明部分,但会给出必要的说明,并对这些内容在经济学上的应用进行较为充分的说明。另外,考虑到授课上的安排,一些在经济学中同样十分重要的内容并没有被收入本书,例如"非线性规划""动态分析"等,希望有兴趣的读者参考与这些内容有关的书籍或文献。

各个学校的情况不完全相同,很难一概而论,但根据我教学实践的情况,本书的全部内容是很难在 2 个或 3 个学分的一学期的授课计划中讲完的。故建议在教学中,将目录中打"*"号的部分①放在其他部分之后学习。

另外,对于研究生和刚上完大学基础课中的数学分析、线性代数等课程的本科学生,可以省去第三章和第四章的相关内容。对于自学的读者,亦可以按照上述的建议安排自己的学习。

作为学习的补充,我在每一章结尾处选编了一些习题,按习题的难易程度分为练习 A 和练习 B,希望读者们循序渐进地做好练习。因为这些习题并没全部涵盖本书所及的内容,故要提醒读者们注意的是,并不是做完这些习题就算是掌握数理经济学的知识了,还应该尽可能地多读一些与数理经济学相关的书。

由于我的教学经验和知识积累得不够,编写本书的时间亦很仓促,本书一定会存在这样那样的缺点和错误,我欢迎读者的意见,并会将大家的意见反映到今后的修订版中。如果读者们读完本书时觉得自己有所收获,或感到自己对经济学的一些问题的认识有所加深——这是我最大的心愿,那么就达到了我编写本书的目的。

我要感谢在编写本书的过程中给予了我许多激励和支持的南京大学商学院的刘志彪教授、范从来教授、沈坤荣教授和安同良教授;感谢北京大学出版社的林君秀副编审和朱启兵编辑,他们卓有成效的工作使得本书得以顺利出版;感谢南京大学商学院研究生黄向梅,她精读了本书的全稿,提出了许多文字上的修正意见;感谢南京大学商学院研究生朱保力、周娟同学,他们参与了习题的选编和演算。最后,我还要由衷地感谢我的妻子冯小鸣,她带着女儿在国外生活,默默地承担了对女儿全部的教育和抚养责任,而那本来至少有一半应该是我做的;感谢我的女儿李阳,与她进行的网络通话是支撑我编写完本书的力量源泉。

李晓春

2006 年 1 月于南秀村 7 号

---

① 第二版目录内容已不再用"*"区分。——编者

目 录

第一章 集合、数列与向量空间 ·· (1)
    §1.1 集合 ··· (3)
    §1.2 数列与收敛 ··· (8)
    §1.3 向量空间 ·· (12)
    练习 ··· (19)

第二章 消费与生产 ·· (21)
    §2.1 消费者行为 ··· (23)
    §2.2 一般化的偏好 ·· (27)
    §2.3 生产者的行为 ·· (31)
    §2.4 生产函数与生产技术 ·· (35)
    练习 ··· (38)

第三章 线性规划和产业关联 ··· (41)
    §3.1 齐次线性方程组 ··· (43)
    §3.2 线性不等式 ··· (45)
    §3.3 线性规划法 ··· (48)
    §3.4 产业关联论 ··· (53)
    附录 弗罗贝尼乌斯定理 ··· (57)
    练习 ··· (58)

第四章 向量函数的连续性和微分 ···································· (61)
    §4.1 连续性、开集和闭集 ·· (63)
    §4.2 微分 ·· (66)
    §4.3 向量函数的二阶微分 ·· (72)
    §4.4 单变量函数的极大值条件 ······································ (76)
    §4.5 向量函数的极大值条件 ··· (84)
    练习 ··· (87)

第五章 需求和供给 …………………………………………………………（89）
§5.1 需求函数 …………………………………………………………（91）
§5.2 斯勒茨基方程 ……………………………………………………（95）
§5.3 供给函数 …………………………………………………………（103）
§5.4 成本函数和要素需求 ……………………………………………（106）
练习 ……………………………………………………………………（108）

第六章 拓扑与紧集 ……………………………………………………（111）
§6.1 拓扑的相关概念 …………………………………………………（113）
§6.2 相对拓扑与直积拓扑 ……………………………………………（115）
§6.3 向量函数的连续性 ………………………………………………（116）
§6.4 紧集 ………………………………………………………………（117）
练习 ……………………………………………………………………（121）

第七章 分离定理 ………………………………………………………（123）
§7.1 超平面、点与凸集的分离定理 …………………………………（125）
§7.2 一般化的分离定理 ………………………………………………（127）
练习 ……………………………………………………………………（129）

第八章 一般均衡 ………………………………………………………（131）
§8.1 交换经济与生产经济 ……………………………………………（133）
§8.2 一般化的经济模型 ………………………………………………（135）
§8.3 福利经济学基本定理 ……………………………………………（140）
练习 ……………………………………………………………………（146）

第九章 库恩-塔克条件 ………………………………………………（147）
§9.1 非线性规划问题 …………………………………………………（149）
§9.2 切锥、法锥与线性化锥 …………………………………………（150）
§9.3 库恩-塔克条件 …………………………………………………（153）
练习 ……………………………………………………………………（158）

第十章 不动点定理 ……………………………………………………（159）
§10.1 布劳威尔不动点 …………………………………………………（161）
§10.2 不动点定理的应用——选择定理 ………………………………（164）
练习 ……………………………………………………………………（166）

第十一章 竞争均衡的存在性与稳定性 .... （167）
    §11.1 需求和供给的连续性 .... （169）
    §11.2 均衡的存在性 .... （175）
    §11.3 市场均衡 .... （182）
    §11.4 稳定性 .... （184）
    练习 .... （190）

第十二章 经济的核 .... （191）
    §12.1 交换经济的核 .... （193）
    §12.2 复制经济 .... （196）
    §12.3 极限定理 .... （201）
    练习 .... （204）

第十三章 不确定性 .... （205）
    §13.1 期望效用 .... （207）
    §13.2 效用指标的存在 .... （209）
    §13.3 完全市场 .... （215）
    §13.4 证券和期望 .... （217）
    练习 .... （223）

主要参考文献 .... （225）

术语索引 .... （227）

第一章

集合、数列与向量空间

本章是学习数理经济学的基础，主要介绍集合、数列和向量空间的概念及基本性质。集合论是数学的基础理论，在经济学中也有着广泛运用。在本章的集合部分，我们除了要学习集合的基本概念，还要学习"指标集合""凸集合"以及"凸包"等一些经济学经常使用的集合知识；数列部分主要围绕无限数列的收敛进行介绍，为后续章节的学习打下基础；向量空间部分以向量在经济学中的运用为主线展开。

§1.1 集　　合

集合论是数学的基础理论。而在经济学中，当我们要表达经济主体的想法、行为、能够使用的方法时，可以用集合论的知识进行解释。例如，研究消费者行为时，我们要用到"消费集合"的概念；而研究企业行为时，可以用"生产集合"的概念进行分析。所以，集合是研究经济理论的十分重要的工具。集合论又是一门十分严密而又专业的理论，在这里仅仅介绍与本书后续内容有关的集合论知识。

一、集合的概念

（一）集合的概念

集合是不同对象的集成。对象被称为"元素"或"点"，可以是数，也可以是物品等。例如，以 X 表示集合，x 表示元素，可用以下的形式表示集合：

$$X = \{ x \mid x \text{是} \cdots\cdots \}$$

作为一个特别的集合，"没有任何元素的集合"被称为空集，记作 $\varnothing$。

如果元素 a 是集合 A 的元素，集合 A 与元素 a 的关系可以表示成 $a \in A$；如果元素 a 不是集合 A 的元素，则可以表示成 $a \notin A$。

（二）集合的包含与相等

定义 1.1：对于任意的 $a \in A$，都有 $a \in B$ 时，称集合 A 包含于集合 B，记作 $A \subset B$。此时，称 A 为 B 的"子集"。

定义 1.2：集合 A 与 B 互为子集，即 $A \subset B$ 并且 $A \supset B$ 时，称"集合 A 与集合 B 相等"，记为 $A = B$。

二、集合的运算

（一）基本运算

可以用两个集合 A 与 B 定义以下的集合：

$$A \cap B = \{ x \mid x \in A \text{ 并且 } x \in B \}$$
$$A \cup B = \{ x \mid x \in A \text{ 或 } x \in B \}$$
$$A \setminus B = \{ a \mid a \in A \text{ 并且 } a \notin B \}$$
$$A \times B = \{ (a, b) \mid a \in A \text{ 并且 } b \in B \}$$

集合 $A \cap B$ 是集合 A 和 B 的共同部分，称为集合 A 和 B 的"交集"（intersection）；集合 $A \cup B$ 称为集合 A 和 B 的"并集"（union）；集合 $A \setminus B$ 称为"差集"（difference）；集合 $A \times B$ 称为"直积"（direct product）。图 1.1 分别给出了这些集合的直观形状。

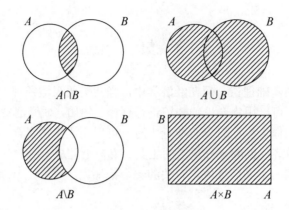

图 1.1　集合的运算

特别对于集合 $A \setminus B$，如果 A 为全集，则集合 $A \setminus B$ 被称为集合 B 的"补集"（complement），记为 $\bar{B}$。

例 1.1： 如果 $A=\{3,5,7\}$ 且 $B=\{2,3,4,8\}$，则
$$A \cup B = \{2, 3, 4, 5, 7, 8\}, \quad A \cap B = \{3\}$$
如果我们将前 7 位自然数作为全集 U，$A=\{3,6,7\}$，则
$$\bar{A} = \{x \mid x \in U \text{ 且 } x \notin A\} = \{1, 2, 4, 5\}$$

（二）运算律

定理 1.1： 对于任意的集合 A、B、C，有以下关系：

(1) $(A \cap B) \cap C = A \cap B \cap C$

(2) $(A \cup B) \cup C = A \cup B \cup C$

(3) $(A \cap B) \cup C = (A \cup C) \cap (B \cup C)$

(4) $(A \cup B) \cap C = (A \cap C) \cup (B \cap C)$

证明： 这里只对（3）给出证明，其他关系的证明作为读者的练习。首先介绍证明思路。我们只要证明 $(A \cap B) \cup C \subset (A \cup C) \cap (B \cup C)$ 并同时有 $(A \cap B) \cup C \supset (A \cup C) \cap (B \cup C)$，就可以证明（3）成立。

第一，对于任意 $x \in (A \cap B) \cup C$，有 $x \in A \cap B$ 或者 $x \in C$。如果 $x \in A \cap B$，则有 $x \in A$ 同时 $x \in B$，故 $x \in A \cup C$ 同时 $x \in B \cup C$，从而就有 $x \in (A \cup C) \cap (B \cup C)$；如果 $x \in C$，则 $x \in A \cup C$，并且 $x \in B \cup C$，从而也有 $x \in (A \cup C) \cap (B \cup C)$。所以，我们能够得到 $(A \cap B) \cup C \subset (A \cup C) \cap (B \cup C)$。

第二，对于任意 $x \in (A \cup C) \cap (B \cup C)$，有 $x \in A \cup C$ 同时 $x \in B \cup C$。如果 $x \in C$，就有 $x \in (A \cap B) \cup C$，即 $(A \cap B) \cup C \supset (A \cup C) \cap (B \cup C)$。如果 $x \notin C$，因为 $x \in A \cup C$ 就有 $x \in A$，因为 $x \in B \cup C$ 就有 $x \in B$，故 $x \in A \cap B$，也就是 $x \in (A \cap B) \cup C$，即 $(A \cap B) \cup C \supset (A \cup C) \cap (B \cup C)$。

综上所述，我们可以得到
$$(A \cap B) \cup C = (A \cup C) \cap (B \cup C)$$

定理 1.1 的（3）获证。　∎

（三）指标集合

1. 概念

设集合的列 $A_\lambda \subset X$，$\lambda \in \Lambda \neq \varnothing$，以 Λ 表示"指标集合"（index set），对于各指标 $\lambda \in \Lambda$，集合 A_λ 与之对应时，其交集和并集如下定义：

$$\bigcap_{\lambda \in \Lambda} A_\lambda = \{a \mid 对于所有的 \lambda \in \Lambda，a \in A_\lambda\}$$

$$\bigcup_{\lambda \in \Lambda} A_\lambda = \{a \mid 存在某一个 \lambda \in \Lambda，a \in A_\lambda\}$$

2. 性质定理

定理 1.2（De Morgan 法则）：对各指标 $\lambda \in \Lambda$，集合 A_λ 与之对应时，对于任意的集合 X 有以下等式成立：

（1）$X \setminus \bigcup_{\lambda \in \Lambda} A_\lambda = \bigcap_{\lambda \in \Lambda} (X \setminus A_\lambda)$

（2）$X \setminus \bigcap_{\lambda \in \Lambda} A_\lambda = \bigcup_{\lambda \in \Lambda} (X \setminus A_\lambda)$

证明：这里仅就（2）进行证明，其余作为读者的练习。

现在，设 $x \in X \setminus \bigcap_{\lambda \in \Lambda} A_\lambda$，则 $x \in X$ 且 $x \notin \bigcap_{\lambda \in \Lambda} A_\lambda$，即 $x \in X$ 且存在 $\mu \in \Lambda$，有 $x \notin A_\mu$，所以，$x \in X \setminus A_\mu$，也就有 $x \in \bigcup_{\lambda \in \Lambda} (X \setminus A_\lambda)$ 成立。故而，$X \setminus \bigcap_{\lambda \in \Lambda} A_\lambda \subset \bigcup_{\lambda \in \Lambda} (X \setminus A_\lambda)$。

反之，设 $x \in \bigcup_{\lambda \in \Lambda}(X \setminus A_\lambda)$，存在 $\mu \in \Lambda$，有 $x \in X \setminus A_\mu$，即 $x \in X$ 且 $x \notin A_\mu$。从而，$x \in X$ 且 $x \notin \bigcap_{\lambda \in \Lambda} A_\lambda$，也就是 $x \in X \setminus \bigcap_{\lambda \in \Lambda} A_\lambda$ 成立。故而，$\bigcup_{\lambda \in \Lambda}(X \setminus A_\lambda) \subset X \setminus \bigcap_{\lambda \in \Lambda} A_\lambda$。

定理 1.2 的（2）得证。∎

三、幂集合、关系、函数

幂集合公理（axiom of power set）：设 A 是一个集合，则 $\{B \mid B \subset A\}$ 是一个集合。

幂集合公理是指在 A 为一个集合的前提下，以 A 的所有子集合为要素的数学对象也是一个集合。

定义 1.3：集合 Y 的所有子集合的集合被称为"幂集合"（power set），用 2^Y 来表示，即

$$2^Y = \{U \mid U \subset Y\}$$

例 1.2：设 $Y = \{1, 2, 3\}$，则

$$2^Y = \{\varnothing, \{1\}, \{2\}, \{3\}, \{1, 2\}, \{1, 3\}, \{2, 3\}, \{1, 2, 3\}\}$$ ∎

定义 1.4：集合 $X \times Y$ 的子集合 R 被称为集合 X 和 Y 的"关系"（relation）。

定义 1.5：f 是集合 X 和 Y 的关系，当 $X = \{x \in X \mid 存在 y 使得 (x, y) \in f\}$ 时，称 f 是从 X 到 Y 的"对应"（correspondence）。

例 1.3：设 $X = Y = \{1, 2, 3\}$，则 $g = \{(1, 1), (1, 2), (3, 1), (3, 3)\}$ 是一个关系，却不是一个对应，这是因为 g 中不存在与 $2 \in X$ 对应的 $y \in Y$。 ∎

设有两个集合 X 和 Y，将集合 X 中的各点 x 与集合 Y 中的点 $f(x)$ 相对应，就称 f 为从集合 X 到集合 Y 的"映射"（mapping），表示为 $f: X \to Y$，也可以写成下面的表达形式

$$f(x) = \{ y \in Y \mid (x, y) \in f \}$$

此时，我们在习惯上将 $(x, y) \in f$ 表示成 $y = f(x)$。实际上 f 就是映射所遵循的法则，集合 X 为映射 f 的"定义域"（domain），集合 Y 为映射 f 的"值域"（range）。

设集合 $A \subset X$，定义 $f[A] = \{ f(x) \in Y \mid x \in A \}$，则 $f[A] \subset Y$。如果由 $f(x) = f(y)$ 可以推出 $x = y$，我们就将 f 称为"一一对应映射"（one to one mapping）。

例 1.4： 设 X 和 Y 是两个集合，则 $F: X \to 2^Y$ 是一个映射，这个映射将集合 X 中的各点 x 与集合 Y 的一个子集合 $F(x) \subset Y$ 相对应。同时，像映射 $F: X \to 2^Y$ 那样对集合取值的映射也是一个关系。

我们将点与点相对应的映射称为"函数"（function）。在例 1.4 中，如果点 $x \in X$ 的值 $F(x) \subset Y$ 是由一个点构成的集合，关系 F 就成了函数。所以，"关系"是"函数"的一般化的概念。这样，我们就可以从集合的观点来考察函数或对应，更进一步地，我们可以将 $X \to Y$ 的全部映射表述成下面的集合：

$$Y^X = \{ f \subset X \times Y \mid f: X \to Y \}$$

定义 1.6： 对于两个映射 $f: X \to Y$ 和 $g: Y \to Z$，$h: X \to Z$ 在 $h(x) = g(y)$ 且 $y = f(x)$ 时将其表示为 $g \circ f$，称为映射 g、f 的"复合映射"（composition of mapping）。

定义 1.7： 集合 $X \times Y$ 的子集合 R 称为"二项关系"（binary relation）。

四、实数集合的上确界与下确界

所有实数的集合用 R 表示。将 X 作为 R 的子集合，即 $X \subset R$。如果存在实数 b，对于任意的 $x \in X$ 都有 $x \leq b$，则称集合 X 为"上有界的"（bounded from above），实数 b 就被称为集合 X 的"上界"（upper bound）；进而，如果对于任意的 $a < b$，a 都不是 X 的上界，就称 b 为集合 X 的"上确界"（supremum），记为 $\sup X$，$\sup X$ 是集合 X 最小的上界。反之，如果存在实数 c，对于任意的 $x \in X$ 都有 $x \geq c$，则称集合 X 为"下有界的"（bounded from below），实数 c 就被称为集合 X 的"下界"（lower bound）；进而，如果对于任意的 $a > c$，a 都不是 X 的下界，就称 c 为集合 X 的"下确界"（infimum），记为 $\inf X$，$\inf X$ 是集合 X 最大的下界。作为实数集合 R 的一个重要性质，下面的公理被称为"实数连续性公理"。

实数连续性公理： 任意的上有界（下有界）集合 $X \subset R$ 一定存在上确界 $\sup X$（下确界 $\inf X$）。

将集合 $-X$ 定义为

$$-X = \{ y \mid y = -x, x \in X \}$$

于是，就有以下关系成立：

$$\inf X = -\sup(-X)$$

从实数连续性公理可知，任意下有界的集合 X 必定存在下确界。

如果集合 X 没有上界，就记为 $\sup X = \infty$；如果集合 X 没有下界，就记为 $\inf X = -\infty$。

例 1.5：自然数的集合 N 是下有界但不是上有界的集合；集合 $\{0, 1, 2, 3\}$ 是上有界并且下有界的集合，其下确界是 0，上确界是 3。

根据上述公理，我们可以有以下定理。

定理 1.3：设 X 是整数非空集合并且上有界（下有界），则 X 包含最大的元素（最小的元素）。

证明：只要证明上有界的情况，下有界的情况可以用相同的方法给予证明。

因为 X 是整数非空集合并且上有界，根据实数连续性公理可知，X 一定有上确界 s，以下分两种情况进行讨论。

第一，X 的上确界 s 是整数。此时 $s-1$ 也是整数，并且不是上确界。故根据上确界的定义，必然存在整数 $t \in X$，满足

$$t > s-1$$

由于 s 是上确界，所以有上确界 $s=t$，这就证明了 X 的上确界被 X 所包含。

第二，X 的上确界 s 不是整数。只要证明不是整数的 s 不可能是 X 的上确界即可。

因为 s 不是整数，所以 s 就不是 X 的元素。而上确界是最小上界，$s-1$ 也不是 X 的上确界。故必然存在整数 $m \in X$，满足

$$m > s-1$$

从而有 $s < m+1$，$m+1$ 为 X 的上界。同样是因为 s 是 X 的上确界，对于 X 中的任意一个元素 t 有 $t < s < m+1$，这意味着 m 是 X 的上界，出现矛盾。定理得证。∎

集合 X 有最大值（最小值）时，用 $\max X$（$\min X$）来标记。

定理 1.4：对于任意的正数 ε，存在某个自然数 m 使得 $\varepsilon > \dfrac{1}{m}$。

证明：因为自然数集 N 是没有上界的，对于任意的正数 ε，一定存在足够大的 $m \in N$ 使得 $m > \dfrac{1}{\varepsilon}$。这也就意味着 $\varepsilon > \dfrac{1}{m}$ 成立。定理得证。∎

定义 1.8：在实数的子集合 X 中任意取出两个数 a、b（$a<b$），如果在 X 中存在满足不等式 $a<c<b$ 的元素 c，则称集合 X 是"紧密的"（dense）。

定理 1.5：有理数集 Q 是紧密的。

证明：将 a、b（$a<b$）作为两个任意的实数。如果 $a<0$ 且 $0<b$，则有 $a<0<b$，0 就是 a、b 之间的有理数；如果 $a<0$ 并且 $b\leqslant 0$，则 $0\leqslant -b<-a$，所以只要能证明 $0\leqslant a<b$ 的情况就可以完成证明。

根据定理 1.4，对于 $b-a>0$，存在某个自然数 m 使得 $b-a>\dfrac{1}{m}>0$ 成立。由于自然数集没有上界，故存在满足大于实数 ma 的最小的自然数 n，使得下面的不等式成立：

$$n-1 \leqslant ma < n$$

从而

$$0 < \frac{n}{m} - a \leqslant \frac{n}{m} - \frac{n-1}{m} = \frac{1}{m} < b-a$$

所以有 $a < \dfrac{n}{m} < b$，而 $\dfrac{n}{m}$ 是有理数。定理得证。∎

§1.2 数列与收敛

一、数列

数列的概念我们并不陌生，为了保持全书叙述上的一致性，我们首先对一些基本的标记法和一些相关的概念进行规范。我们先规定数列的标记。一般地，一个数列可以用集合 $\{x_k \mid k \in N\}$ 来标记（这里 N 是正整数），而数列中的第 k 项则记为 x_k，$k \in N$（注意：以下没有特别说明时，$\{x_k\}$ 表示的是无限项的数列）。以下为了行文便利，将点列记为 $\{x^k \mid k \in N\}$ 或 $\{x^k\}$ 或者简单地记为 x^k。

例 1.6：当数列的第 $2k-1$ 和 $2k$ 项分别为 $x_{2k-1}=1$ 和 $x_{2k}=2$，$k \in N$ 时，该数列为
$$\{x_k \in R \mid k \in N\} = \{1, 2\}$$

二、收敛

定义 1.9：设 $\{x_k\}$ 为一实数列。对于任意的正数 ε，存在顺序号 k_0，当 $k > k_0$ 且不等式
$$|x_k - x| < \varepsilon$$
成立时，称数列 $\{x_k\}$ "收敛"（converge）于 x，记为 $x_k \to x$（$k \to \infty$），或记为 $x = \lim_{k \to \infty} x_k$。

上述定义中的 x 又称为数列 $\{x_k\}$ 的"极限"（limit）。

定义 1.10：实数列 $\{x_k\}$ 满足 $x_{k+1} \geqslant x_k$，$k \in N$ 或 $x_{k+1} \leqslant x_k$，$k \in N$ 时，称为"单调的"（monotone）。前者称为"单调增加的"（monotonously increasing）或称为"单调非减少的"（monotonously nondecreasing），后者称为"单调减少的"（monotonously decreasing）或"单调非增加的"（monotonously nonincreasing）。

实数的"区间"（interval）采用以下记号来表示：
$$[a,b] = \{x \in R \mid a \leqslant x \leqslant b\}$$
$$[a,b) = \{x \in R \mid a \leqslant x < b\}$$
$$(a,b] = \{x \in R \mid a < x \leqslant b\}$$
$$(a,b) = \{x \in R \mid a < x < b\}$$

其中，(a,b) 称为"开区间"（open interval），$[a,b]$ 称为"闭区间"（closed interval）。

定义 1.11：与满足 $k_1 < k_2 < \cdots < k_i < \cdots$ 的无限个自然数 k_i，$i \in N$ 相对应的实数列 $\{x_k\}$ 的部分项所组成的新数列 $\{x_{k_i} \mid i \in N\}$ 称为 $\{x_k\}$ 的"子数列"（subsequence），记为 $\{x_{k_i}\}$。

例 1.7：从实数列 $\{x_k\}$ 中取出奇数项成一新数列 $\{x_{2k-1} \mid k \in N\}$，或取出偶数项成一新数列 $\{x_{2k} \mid k \in N\}$ 都是数列 $\{x_k\}$ 的子数列。

下面我们给出数列 $\{x_k\}$ 的子数列的一种选出方法。在定义 1.11 中，因为 k 是数列各项的顺序号，并且 $i \in N$，故如果 $i < j$，则 $k_i < k_j$。设 $f: N \to N$ 为单调增函数，可以看成 $f(i) = k_i$，即这个函数具有"如果 $i < j$，则 $f(i) < f(j)$"的性质。根据这个函数可以决定由小到大的顺序号：

$$f(1), f(2), f(3), \cdots$$

这些号码是从数列$\{x_k\}$的顺序号k中选出的。此时，对于各$j(=1,2,\cdots)$，定义$y_j = x_{f(j)}$，数列$\{y_j\}$就是数列$\{x_k\}$的子数列。

定理 1.6：实数列$\{x_k\}$的收敛有以下性质：

（1）如果实数列$\{x_k\}$是收敛的，则这个数列是有界的。

（2）如果实数列$\{x_k\}$是收敛的，则$\{cx_k\}$也是收敛的（c是任意的实数）。

（3）如果实数列$\{x_k\}$是收敛的，则它的任意子数列也是收敛的。

（4）如果实数列$\{x_k\}$是单调有界的，则它收敛于某个实数。

（5）设3个实数列$\{x_k\}$、$\{y_k\}$、$\{z_k\}$满足$x_k \leqslant y_k \leqslant z_k$，$k \in N$。如果
$$x_k \to a (k \to \infty), \text{并且} z_k \to a(k \to \infty), \text{则有} y_k \to a(k \to \infty).$$

（6）实数列$\{x_k\}$是（单调）有界的时，它的子数列收敛。

（7）设$x_k \to x(k \to \infty)$，$y_k \to y(k \to \infty)$，以下3个命题成立：

（ⅰ）$x_k \pm y_k \to x \pm y (k \to \infty)$

（ⅱ）$x_k \times y_k \to x \times y (k \to \infty)$

（ⅲ）设$y \neq 0$，$y_k \neq 0$，$k \in N$，当$k \to \infty$时，$\dfrac{x_k}{y_k} \to \dfrac{x}{y}$

证明（1）：设实数列$\{x_k\}$是收敛的。根据收敛的定义，对于任意的正数ε，存在顺序号k_0，当$k > k_0$时，不等式

$$|x_k - x| < \varepsilon$$

成立，故而有

$$|x_k| < |x| + \varepsilon$$

令$K = \max\{|x_1|, \cdots, |x_{k-1}|, |x| + \varepsilon\}$，则无论$k$取何值，$|x_k| \leqslant K$，这就意味着数列$\{x_k\}$是有界的。（1）得证。

证明（2）：

如果$c=0$，则$cx_k = 0$，$k \in N$。定理显然是成立的。

如果$c \neq 0$，对于任意的$\varepsilon > 0$，不失一般性，设$0 < c$，则$\dfrac{\varepsilon}{c}$是一个正实数。所以，存在顺序号k_0，当$k > k_0$时，不等式

$$|x_k - x| < \dfrac{\varepsilon}{c}$$

成立，也就是

$$|cx_k - cx| = |c||x_k - x| < \varepsilon$$

根据定义可得：$cx_k \to cx$（$k \to \infty$），（2）得证。

证明（3）：设实数列$\{x_k\}$收敛于某一个值x。它的任意子数列表示为$\{x_{k_i}\}$，$1 < k_1 < k_2 < \cdots$

由假设实数列$\{x_k\}$收敛于某一个值x可知,对于任意的$\varepsilon>0$,存在顺序号k_0,当$k>k_0$时,不等式

$$|x_k-x|<\varepsilon$$

成立。对于k_0,存在v,使得不等式$k_v \geq k_0$成立。所以,对于$i>v$的任意i,不等式

$$|x_{k_i}-x|<\varepsilon$$

成立。这意味着实数列$\{x_k\}$的子数列$\{x_{k_i}\}$收敛。(3)得证。

证明(4): "单调"可以分为单调增加和单调减少两种情况,这两种情况的证明方法是完全相同的,在这里我们仅就单调增加的情况给出证明。

因为实数列$\{x_k\}$是有界的,根据实数连续性公理可知,这个数列存在上确界,设该上确界为s。不失一般性,我们假定$s>0$,对于任意的$\varepsilon>0$,$s-\varepsilon$不是上界。故存在数列$\{x_k\}$的顺序号k_0,有$x_{k_0}>s-\varepsilon$。又因为数列$\{x_k\}$是单调增加的,并且s为上确界,对于任意的满足$k>k_0$的k,下面的不等式成立:

$$s-\varepsilon<x_k\leq s<s+\varepsilon$$

上述不等式等价于

$$|x_k-s|<\varepsilon$$

表示实数列$\{x_k\}\to s$($k\to\infty$)。(4)得证。

证明(5): 根据定理的前提条件有

$$x_k<y_k<z_k,\quad k\in N$$

并且

$$x_k\to a\ (k\to\infty),\ 并且\ z_k\to a\ (k\to\infty)$$

对于任意的$\varepsilon>0$,存在顺序号k_1和k_2,当$n>k_1$且$m>k_2$时,以下的不等式成立:

$$-\varepsilon+a<x_n<\varepsilon+a,\ 并且-\varepsilon+a<z_m<\varepsilon+a$$

令t与k_1、k_2中大的相等,对于任意的$k\geq t$,有

$$-\varepsilon+a<x_k\leq y_k\leq z_k<\varepsilon+a$$

所以,$|y_k-a|<\varepsilon$。(5)得证。

证明(6): "有界"包含了上有界、下有界,根据实数连续性公理可知,实数列$\{x_k\}$有上确界、下确界,我们设上确界、下确界分别为z_1、y_1,于是有$\{x_k\}\subset[y_1,z_1]$。任意地选定一个v_1,都有$y_1\leq x_{v_1}\leq z_1$。以下对区间进行分割:

令$u=\dfrac{y_1+z_1}{2}$,将区间$[y_1,z_1]$分为两个区间$[y_1,u]$和$[u,z_1]$。由于

$$\{x_k\}\subset[y_1,\ z_1]=[y_1,u]\cup[u,z_1]$$

故在$[y_1,u]$和$[u,z_1]$中至少有一个包含数列$\{x_k\}$的无限项。不失一般性,我们假定包含$\{x_k\}$的无限项的区间为$[y_1,u]$。

令$y_2=y_1$,$z_2=u$,则区间$[y_2,z_2]$包含$\{x_k\}$的无限项。存在顺序号$v_2>v_1$,使得$x_{v_2}\in[y_2,z_2]$,满足以下不等式:

$$y_1\leq y_2<z_2\leq z_1,\quad z_2-y_2=\dfrac{z_1-y_1}{2},\quad y_2\leq x_{k_2}\leq z_2$$

按上述方法每一次取上一次区间的二分之一，无限次之后可以得到以下不等式：
$$y_1 \leqslant y_2 \leqslant \cdots \leqslant y_n \leqslant \cdots \leqslant z_n \leqslant \cdots < z_2 \leqslant z_1$$
$$z_n - y_n = \frac{z_1 - y_1}{2^{n-1}}, \quad n \in N$$
$$y_n \leqslant x_{k_n} \leqslant z_n, \quad n \in N$$

数列$\{y_n\}$和$\{z_n\}$是单调有界的，根据本定理的（4）可知，$\{y_n\}$和$\{z_n\}$存在极限，设数列$\{y_n\}$的极限为s，对于任意的$\varepsilon > 0$，存在顺序号k_1，当$k > k_1$时，不等式
$$|y_k - z_k| = (z_1 - y_1)/2^{k-1} < \varepsilon/2$$
成立。另外，还存在顺序号k_2，当$k > k_2$时，不等式
$$|y_k - s| < \varepsilon/2$$
成立。所以，令$k_0 = \max(k_1, k_2)$，当$k > k_0$时，下式成立：
$$|z_k - s| = |z_k - y_k + y_k - s| \leqslant |z_k - y_k| + |y_k - s| < \varepsilon/2 + \varepsilon/2 = \varepsilon$$

故$z_k \to s(k \to \infty)$。利用本定理（5）的结论，可以得到：$x_{v_k} \to s(k \to \infty)$。这就是子数列$\{x_{v_k}\}$收敛。（6）得证。

证明（7）： 在这里我们仅证明（iii），（i）和（ii）留作习题。虽然我们将（i）和（ii）的证明留给读者，但在这里我们不妨承认它们是成立的，下面我们只要能够证明$\frac{1}{y_k} \to \frac{1}{y}(k \to \infty)$，则由于$\frac{x_k}{y_k} = x_k \times \frac{1}{y_k}$，根据（ii）就可以推出（iii）的成立。

由于$y \neq 0$，对于任意的$\varepsilon > 0$，存在满足以下不等式的正数ε'
$$|y| > \varepsilon' > 0, \quad 并且 \quad \frac{\varepsilon'}{(|y| - \varepsilon')|y|} \leqslant \varepsilon$$

于是，对于正数ε'存在顺序号k_0，对于任意的$k > k_0$的k，下面的不等式成立：
$$|y_k - y| < \varepsilon'$$
这意味着$\{y_k\} \geqslant |y| - \varepsilon'$。所以有
$$\left|\frac{1}{y_k} - \frac{1}{y}\right| = \frac{|y_k - y|}{|y_k||y|} < \frac{\varepsilon'}{(|y| - \varepsilon')|y|} \leqslant \varepsilon$$

（7）得证。■

定义 1.12： 对于任意的自然数m，存在顺序号k_1，当$k > k_1$时，有$x_k > m$，就称数列$\{x_k\}$是"向无穷大发散的"。

如果实数列$\{-x_k\}$是向无穷大发散的，数列$\{x_k\}$就应该是向负无穷大发散的。另外，当数列$\{x_k\}$是向无穷大发散的时，记为$\lim\limits_{k \to \infty} x_k = \infty$，或者$x_k \to \infty(k \to \infty)$，也可以写成当$k \to \infty$时，$x_k \to \infty$。

§1.3 向量空间

一、n 维向量

定义 1.13：由 n 个实数组成的有序元素组称为"n 维向量"，表示为

$$x = \begin{bmatrix} x_1 \\ x_2 \\ \vdots \\ x_n \end{bmatrix}$$

称实数 x_i 是向量 x 的"第 i 个元素"，有时也称为"第 i 坐标"。

定义 1.14：将元素纵向排列的向量称为"纵向量"，而将元素横向排列的向量称为"横向量"。

将 x 的元素横向排列的向量是

$$x^{\mathrm{T}} = [x_1, x_2, \cdots, x_n]$$

称向量 x^{T} 为"x 的转置向量"。如果向量的所有元素均为 0，称该向量为"零向量"，在本书中以粗写 **0** 来表示。所有的 n 维向量所组成的集合称为"n 维向量空间"，用 R^n 来表示。空间 R^n 中的各点 $x \in R^n$ 都是 n 维向量。

例 1.8：在 n 维向量空间 R^n 中，$n=1$ 时 R 为实数集合；$n=2$ 时 R^2 为平面集合；$n=3$ 时 R^3 为空间集合。

二、向量运算

（一）向量的运算

$x, y \in R^n$；$a \in R$；x 和 y 可以表示如下：

$$x = \begin{bmatrix} x_1 \\ x_2 \\ \vdots \\ x_n \end{bmatrix}, \quad y = \begin{bmatrix} y_1 \\ y_2 \\ \vdots \\ y_n \end{bmatrix}$$

在此，对加法、数乘和内积的运算进行定义：

$$x + y = \begin{bmatrix} x_1 + y_1 \\ x_2 + y_2 \\ \vdots \\ x_n + y_n \end{bmatrix}, \quad ax = \begin{bmatrix} ax_1 \\ ax_2 \\ \vdots \\ ax_n \end{bmatrix}$$

$$x \cdot y = x_1 y_1 + x_2 y_2 + \cdots + x_n y_n$$

这里，通常将 $x \cdot y$ 称为"内积"，也称为"数量积"，有时也可以简单地表示成 xy。

根据向量加法、数乘的定义，我们可以推导出向量减法的法则：

$$x - y = x + (-1)y$$

这样的 n 维向量在实际经济生活中有着广泛应用，请看下例。

例 1.9：市场上所有的 n 种不同的商品用 $x_1, x_2, \cdots, x_n$ 来表示，则消费者的消费选择可以用向量 $x^T = [x_1, x_2, \cdots, x_n]$ 表示；如果 n 种不同的商品 $x_1, x_2, \cdots, x_n$ 对应的物价分别用 $p_1, p_2, \cdots, p_n$ 表示，并设 $p^T = [p_1, p_2, \cdots, p_n]$，则该消费者的支出就是 px。

定理 1.7：向量的和以及其常数倍的计算有以下性质，其中，$x, y, z \in R^n$；$a, b \in R$。

（1）$x + y = y + x$（交换律）；

（2）$(x + y) + z = x + (y + z)$（结合律）；

（3）$x + \mathbf{0} = x$（加法单位元的存在性）；

（4）$x + (-x) = \mathbf{0}$（加法逆运算的存在性）；

（5）$(a + b)x = ax + bx$ 并且 $a(x + y) = ax + ay$（分配律）；

（6）$(ab)x = a(bx)$（关于实数的结合律）；

（7）$1x = x$（实数 1 的中性）。

证明：这个定理的证明不难，希望读者自行完成。

（二）集合的运算

定理 1.7 不仅是向量运算的法则，也是定义向量空间的基础。

定义 1.15：对于和以及常数倍的运算，具有定理 1.7 性质的向量之集合，称为"向量空间"。

从而，根据定义 1.15，R^n 是一个向量空间。另外，对于两个子集合 $X, Y \subset R^n$ 和实数 $a \in R$，可以如下定义集合的加法、减法和数乘：

$$X + Y = \{z \in R^n \mid z = x + y, x \in X, y \in Y\}$$

$$X - Y = \{z \in R^n \mid z = x - y, x \in X, y \in Y\}$$

$$aX = \{z \in R^n \mid z = ax, x \in X\}$$

并将集合 $X + Y$ 称为向量的"和集合"，集合 $X - Y$ 称为向量的"差集合"。

（三）向量之间的关系

1. 向量之间的关系及其记号

向量 $x, y \in R^n$，作为表示两个向量之间关系的记号，如下定义符号 =、$\geqq$、$\leqq$、$\geq$、$\leq$、>、< 的意义：

对于所有的 i 都有 $x_i = y_i$ 时，就称两向量相等，记作 $x = y$。

对于所有的 i 都有 $x_i \geq y_i$ 时，就称向量 x 大于等于 y，记作 $x \geqq y$；反之如果 $y \geqq x$，就记作 $x \leqq y$。

当 $x \geqq y$ 并且 $x \neq y$ 时，记作 $x \geq y$。反之记作 $x \leq y$。

对于所有的 i 都有 $x_i > y_i$ 时，就称向量 x 大于 y，记作 $x > y$；反之如果 $y_i > x_i$，就称向量 x 小于 y，记作 $x < y$。

2. 向量关系的应用

以下介绍"锥"的定义。

定义 1.16：集合 $K \subset R^n$，$v \in K$，并且对于任意的 $x \in K$，$t > 0$，都有 $v + t(x-v) \in K$，就将 K 称为"锥"（cone）。

定义 1.17：将定义 1.15 中的点 v 称为锥 K 的"顶点"。

例 1.10：根据上述向量关系，对空间 R^n 的两个子集合给出以下定义：

$$R_+^n = \{x \in R^n \mid x \geqq 0\} \qquad R_{++}^n = \{x \in R^n \mid x > 0\}$$

此时，称集合 R_+^n 是 R^n 的"非负象限"，集合 R_{++}^n 是 R^n 的"正象限"。比照锥的定义，非负象限 R_+^n 是以原点 $\mathbf{0}$ 为顶点的锥，而正象限 R_{++}^n 却不是锥。这个结论的证明不是很难，请读者自行完成。

三、欧几里得空间

（一）距离

点 $x \in R^n$ 到原点的距离被称为向量的"模"（norm），以

$$\|x\| = \sqrt{x_1^2 + x_2^2 + \cdots + x_n^2}$$

表示。特别地，当 $n=1$ 时，x 为实数，$\|x\|$ 就是 x 的绝对值 $|x|$。

定义 1.18：空间中两点 $x, y \in R^n$，x_i、y_i 分别是向量 x、y 的第 i 成分，将

$$d(x, y) = \|x - y\| = \sqrt{(x_1 - y_1)^2 + (x_2 - y_2)^2 + \cdots + (x_n - y_n)^2}$$

称为两点 x、y 间的"距离"（distance）。

下面的定理给出了揭示向量的模和乘积之间关系的不等式，其被称为柯西-施瓦茨（Cauchy-Schwarz）不等式。

定理 1.8：对于任意的 $x, y \in R^n$，不等式

$$|x \cdot y| \leq \|x\| \|y\|$$

成立。

证明：对于任意的 $x, y \in R^n$ 和实数 $t \in R$，设

$$f(t) = \|tx + y\|^2$$

则

$$f(t) = (tx + y) \cdot (tx + y) = t^2 \|x\|^2 + 2t x \cdot y + \|y\|^2$$

是一个关于 t 的二次多项式，由于 t 的二次项系数为正，并且显然地有 $f(t) \geq 0$，故 $f(t)$ 不能有两个相异的零点，所以，它的判别式应该小于等于 0，即

$$(x \cdot y)^2 - \|x\|^2 \|y\|^2 \leq 0$$

即

$$|x \cdot y| \leq \|x\| \|y\|$$

定理得证。∎

（二）基本性质

关于向量的模和距离的基本性质，由以下的两个定理给出：

定理 1.9：对于任意的 $x, y \in R^n$ 和实数 $a \in R$，以下（1）至（3）式成立：

（1）$\|x\| \geqslant 0$，当且仅当 $x = \mathbf{0}$ 时，$\|x\| = 0$；

（2）$\|ax\| = |a| \|x\|$；

（3）$\|x + y\| \leqslant \|x\| + \|y\|$。

证明：（1）和（2）留给读者自行证明，这里给出（3）的证明。

对于任意的 $x, y \in R^n$，

$$\|x+y\|^2 = (x+y)\cdot(x+y) = \|x\|^2 + 2x\cdot y + \|y\|^2 \leqslant \|x\|^2 + 2|x\cdot y| + \|y\|^2$$

根据柯西-施瓦茨不等式，有下式成立：

$$\|x+y\|^2 \leqslant \|x\|^2 + 2\|x\|\|y\| + \|y\|^2 = (\|x\|+\|y\|)^2$$

即

$$\|x+y\| \leqslant \|x\| + \|y\|$$

∎

定理 1.10：对于任意的 $x, y, z \in R^n$，以下的（1）至（3）式成立。

（1）$d(x, y) \geqslant 0$，当且仅当 $x = y$ 时，$d(x, y) = 0$；

（2）$d(x, y) = d(y, x)$；

（3）$d(x, y) + d(y, z) \geqslant d(x, z)$（三角不等式）。

证明：（1）和（2）留给读者自行证明，下面给出（3）的证明。

根据定理 1.9 的（3），对于任意的 $x, y, z \in R^n$，

$$d(x,y) + d(y,z) = \|x-y\| + \|y-z\| \geqslant \|(x-y)+(y-z)\| = \|x-z\| = d(x,z)$$

成立。所以，（3）式得证。 ∎

在距离 d 被定义的情况下，向量空间 R^n 被称为"欧几里得空间"。一般地，用具有定理 1.9 所示性质的模来定义的向量空间被称为"模空间"；用具有定理 1.10 所示性质的距离来定义的空间被称为"距离空间"。而欧几里得空间 R^n 既是模空间，又是距离空间。

四、凸集合与凸函数

（一）凸集合的概念

1．凸集合

定义 1.19：设集合 $X \subset R^n$。对于任意的 $x, y \in X$ 和 $0 \leqslant \theta \leqslant 1$，都有

$$\theta x + (1-\theta) y \in X$$

成立，就将集合 X 称为"凸集合"（convex set）。

定义 1.20：点 $\theta x + (1-\theta) y$ 是连接点 x 和 y 的线段上的点，称之为点 x 和 y 的"凸组合"。

下面是凸集合和凹集合的图例。

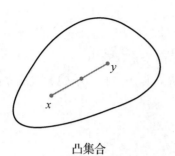

图 1.2　凸集合与凹集合

定理 1.11：对于两个集合 $X, Y \subset R^n$ 和一个实数 $a \in R$，如果 X, Y 为凸集合，则 $X+Y$、$X-Y$ 和 aX 为凸集合。

证明：本定理的证明留为作业。∎

定义 1.21：既是凸集又是锥的集合称为"凸锥"（convex cone）。

在 R^2 中，凸锥 C 就是我们熟悉的角形区域，如图 1.3 所示。

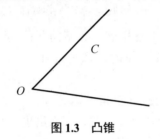

图 1.3　凸锥

2. 凸包

定理 1.12：对于所有的 $\lambda \in \Lambda$，如果集合 $X_\lambda \subset R^n$ 是凸集合，则 $\bigcap_{\lambda \in \Lambda} X_\lambda$ 也是凸集合。

证明：设 $x, y \in \bigcap_{\lambda \in \Lambda} X_\lambda$，实数 θ 满足 $0 \leq \theta \leq 1$，则对于所有的 $\lambda \in \Lambda$，有 $x, y \in X_\lambda$。而 X_λ 是凸集合，故对于任意的 λ，有

$$\theta x + (1-\theta) y \in X_\lambda$$

成立。从而，

$$\theta x + (1-\theta) y \in \bigcap_{\lambda \in \Lambda} X_\lambda$$

成立。所以，$\bigcap_{\lambda \in \Lambda} X_\lambda$ 为凸集合。∎

定义 1.22：对于任意的 $S \subset R^n$，令 $\mathrm{co}\, S = \bigcap_{S \subset K, K \text{是凸集合}} K$，称 $\mathrm{co}\, S$ 为 S 的"凸包"（convex hull）。

因为 K 是凸集合，根据定理 1.12 可以知道，$\mathrm{co}\, S$ 是凸集合，是包含 S 的最小的凸集合。$\mathrm{co}\, S$ 的形状可以参考图 1.4。如果 S 是凸集合，则 $\mathrm{co}\, S = S$；如果 S 不是凸集合，$\mathrm{co}\, S$ 就是包含凹下去的那一部分的集合。

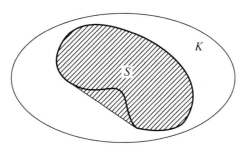

图1.4 凸包

（二）凸函数与凹函数

在数学中，凸与凹不仅仅是几何学的概念，也被用于函数等领域。以下定义凸函数与凹函数。

定义 1.23：设函数 $f:U \to R$，凸集合 $U \subset R^n$。对于任意两点 $x, x' \in U$ 和满足 $0<\theta<1$ 的任意的实数 θ，有

$$f(\theta x+(1-\theta)x') \leqslant \theta f(x)+(1-\theta)f(x')$$

成立时，称函数 f 为"凸函数"（convex function）。另外，$-f$ 为凸函数时，称函数 f 为"凹函数"（concave function）。

如图 1.5，在二维空间 R^2 中，凸函数的图形是向下凸的（如（a）），其上方的图形是凸集合；而凹函数的图形是向上凸的（如（b）），其上方图形是凹集合。

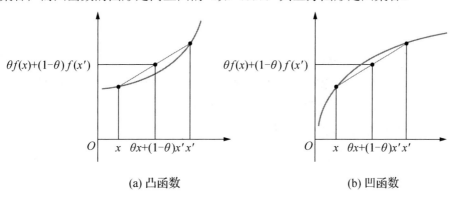

(a) 凸函数　　　　　　　　(b) 凹函数

图 1.5　凸函数和凹函数

（三）拟凹函数与拟凸函数

定义 1.24：设函数 $f:U \to R$，凸集合 $U \subset R^n$。如果对于任意的两点 $x', x'' \in U$ 和任意的 $\lambda \in [0, 1]$，有

$$f[(1-\lambda)x'+\lambda x''] \geqslant \min\{f(x'), f(x'')\}$$

成立，则称函数 f 为"拟凹函数"（quasi concavity）。如果对于任意的两点 $x', x'' \in U$ 和任意的 $\lambda \in [0, 1]$，有

$$f[(1-\lambda)x'+\lambda x''] > \min\{f(x'), f(x'')\}$$

成立，则称函数 f 为"严格拟凹函数"。

对于 U 中任意的两点 x'、x''，假设 $f(x')>f(x'')$，拟凹的要求是，当我们从"低点" x'' 移动到"高点" x' 时，函数 f 的值不小于 $f(x'')$。图 1.6 就给出了拟凹函数的一个例子。

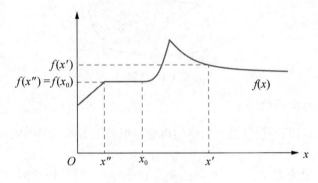

图 1.6　拟凹函数

以下，我们定义拟凸函数与严格拟凸函数。

定义 1.25： 设函数 $f:U\to R$，凸集合 $U\subset R^n$，如果对于任意的两点 $x',x''\in U$ 和任意的 $\lambda\in[0,1]$，有

$$f[(1-\lambda)x'+\lambda x'']\leqslant \max\{f(x'),f(x'')\}$$

成立，则称函数 f 为"拟凸函数"。如果对于任意的两点 $x',x''\in U$ 和任意的 $\lambda\in[0,1]$，有

$$f[(1-\lambda)x'+\lambda x'']< \max\{f(x'),f(x'')\}$$

成立，则称函数 f 为"严格拟凸函数"。

拟凹函数与拟凸函数在经济学的理论研究中有着重要的运用，它们之间存在转换关系。凸集合 $U\subset R^n$ 时，根据定义 1.20 和定义 1.21，我们可以得到，如果 $f:U\to R$ 是拟凹函数（严格拟凹函数），则 $-f$ 为拟凸函数（严格拟凸函数）。此外，有一些函数既是拟凸的，又是拟凹的，如图 1.7 所示。

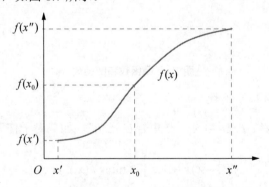

图 1.7　既拟凹又拟凸函数

练　习

1. 用集合的记号表示：

（a）大于 18 的所有实数集合；

（b）大于 5 且小于 15 的实数集合。

2. 证明定理 1.1 的（1）、（2）、（4）。

3. 证明定理 1.2 的（1）。

4. 证明定理 1.7。

5. 证明定理 1.9 的（1）和（2）。

6. 证明定理 1.10 的（1）和（2）。

7. 证明定理 1.11。

8. 证明：非负象限 R_+^n 是以原点 $\mathbf{0}$ 为顶点的锥，而正象限 R_{++}^n 不是锥。

9. 已知集合 $A=\{4, 5, 6\}$，$B=\{3, 4, 6, 7\}$，$C=\{2, 3, 6\}$，验证分配律。

10. 集合 $S=\{1, 3, 5, 7, 9\}$ 共有多少个子集？请一一列出。

11. 证明：任意的凸集合的交集也是凸集合。

12. 已知向量：$w=\begin{bmatrix} 3 \\ 2 \\ 16 \end{bmatrix}$，$x=\begin{bmatrix} x_1 \\ x_2 \end{bmatrix}$，$y=\begin{bmatrix} y_1 \\ y_2 \end{bmatrix}$ 和 $z=\begin{bmatrix} z_1 \\ z_2 \end{bmatrix}$，下列乘积哪些有意义：

$w \cdot x, x \cdot y, y \cdot w, z \cdot x$

13. 设图书馆的书分为 $A=\{$经济学书$\}$，$B=\{$中文版的书$\}$，$C=\{1990$ 年及 1990 年以后出版的书$\}$，问：下列集合或式子各表示什么意思？

（1）$A \cup B$；（2）$A \cap B$；（3）$\bar{C}$；（4）$\bar{C} \subset B$；（5）$A \cap B \cap \bar{C}$；（6）$A \cap B \cap \bar{C}=A$

14. $X \subset R$，$x \in X$，验证 $y=x^2$（$y \geq 0$）的拟凹性和拟凸性。

15. 证明：集合 X 是凸集合的充分必要条件是 X 中的任意凸组合都属于 X。

16. 证明：单调函数是拟凹函数。

第二章

消费与生产

　　本章使用向量和向量函数来审视微观经济学中的消费与生产。我们用向量和向量函数对经济中消费者的消费行为进行解说。本书中，用"消费集合"来表示消费者的消费领域；用"偏好"和"效用函数"来表示消费者的行动基准；以"偏好集合"的形状来表示消费者的偏好特征。本章还就"偏好集合"的凸性与无差异曲线的性质——边际替代率递减法则的对应关系进行解说，并对消费者效用最大化行动进行解说。消费者在市场上购入商品形成需求，并且消费者总是在效用最大处决定各种商品的需求量。我们在本章推出"需求函数"的概念，并证明它的零阶齐次性。

　　接着，我们用向量和向量函数对生产者的企业行为进行了解说。企业是掌握生产技术的经济主体，所以，本章从解释"生产集合"着手，将生产技术用生产集合的形状进行抽象概括，还介绍了对应于生产规模的收益法则。另外，本章从数理的角度介绍了企业的利益最大化行为及与此对应的一些概念，如供给函数、利润函数等。

§2.1 消费者行为

首先，对市场经济下的消费者行为进行解说。

一、产品空间与消费集合

设经济中有 n 种产品。第 i 种产品的量以 x_i 表示，所有产品的量可以用 n 维向量表示：

$$x = \begin{bmatrix} x_1 \\ x_2 \\ \vdots \\ x_n \end{bmatrix}$$

定义 2.1：将表示产品量的向量的集合称为"产品空间"。

根据这样的定义，也有用 n 维向量 R^n 表示产品空间的；消费者购入产品的量可以用产品空间的元素（或称"点"）来表示。但要特别注意的是，对于消费者而言，并不是产品空间的所有元素都可以消费，故而，我们有以下的定义。

定义 2.2：将消费者实际可能消费的量的范围称为"消费集合"。

例 2.1：如果将某一个消费集合设为 X，则 $X \subset R^n$。

图 2.1 表示的是例 2.1 的一个特例，即 $n=2$ 时的消费集合，产品的消费量被限定在 0 或者正值的范围 R_+^n，是普通的消费集合。

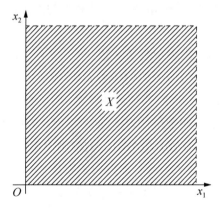

图 2.1　消费品的消费集合

例 2.2：图示劳动与消费的关系。

在商品社会中，人的生存离不开商品的消费。图 2.2 表示的是劳动与消费（食品）的关系，因为对于消费者而言，他们要提供"劳动"这个产品来交换消费，所以劳动为负值。A 点表示：消费者提供了 2 个单位的劳动，同时消费了 4 个单位的食品；B 点表示：消费者虽然没有提供任何劳动，但他仍然需要消费最低的 1 单位食品维系生命。如此的消费集合，不仅表示了消费者行为的范围，还揭示了消费者生存的条件。

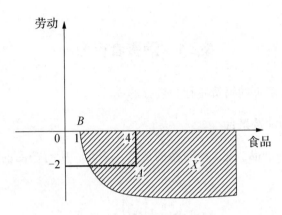

图 2.2 劳动与消费的关系

二、偏好与效用函数

（一）偏好与效用函数的概念

首先设定消费集合 $X \subset R^n$。其实，消费者对于消费集合里的元素，即对 n 种产品的组合有着自己的取舍标准。如在比较两个消费量 x 和 y 的时候，消费者会根据自己的生活习惯和需求进行选择，这在经济学中被称为"偏好"（preference）。使用效用函数来表示消费者的偏好是经济学的传统方法。在效用函数理论中，消费者的满足度被称为"效用"（utility）；并且，假定消费者效用的大小可以用数值来表示。在这样的假定条件下，我们可以如下定义效用函数。

定义 2.3：表示消费者消费产品的量 x 与其获得的满意程度之间的对应关系的函数 u，被称为"效用函数"。

一般地，用以下函数形式来表示效用函数：

$$u = U(x)$$

效用函数 U 的定义域为 $X \subset R^n$，值域为实数 R。用函数 $U: X \to R$ 的形状表示消费者的偏好，消费者获得的效用数值由 $U(x) \in R$ 表示。效用水平 $U(x)$ 越大，消费者的满意程度就越高。用具体的数值表示的效用，被称为"基数效用"。

定义 2.4：对于两个消费量 $x, y \in X$ 和效用函数 $U: X \to R$，当 $U(x) < U(y)$ 成立时，就称消费者"相对于 x 偏好 y"；当 $U(x) = U(y)$ 成立时，就称消费者对 x 和 y 的"偏好无差异"，或"偏好相同"。

（二）偏好集合与无差异曲线

1. 偏好集合

定义 2.5：对于消费集合的各点 $x \in X$，将比 x 偏好的点集合以

$$P(x) = \{ y \in X \mid U(x) < U(y) \}$$

表示，$P(x)$ 就被称为偏好集合。

对于偏好集合 $P(x)$，通常假定具备凸性条件，即对于任意的 $x \in X$，$P(x)$ 是凸集合。

定义 2.6：上述假定被称为"偏好的凸性"。

关于偏好的凸性，我们给出一个二维空间的例子，即当 $n=2$ 时，偏好集合的形状可以参考图 2.3。在图 2.3 的（a）中，阴影部分表示比 x_0 偏好的点的集合 $P(x_0)$。显然，在 $P(x_0)$ 中任意两点间的连线都被 $P(x_0)$ 所包含，故而 $P(x_0)$ 为凸集合。

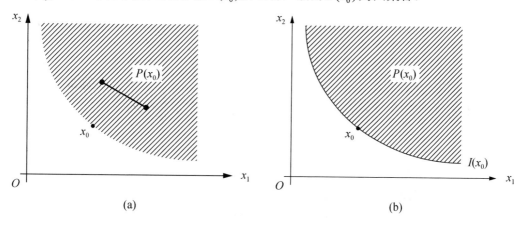

图 2.3　偏好的凸性与无差异曲线

2．无差异曲线

定义 2.7：对于消费集合的各点 $x \in X$，将与 x 的偏好无差异的点集合以
$$I(x) = \{ y \in X \mid U(x) = U(y) \}$$
表示。集合 $I(x)$ 就被称为"无差异曲线"。

在图 2.3 的（b）中，边界线 $I(x_0)$ 就是集合 $P(x_0)$ 的一条无差异曲线。

定义 2.8：无差异曲线的斜率的绝对值被称为"边际替代率"（marginal rate of substitution）。

边际替代率表示的是用第二产品来衡量的第一产品的价值，边际替代率遵循递减规律。

三、预算集合

消费者在购物时，理性的消费行为就是在可以购买的范围内使自己的满足度最高，也就是以效用达到最大为标准来选择消费。以下分析这个消费的过程。

定义 2.9：在 n 维产品空间中，第 i 种产品的价格设为 p_i，则所有产品的价格可以用向量
$$p = \begin{bmatrix} p_1 \\ p_2 \\ \vdots \\ p_n \end{bmatrix}$$

来表示，称 p 为"价格向量"。

当消费者收入为 m 时，消费者可以选择的消费量一定是消费集合内的点，同时，还必须满足的一个前提条件是，消费的费用必须在自己的收入范围内。在价格 p 的条件下，购入 $x \in X$ 的费用可以用

$$p \cdot x = p_1 x_1 + p_2 x_2 + \cdots + p_n x_n$$

表示。从而，消费者应该满足的预算约束为

$$p \cdot x \leqslant m$$

定义 2.10：在价格为 p 和收入为 m 的条件下，消费者的消费量选择范围设为 $B(p, m)$，则

$$B(p, m) = \{ x \in X \mid p \cdot x \leqslant m \} \tag{2.1.1}$$

就被称为"预算集合"。

定义 2.11：在预算集合 $B(p, m)$ 中，表示收入全部用于消费计划的点的集合，即满足

$$p \cdot x = m$$

的点 x 的集合，被称为"预算约束线"。

下面的图 2.4 描绘的是

$$X = R_+^2,\ p > 0,\ m > 0$$

的预算集合，其中的 BB' 就是预算约束线。

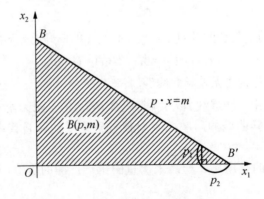

图 2.4 预算集合和预算约束线

四、需求集合

因为消费者会在满足预算约束的消费量中，选择最理想的消费量，所以，在 $B(p, m)$ 中选择消费量 x 时，在 $B(p, m)$ 中应该没有比 x 的效用更大的消费量了，即偏好集合 $P(x)$ 与预算集合 $B(p, m)$ 应无交集。

定义 2.12：在价格为 p 和收入为 m 的条件下，消费者选择消费的范围为

$$D(p, m) = \{ x \in X \mid x \in B(p, m),\ B(p, m) \cap P(x) = \varnothing \} \tag{2.1.2}$$

将集合 $D(p, m)$ 称为"需求集合"。

定义 2.13：在无差异曲线为严格凸的情况下，若需求集合 $D(p,m)$ 内的元素只有一点 x_0，则称 $D(p,m)$ 为"需求函数"。

下面的图 2.5 表示的是在 $n=2$ 时的需求函数的一种情况。一般地，$D(p,m)$ 是价格和收入的函数；x_0 也在预算集合 $B(p,m)$ 中，显然地，它是 $B(p,m)$ 中效用最大的点。

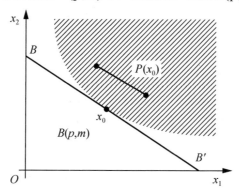

图 2.5 效用最大化

例 2.3：证明预算集合 $B(p,m)$ 和需求集合 $D(p,m)$ 具有零阶齐次性。

证明：根据式（2.1.1）容易验证 $B(tp,tm)=B(p,m)$ 成立。

故而，根据式（2.1.2），对于任意的 $t>0$，就有

$$D(tp,tm)=\{x\in X \mid x\in B(tp,tm),\ B(tp,tm)\cap P(x)=\varnothing\}$$
$$=\{x\in X \mid x\in B(p,m),\ B(p,m)\cap P(x)=\varnothing\}$$
$$=D(p,m)$$

成立。∎

预算集合 $B(p,m)$ 的零阶齐次性意味着价格和收入的同比例变化不影响消费者的行为；需求集合的零阶齐次性，意味着即使价格与收入按同比例变化，需求集合仍不改变。

§2.2 一般化的偏好

一、偏好关系

（一）序数效用

上一节叙述了用数值来表示消费者效用大小的效用函数，这类理论在微观经济学中被称为"基数效用"理论。20 世纪初，经济学界又兴起以序数来度量效用的学说。序数效用不是以具体的数值来表示偏好的程度，它描述的是一种状态之间的比较，如给出第 1 偏好、第 2 偏好……消费者无须说出对产品的效用数值是多少，只要对产品的效用大小进行排列，然后选择效用大的就行。这样偏重大小的顺序而不追究其数值的效用被称为"序数效用"。本节将对与序数效用有关的、一般化的消费者的偏好进行解说。

（二）偏好关系

定义 2.14：由消费集合 X 的直积构成的集合定义为
$$X \times X = \{(x,y) \mid x \in X, y \in X\}$$

设 $\succ$ 是 $X \times X$ 的子集，即 $\succ \subset X \times X$。$X \times X$ 的子集 $\succ$ 就称为"集合 X 的二元关系"。

集合 X 的二元关系可以这样理解：对于两个消费量 $x, y \in X$，当 $(x,y) \in \succ$ 成立时，就意味着"x 比 y 偏好"。故而，可以将 $(x,y) \in \succ$ 表示为 $x \succ y$。经过准备后，用这样的二元关系就可以表示消费者的偏好。

定义 2.15：二元关系 $\succ$ 也被称为消费者的"偏好关系"。

图 2.6 表现的是在 $n=1$ 种产品的经济中，$X = R_+$，即消费量非负情况下的偏好关系的例子。

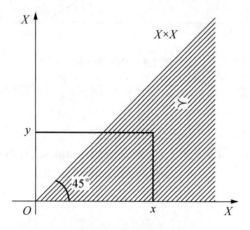

图 2.6　偏好关系

在本图中，
$$X \times X = R_+ \times R_+$$
$$\succ = \{(x,y) \in R_+ \times R_+ \mid x > y\}$$

所以，$x \succ y$ 就意味着 $x > y$，即这个偏好关系意味着消费者偏好产品数量多的一方。

（三）偏好关系 $\succ$ 的理性

消费者的偏好关系 $\succ$ 包含着消费方式的顺序。作为这个顺序的自然性质，给出以下假定条件：

非反射性：对于任意的 $x \in X$，不存在关系 $x \succ x$；

非对称性：如果 $x \succ y$，则 $y \succ x$ 不成立；

传递性：如果 $x \succ y$，$y \succ z$，则 $x \succ z$。

这三个条件都要求消费者的偏好关系 $\succ$ 是"理性"的。非反射性条件意味着任意的消费量 x 都排除比自身偏好的非理性情况；非对称性条件要求任意的两个消费量 x、y 有顺序的不同，这也完全是合理的；传递性条件则要求三个消费量 x、y、z 没有顺序上的矛盾。要注意的是，这三个条件并非相互独立的，其中的非对称性可以从其他两个条件推出，下面给出证明。

定理2.1：如果偏好关系$\succ$具备非反射性和传递性，那么它就有非对称性。

证明：使用反证法。

实际上，当$x \succ y$时，假设偏好关系$\succ$是对称的，就有$y \succ x$。根据传递性，就有$x \succ x$，这与具有非反射性的前提条件相矛盾。∎

设效用函数为$U: X \to R$，如下定义偏好关系$\succ_U$：

$$\succ_U := \{(x, y) \in X \times X \mid U(x) > U(y)\}$$

显然地，这个偏好关系满足非反射性和传递性，根据定理2.1，它也满足非对称性，故以效用函数体现消费者偏好是理性的。从这里可以看出，用效用函数表示的消费者偏好，也可以用偏好关系来表示。所以，作为表示消费者偏好的方法，偏好关系比效用函数更具有一般性。

二、显示性偏好

如果某消费者购买了一组消费品而没有购买另一组他能够支付的消费品，那么，对于第二组消费品，第一组消费选择就被认为是"显示性偏好"。其前提条件是，由实际选择某组消费而非另一组，该消费者向人们传达了一项关于其偏好的信息。这与我们讨论过的消费者偏好的理性不同。

设x^0和x^1是不同的点，并且消费者在价格为p_0时选择x^0，在价格为p_1时选择x^1，那么，该消费者的消费行为满足以下"显示性偏好的弱公理"。

若存在

$$p_0 \cdot x^1 \leqslant p_0 \cdot x^0$$

则有

$$p_1 \cdot x^0 > p_1 \cdot x^1$$

换言之，当x^0是x^1的显示性偏好，并且x^1不是x^0的显示性偏好时，显示性偏好的弱公理成立。图2.7表示了二维空间中的显示性偏好的弱公理。消费者面对价格p_0时选择了x^0，而在价格为p_1时选择了x^1。在（a）中，x^0是消费者可选x^1而未选x^1时的实际选择的消费；而如果消费者选择点x^1，而未选择x^0，则原因是x^0的购买成本已经超过消费者的收入约束。所以，（a）满足显示性偏好的弱公理。（b）则表达了两个选择：第一，x^1是可选点，却选择了x^0；第二，x^0是可选点，却选择了x^1。显然，（b）不满足显示性偏好的弱公理。

三、辞书式顺序

在理性的消费者的偏好关系中，并不是所有的偏好都可以用效用函数来表示，例如，"辞书式顺序"(lexicographic ordering)就是其中一种，即在非负象限R_+^n上的偏好关系$\succ_L$如下定义：

$$\succ_L = \{(x, y) \in R_+^n \times R_+^n \mid 存在j使得x_j > y_j 并且在i < j时，对于任意的i有x_i = y_i\}$$

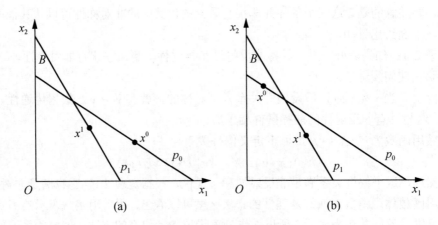

图 2.7 显示性偏好的弱公理

这里，x_i 和 y_i 分别是向量 x 和 y 的第 i 成分。在关系 $\succ_L$ 中，$x \succ_L y$ 就意味着向量 x 和 y 的第 1 成分至第 $j-1$ 成分都是相等的。自第 j 成分起，x 有成分大于 y 的成分。

容易验证关系 $\succ_L$ 是理性的。

当 $n=2$ 时，$\succ_L$ 为如下的集合：

$$\succ_L = \{(x, x^0) \in R_+^2 \times R_+^2 \mid x_1 > x_1^0;\ 或者\ x_1 = x_1^0\ 并且\ x_2 > x_2^0\}$$

例如，图 2.8 的阴影部分表示的是比 x^0 偏好的集合。

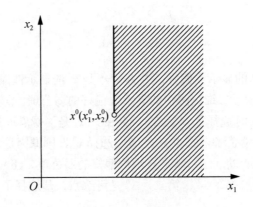

图 2.8 辞书式偏好

辞书式顺序偏好关系有以下内涵：

（1）首先考虑第 1 产品，其次考虑第 2 产品……

（2）在两个方案比较的情况下，对各方案的第 1 产品的量进行比较，选择量大的方案；当第 1 产品的量相同时，对第 2 产品的量进行比较，选择量大的方案……这样选择消费方案，与查英语辞书的方式很接近，故被称为"辞书式顺序"。

§2.3 生产者的行为

一、生产集合

（一）生产集合的概念

从企业的行为角度来说，可以如下定义生产集合。

定义 2.16：生产集合是生产所用的投入量和产出量的组合中，可以实行的组合的集成。

从数学的角度来说，生产集合 Y 可以用产品空间 R^n 的子集来表示：$Y \subset R^n$，而 Y 的元素 y 如下所示：

$$y = \begin{bmatrix} y_1 \\ y_2 \\ \vdots \\ y_n \end{bmatrix}$$

各成分 y_i 是第 i 产品的投入量或者产出量，在本书中规定：正值是产出，负值是投入。所以，从产出的角度看 y，它就是产量；而从生产调度的角度看 y，又可以视其为生产计划。图 2.9 是二维空间中的生产集合的例子。生产集合 Y 是阴影区域。集合中的元素 A 是生产可能的点，为可以进行实际生产活动的组合，即投入第 1 物品 3 个单位，生产 4 个单位的第 2 物品。而 B 点意味着投入 3 个单位的第 1 物品，生产 2 个单位的第 2 物品，其效率较 A 点差。

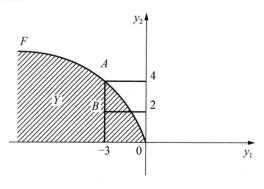

图 2.9 生产集合

（二）生产集合的性质

对于生产集合 Y 的性质，我们有如下四条假定：

（1）**无生产活动的可能性**：原点属于生产，即向量 $\mathbf{0} \in Y$。

（2）**生产集合的凸性**：对于任意的两点 $y, y' \in Y$ 和 $0 < \theta < 1$，都有 $\theta y + (1-\theta) y' \in Y$。

（3）**自由处置**：如果 $y \in Y$ 并且 $y' \leqq y$，则 $y' \in Y$（注意，"$y' \leqq y$"意味着向量 y 的所有成分大于或等于向量 y' 的对应成分）。

（4）自由生产的否定：生产集合满足 $Y \cap R_+^n = \{0\}$

下面逐一对上述四条假定进行解释。

假定（1）意味着，不投入就不会有产出，即生产集合里包含没有生产活动的可能性。对于假定（2）的解释，可以参考图 2.9，沿 Y 的边界 AF 增加第 1 物品的投入，第 2 物品的产出增加率（边际生产率）是递减的，故而，生产集合的凸性就意味着生产的"边际报酬递减规律"。而图 2.10 是不满足凸性假设的情况。A、B 两点的连线上的 C 点在 Y 的外面，此时集合 Y 不满足凸性。在 AB 段，随着第 1 物品投入的增加，第 2 物品的产出增加率也增加，这被称为"规模收益递增"。

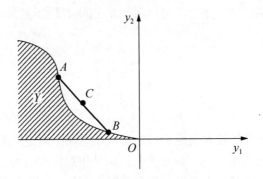

图 2.10 非凸的生产集合

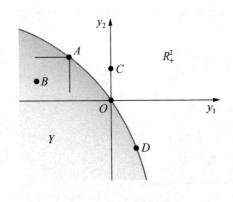

图 2.11 一般的生产集合

在图 2.11 中，与 A 点相比，B 点投入的第 1 物品较多而产出的第 2 物品较少，这可以理解为与 A 点相比，B 点生产较少或处置了产品。假定（3）意味着如果 A 点是生产可行的，则保证 B 点也是生产可行的，从而，也就意味着不需要费用就可以处置物品，即生产集合具有对物品的自由处置性。在这个条件下，如图 2.11 所示的二维空间中，第三象限被生产集合所包含。

最后，假定（4）与假定（1）有相似之处，涉及的都是原点。它的直接意义是生产集合与非负象限的交集是原点，表示没有投入就不可能得到产出。例如图 2.9 中的 (0, 2) 或 (0, 4) 点，表示的就是不投入也能得到产出的点，但它们不属于生产集合 Y，这样的生产活动是不可能的。所以，生产集合的这一条假定，又被称为"世外桃源的不存在性"（impossibility of land Cockaigne）。

图 2.11 是上述四条假定都满足的例子。此时，不仅包含了前面所述的以第 1 物品为投入生产第 2 物品的生产活动，也包括了以第 2 物品为投入生产第 1 物品的 D 点。此图表示的是二维空间中的一般的生产集合。

二、企业利润

（一）用向量表示的利润

市场上 n 个产品的价格向量如下：

$$p = \begin{bmatrix} p_1 \\ p_2 \\ \vdots \\ p_n \end{bmatrix}$$

各成分 p_i 表示的是产品 i 的市场价格。企业的生产集合为 $Y \subset R^n$，对 n 种产品的生产计划在生产集合 Y 中进行选择，故生产计划也就是 Y 中的元素，其表现形式如下：

$$y = \begin{bmatrix} y_1 \\ y_2 \\ \vdots \\ y_n \end{bmatrix}$$

y_i 是第 i 产品的投入量或产出量，正值是产出，负值是投入。即如果 $y_i>0$，则 p_iy_i 表示的是销售额；如果 $y_i<0$，则第 i 产品作为生产要素被投入，这时，$p_iy_i<0$，表示企业购入第 i 产品的费用。从而，企业的利润可以用向量内积 $p \cdot y$ 来表示。

$$p \cdot y = \sum_{i=1}^{n} p_i y_i$$

（二）利润最大化

以 p 表示价格向量、y 表示生产计划、π 表示企业的利润，则企业的利润可以表示为

$$\pi = p \cdot y \tag{2.3.1}$$

如果价格 p 和利润 π 是一定的，上式就可以理解为，在一定的市场价格 p 下，为了实现利润 π 的目标生产计划 y 所必须满足的条件。

当 $n=2$ 时，此时的条件方程如下：

$$\pi = p_1 y_1 + p_2 y_2$$

图 2.12 描绘了 $n=2$ 的情况，图中描绘了与上述条件方程斜率 $-p_1/p_2$ 相同的直线族。直线的位置依存于利润 π，π 值越大直线就越在直线族的上方。在直线族中，处在右上方的直线利润虽然很大，但直线不与生产集合相交，所谈的利润都是"空中楼阁"。例如，C 点的利润大于 A 点的利润，但 C 不在生产集合 Y 中，企业不能选择它。通过 A 点的直线与 Y 的边界线相切，而在这条直线上方的直线都不与生产集合 Y 相交，所以，A 点是生产可能范围内能够获得最大利润的生产计划。

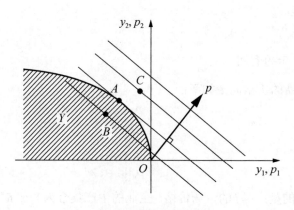

图 2.12 利润最大化

现在来看价格向量 p。如果在图 2.12 中描绘价格向量 p，那么它是与直线族相垂直的。一般地，设两个生产量 y、y' 满足式（2.3.1），则应有

$$\pi = p \cdot y \text{ 和 } \pi = p \cdot y'$$

同时成立。两式相减得

$$p \cdot (y - y') = 0$$

这意味着向量 p 与向量 $y - y'$ 正交。从而，在价格向量 p 与利润 π 一定的情况下，满足式（2.3.1）的生产量 y 的集合是与价格向量 p 正交的超平面[①]。故而，利润最大的生产计划是与价格向量 p 正交的超平面和生产集合 Y 的相切的点。

三、供给集合与利润函数

（一）供给集合

但是，需要注意的是，在上面的例子中，满足企业利润最大化的生产量未必只有一个点。在价格为 p 的前提下，设使企业获得最大利润的产量为 y，其集合设为 $S(p)$，并定义

$$S(p) = \{ y \in Y \mid \text{对于任意的 } z \in Y, p \cdot y \geqslant p \cdot z \}$$

定义 2.17：上述集合 $S(p)$ 被称为"供给集合"。

定义 2.18：$S(p)$ 中的元素只有一个时，$S(p)$ 就是价格 p 的函数，称为"供给函数"。

（二）利润函数

给出价格 p，企业获得的利润最大值设为 $\pi(p)$，对于任意的 $y \in S(p)$，有

$$\pi(p) = p \cdot y$$

成立。由此可以定义"利润函数"。

定义 2.19：可以将利润最大值 $\pi(p)$ 表示成

$$\pi(p) = pS(p)$$

最大利润 $\pi(p)$ 是 p 的函数，称为"利润函数"。

---

① 有关超平面的概念，请参考本书第七章中与超平面有关的内容。

例 2.4：证明供给集合具有零阶齐次性，利润函数具有一阶齐次性。

证明：价格按比例变化时，供给集合保持不变。对于任意的实数 $t>0$ 和价格向量 p，

$$S(tp) = \{y \in Y \mid \text{对于任意的 } z \in Y,\ tp \cdot y \geq tp \cdot z\}$$
$$= \{y \in Y \mid \text{对于任意的 } z \in Y,\ p \cdot y \geq p \cdot z\}$$
$$= S(p)$$

成立。所以，供给集合具有零阶齐次的性质。由该性质可以推导出利润函数的一阶齐次的性质：

$$\pi(tp) = tpS(tp) = tpS(p) = t\pi(p) \qquad\blacksquare$$

§2.4 生产函数与生产技术

一、生产函数

生产函数是表现生产技术的手段，也是表示生产要素的投入量和产品的产出量之间关系的函数。例如，生产某种产品需要 k 种要素，设表示生产要素投入量的 k 维向量为 x，此时，表示可能的最大产出量 q 的函数就是生产函数：

$$q = f(x)$$

投入与产出都是非负值，生产函数 f 的定义域为 k 维向量空间的非负象限 R_+^n，值域为非负实数集合 R_+。即在投入量为 $x \in R_+^n$ 时，产出量用 $f(x) \in R_+$ 表示，企业的生产技术就以函数 $f: R_+^n \to R_+$ 来表示。

二、生产技术的凸性

在经济学中，凹凸的概念有重要应用。关于生产函数形状的条件，有以下假定。

凹性：对于任意的 $x, x' \in R_+^k$ 和任意的实数 $0 < \theta < 1$，有以下不等式成立

$$f(\theta x + (1-\theta)x') \geq \theta f(x) + (1-\theta)f(x')$$

一般地，具有这样性质的函数就是凹函数。图 2.13 是 $k=1$ 时的凹生产函数。如果将其中的 A、B、C 的坐标分别设为 $(x, f(x))$、$(x', f(x'))$、$(\theta x + (1-\theta)x', \theta f(x) + (1-\theta)f(x'))$，则生产函数的凹性条件就意味着 C 点在函数曲线的下方。所以，生产函数的凹性就是使得函数的曲线向上凸起的条件。

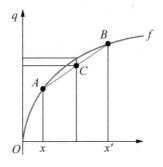

图 2.13 凹生产函数

对应生产函数，定义如下集合：
$$Y_f = \{(-x, q) \in R^k \times R \mid q \leq f(x)\} \tag{2.4.1}$$

此时，$Y_f \subset R^{k+1}$。Y_f 可以被视为一个生产集合，它表示具有生产函数 f 的企业的生产技术。图 2.14 描绘了一个二维空间中生产函数 f 与生产集合 Y_f 关系的例子，它与图 2.13 的生产函数相对应。生产函数 f 是生产集合 Y_f 的边界线，生产集合内的点均可实现，只是效率相异，而生产函数是生产集合中最具效率的生产计划。所以，以生产函数表现的生产技术，亦可以用生产集合来表现，生产集合是比生产函数更为一般的表示方法。

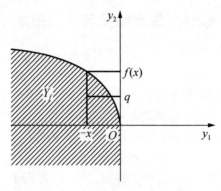

图 2.14　生产函数和生产集合

另外，生产函数 f 的凹性条件相当于生产集合 Y_f 的凸性的条件，以下给出证明。

定理 2.2：如果生产函数 f 是凹函数，则生产集合 Y_f 是凸集合。

证明：设两点 $(-x, q)$、$(-x', q')$ 是集合 Y_f 内的点。根据表示集合的式（2.4.1）的定义，有 $q \leq f(x)$，$q' \leq f(x')$ 成立。

再根据这些不等式，对于满足 $0 < \theta < 1$ 的任意的实数 θ，可以得到
$$\theta q + (1-\theta) q' \leq \theta f(x) + (1-\theta) f(x')$$

另一方面，由于函数 f 是凹函数，所以可以得到
$$\theta f(x) + (1-\theta) f(x') \leq f(\theta x + (1-\theta) x')$$

由上面的两个不等式可以得到
$$\theta q + (1-\theta) q' \leq f(\theta x + (1-\theta) x')$$

这就意味着
$$(-(\theta x + (1-\theta) x'), \theta q + (1-\theta) q') = \theta(-x, q) + (1-\theta)(-x', q') \in Y_f$$

所以，集合 Y_f 是凸集合。∎

三、规模收益法则

定义 2.20：考虑生产要素的投入量按同比例增加、生产规模扩大时对生产量的影响。对于任意的 $x \in R_+^k$ 和实数 $t > 1$，如果
$$f(tx) > tf(x)$$

成立，就称生产函数 f 为"规模收益递增的"（increasing returns to scale）；反之，如果
$$f(tx) < tf(x)$$
成立，称生产函数 f 为"规模收益递减的"（decreasing returns to scale）；如果
$$f(tx) = tf(x)$$
成立，则称生产函数 f 为"规模收益不变的"（constant returns to scale）。

图 2.15 表现的就是这三种情况。

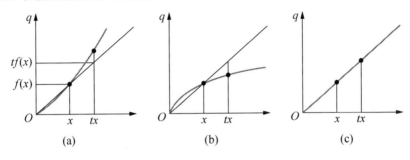

图 2.15 规模收益法则

在图 2.15 中，（a）是投入量的增加率低于生产量增加率的收益递增的情形；(b)则是投入量的增加率高于生产量增加率的收益递减的情形；（c）是投入量的增加率等于生产量增加率的情形。

定理 2.3：如果生产函数 f 是凹函数，则规模收益不变或递减。

证明：对于 $x \in R_+^k$ 和实数 $t>1$，由于函数 f 是凹函数，故有
$$f(x) = f\left[\left(1-\frac{1}{t}\right)\mathbf{0} + \frac{1}{t}tx\right] \geqslant \left(1-\frac{1}{t}\right)f(\mathbf{0}) + \frac{1}{t}f(tx)$$
成立。又因为 $f(\mathbf{0}) \geqslant 0$，根据上面的不等式可以得到
$$tf(x) \geqslant f(tx)$$
即凹函数的生产函数是规模收益不变或递减的。 ∎

四、长期、短期的生产函数

定义 2.21：我们将投入量可变化的生产要素称为"可变生产要素"（variable input），固定不变的生产要素称为"固定生产要素"（fixed input）；我们将所有生产要素和生产量可变化的生产期间称为"长期"（long-run）；将一部分生产要素为固定的，其他生产要素和生产量为可变的生产期间称为"短期"（short-run）。

短期固定的生产要素，可以考虑工厂的规模、土地、技术员工等。当 $x \in R_+^n$ 时，如果将长期的生产函数 $y = f(x)$ 中的投入要素 x 的一部分分量固定，$f(x)$ 就变为短期的生产函数。

五、一阶齐次的生产函数

定义 2.22：f 为生产函数，对于 $x \in R_+^k$ 和实数 $t>1$，如果
$$f(tx) = tf(x)$$

成立，就称生产函数 f 为"一阶齐次的生产函数"。

从叙述上可看出，一阶齐次的生产函数就是规模收益不变的生产函数。

定理 2.4：如果生产函数是一阶齐次的，对应的生产集合 Y_f 是以原点为顶点的锥，即对于任意的 $y \in Y_f$ 和 $t \geqslant 0$，有 $ty \in Y_f$ 成立。

证明：设 $(-x, q) \in Y_f$，即 $q \leqslant f(x)$。由于生产函数是一阶齐次的，对于任意的 $t \geqslant 0$，有

$$tq \leqslant tf(x) = f(tx)$$

成立。根据生产集合的定义，有

$$(-tx, tq) = t(-x, q) \in Y_f$$

据此，集合 Y_f 是以原点为顶点的锥。∎

例 2.5：验证生产函数 $Y = aL + bK$ 是一阶齐次的生产函数。这里，L 表示劳动力的投入，K 表示资本的投入。

证明：因为 $Y(L, K) = aL + bK$，所以，对于任意的实数 $t > 1$，有

$$Y(tL, tK) = atL + btK = t(aL + bK) = tY$$

成立。故 Y 是一阶齐次的生产函数。∎

练 习

1. 以 L 表示劳动力的投入，K 表示资本的投入，试验证下面的函数关系是一阶齐次函数：

（1）里昂惕夫函数：$Y = \min\left\{\dfrac{L}{a}, \dfrac{K}{b}\right\}$ （$a > 0, b > 0$）

这里，$\min\{x, y\}$ 的定义为当 $x < y$ 时，$\min(x, y) = x$；当 $x \geqslant y$ 时，$\min(x, y) = y$。

（2）CES 函数

$$Y = A\left[\alpha L^{-\rho} + (1-\alpha)K^{-\rho}\right]^{-\frac{1}{\rho}} \quad (A > 0, 0 < \alpha < 1, \rho > -1, \rho \neq 0)$$

注意，对于这个函数关系式，$\dfrac{1}{1+\rho} = \sigma$ 称为替代弹性。

（3）柯布-道格拉斯函数

$$Y = A L^{\alpha} K^{1-\alpha} \quad (0 < \alpha < 1, A > 1)$$

2. 消费者在价格为 $p_i, i = 0, 1$ 时购买的消费品为 x^i，它们分别为（a）至（d），说明其是否满足显示性偏好的弱公理。

（a）$p_0 = (1, 3)$，$x^0 = (4, 2)$；$p_1 = (3, 5)$，$x^1 = (3, 1)$

（b）$p_0 = (1, 6)$，$x^0 = (10, 5)$；$p_1 = (3, 5)$，$x^1 = (8, 4)$

（c）$p_0 = (1, 2)$，$x^0 = (3, 1)$；$p_1 = (2, 2)$，$x^1 = (1, 2)$

（d）$p_0 = (2, 6)$，$x^0 = (20, 10)$；$p_1 = (3, 5)$，$x^1 = (18, 4)$

3．下面的效用函数中哪些符合凸的无差异曲线，哪些不符合？

（1）$U(X,Y) = 2X + 5Y$；（2）$U(X,Y) = (XY)^{0.5}$；（3）$U(X,Y) = \min\{X,Y\}$。

4．验证"辞书式顺序"的偏好关系 $\succ_L$ 是理性的。

5．有一位爱喝啤酒的人，面对啤酒与烤肉串的选择，他的行动原则是，如果啤酒的量不相同，不论烤肉串有多少，他都选择啤酒多的方案；如果啤酒的量相同，他选择烤肉串多的方案。当存在3杯啤酒、2支烤肉串的方案A时，试问：比方案A偏好的组合范围应为什么？

6．假定在一个两种商品的世界里，消费者的效用函数为 $u(x) = \left(\alpha_1 x_1^\rho + \alpha_2 x_2^\rho\right)^{1/\rho}$，证明：

（1）当 $\rho = 1$ 时，无差异曲线是线性的。

（2）当 $\rho \to 0$ 时，这一效用函数和 $u(x) = x_1^{\alpha_1} x_2^{\alpha_2}$ 具有一样的偏好。

（3）当 $\rho \to -\infty$ 时，无差异曲线是一个直角，即 $u(x_1, x_2) = \min\{x_1, x_2\}$。

第三章

线性规划和产业关联

本章对线性规划与产业关联论进行解说。我们从解线性方程组和线性不等式出发,通过介绍塔克引理(Tucker's lemma)和其他的相关定理,为引入线性规划法做准备。这一部分的内容基本上是数学理论,对学习之后的内容是不可或缺的。在线性规划法部分,我们着重对在数理经济学中占有重要位置的存在定理和对偶定理进行解说。在产业关联论中,我们对由经济学家里昂惕夫(Leontief)所创立的产业关联论的主要内容进行简要说明;在与此相关的数学知识中,我们对非负矩阵进行了解说。最后,为了研究非负矩阵的性质,我们在附录中对弗罗贝尼乌斯(Frobenius)定理进行介绍。

§3.1 齐次线性方程组

一、克莱默法则

考察关于未知单变量 x_1、x_2 的二元线性方程组：
$$\begin{cases} a_{11}x_1 + a_{12}x_2 = b_1 \\ a_{21}x_1 + a_{22}x_2 = b_2 \end{cases}$$
用消元法求解。若消去 x_2，可以得到
$$(a_{11}a_{22} - a_{12}a_{21})x_1 = b_1a_{22} - b_2a_{12}$$
若消去 x_1，则可以得到
$$(a_{11}a_{22} - a_{12}a_{21})x_2 = b_2a_{11} - b_1a_{21}$$
当 $a_{11}a_{22} - a_{12}a_{21} \neq 0$ 时有解：
$$x_1 = \frac{b_1a_{22} - b_2a_{12}}{a_{11}a_{22} - a_{12}a_{21}}, \quad x_2 = \frac{b_2a_{11} - b_1a_{21}}{a_{11}a_{22} - a_{12}a_{21}}$$
这个解可以用行列式表示为
$$x_1 = \frac{\begin{vmatrix} b_1 & a_{12} \\ b_2 & a_{22} \end{vmatrix}}{\begin{vmatrix} a_{11} & a_{12} \\ a_{21} & a_{22} \end{vmatrix}}, \quad x_2 = \frac{\begin{vmatrix} a_{11} & b_1 \\ a_{21} & b_2 \end{vmatrix}}{\begin{vmatrix} a_{11} & a_{12} \\ a_{21} & a_{22} \end{vmatrix}}$$
记作 $x_1 = \dfrac{D_1}{D}$，$x_2 = \dfrac{D_2}{D}$，其中
$$D = \begin{vmatrix} a_{11} & a_{12} \\ a_{21} & a_{22} \end{vmatrix}$$
其元素正是各变元的系数，称为系数行列式；而 D_1、D_2 正是以等号右边的常数分别替换系数行列式的第 1、2 列后所得的行列式。这种直接用方程组的有关行列式之比来解方程的方法，可以推广到一般方形方程组。

定理 3.1：［克莱默（Cramer）法则］设线性方程组
$$\begin{cases} a_{11}x_1 + a_{12}x_2 + \cdots + a_{1n}x_n = b_1 \\ a_{21}x_1 + a_{22}x_2 + \cdots + a_{2n}x_n = b_2 \\ \cdots\cdots \\ a_{n1}x_1 + a_{n2}x_2 + \cdots + a_{nn}x_n = b_n \end{cases} \quad (3.1.1)$$

其系数行列式 $D = \begin{vmatrix} a_{11} & a_{12} & \cdots & a_{1n} \\ a_{21} & a_{22} & \cdots & a_{2n} \\ \vdots & \vdots & & \vdots \\ a_{n1} & a_{n2} & \cdots & a_{nn} \end{vmatrix}$，用常数向量 $\beta = \begin{bmatrix} b_1 \\ b_2 \\ \vdots \\ b_n \end{bmatrix}$ 替换 D 的第 j 列所得的 n 阶行列式记作 D_j，即

$$D_j = \begin{vmatrix} a_{11} & \cdots & a_{1,j-1} & b_1 & a_{1,j+1} & \cdots & a_{1n} \\ a_{21} & \cdots & a_{2,j-i} & b_2 & a_{2,j+1} & \cdots & a_{2n} \\ \vdots & & \vdots & \vdots & \vdots & & \vdots \\ a_{n1} & \cdots & a_{n,j-1} & b_n & a_{n,j+1} & \cdots & a_{nn} \end{vmatrix} \quad (j=1,2,\cdots,n)$$

若 $D \neq 0$，则线性方程组存在唯一解：$x_1 = \dfrac{D_1}{D}$，$x_2 = \dfrac{D_2}{D}$，$\cdots$，$x_n = \dfrac{D_n}{D}$。

证明：首先证明 $x_j = \dfrac{D_j}{D}$ $(j=1,2,\cdots,n)$ 是方程组的解。

将 D_j 按第 j 列展开得到 $D_j = \sum\limits_{k=1}^{n} b_k A_{kj}$，然后将 $x_j = \dfrac{\sum\limits_{k=1}^{n} b_k A_{kj}}{D}$ $(j=1,2,\cdots,n)$ 代入方程组中第 i 个方程的左边，得到

$$\sum_{j=1}^{n} a_{ij} \frac{D_j}{D} = \frac{1}{D} \sum_{j=1}^{n} a_{ij} \sum_{k=1}^{n} b_k A_{kj} = \frac{1}{D} \sum_{k=1}^{n} b_k \sum_{j=1}^{n} a_{ij} A_{kj}$$
$$= \frac{1}{D} b_i D = b_i$$

由 i 的任意性知 $x_j = \dfrac{D_j}{D}$ $(j=1,2,\cdots,n)$ 是线性方程组的解。

下面还需要证明解的唯一性：设 $x_1, x_2, \cdots, x_n$ 是方程组的任意一组解，取 x_1 乘系数行列式 D，根据行列式的性质，有

$$Dx_1 = \begin{vmatrix} a_{11}x_1 & a_{12} & \cdots & a_{1n} \\ a_{21}x_1 & a_{22} & \cdots & a_{2n} \\ \vdots & \vdots & & \vdots \\ a_{n1}x_1 & a_{n2} & \cdots & a_{nn} \end{vmatrix} = \begin{vmatrix} a_{11}x_1 + \cdots + a_{1n}x_n & a_{12} & \cdots & a_{1n} \\ a_{21}x_1 + \cdots + a_{2n}x_n & a_{22} & \cdots & a_{2n} \\ \vdots & \vdots & & \vdots \\ a_{n1}x_1 + \cdots + a_{nn}x_n & a_{n2} & \cdots & a_{nn} \end{vmatrix}$$

$$= \begin{vmatrix} b_1 & a_{12} & \cdots & a_{1n} \\ b_2 & a_{22} & \cdots & a_{2n} \\ \vdots & \vdots & & \vdots \\ b_n & a_{n2} & \cdots & a_{nn} \end{vmatrix} = D_1$$

同理可证 $Dx_j = D_j$。由 $D \neq 0$，得出 $x_j = \dfrac{D_j}{D}$ $(j=1,2,\cdots,n)$。■

二、齐次线性方程组

定义 3.1：如果线性方程组（3.1.1）的常数项 $b_1, b_2, \cdots, b_n$ 都等于 0，则线性方程组

$$\begin{cases} a_{11}x_1 + a_{12}x_2 + \cdots + a_{1n}x_n = 0 \\ a_{21}x_1 + a_{22}x_2 + \cdots + a_{2n}x_n = 0 \\ \cdots\cdots \\ a_{n1}x_1 + a_{n2}x_2 + \cdots + a_{nn}x_n = 0 \end{cases} \quad (3.1.2)$$

称为"齐次线性方程组"。

利用克莱默法则容易得到下面两个定理，证明留给读者。

定理 3.2：若齐次线性方程组（3.1.2）的系数行列式 $D\neq 0$，则（3.1.2）只有零解。

定理 3.2 的逆否命题是定理 3.3。

定理 3.3：若齐次线性方程组（3.1.2）有非零解，则它的系数行列式一定为 0。

例 3.1：设方程组

$$\begin{cases} x+y+z=kz \\ 4x+3y+2z=ky \\ x+2y+3z=kx \end{cases}$$

有非零解，求 k 值。

解：将方程组改写为

$$\begin{cases} x+y+(1-k)z=0 \\ 4x+(3-k)y+2z=0 \\ (1-k)x+2y+3z=0 \end{cases}$$

因方程组有非零解，所以根据定理 3.3 可以得到

$$\begin{vmatrix} 1 & 1 & 1-k \\ 4 & 3-k & 2 \\ 1-k & 2 & 3 \end{vmatrix} = k(k+1)(k-6)=0$$

所以，$k=-1,0,6$。

克莱默法则只能应用于方形的方程组，且系数行列式不能为 0，在计算时需要计算 $n+1$ 个 n 阶的行列式，所以，当 n 较大时，计算量通常很大。因此克莱默法则的主要意义在理论上，它明确指出了方程组的解与系数的关系，并给出了一种新颖的"块状处理"的模式。

§3.2 线性不等式

一、塔克引理

设 A 为 $m\times n$ 的矩阵，并且设

$$x=\begin{bmatrix} x_1 \\ x_2 \\ \vdots \\ x_n \end{bmatrix}, \quad u=\begin{bmatrix} u_1 \\ u_2 \\ \vdots \\ u_m \end{bmatrix}$$

定理 3.4（塔克引理）：对于下面的联立方程式

$$A^T u \geqq \mathbf{0} \tag{3.2.1}$$

$$Ax=\mathbf{0}, \quad x\geqq \mathbf{0} \tag{3.2.2}$$

存在 u、x 满足以下条件：

$$A_1^T u + x_1 > 0 \tag{3.2.3}$$

这里，A_1^T 是指 A 的第 1 列向量的转置向量。

证明：使用数学归纳法进行证明。

当 $n=1$ 时，

如果 $A_1 = \mathbf{0}$，则设 $u = \mathbf{0}$，$x_1 = 1$，引理成立，

如果 $A_1 \neq \mathbf{0}$，则设 $u = A_1$，$x_1 = 0$，引理亦成立。

假定引理在矩阵的规格为 $m \times k$ 的情况下成立，并设 $\overline{A}$ 为 $m \times (k+1)$ 的矩阵，也就是矩阵 A 的规格为 $m \times k$，则

$$\overline{A} = [A, A_{k+1}] = [A_1, A_2, \cdots, A_{k+1}]$$

这里，A_i 是 $\overline{A}$ 的第 i 列。因为 A 是 $m \times k$ 的矩阵，根据归纳假定，存在向量 $u \in R^m$，$x \in R^k$，使得

$$A^\mathrm{T} u \geqq \mathbf{0}, \quad Ax = \mathbf{0}, \quad x \geqq \mathbf{0}, \quad A_1^\mathrm{T} u + x_1 > 0$$

成立。如果 $A_{k+1}^\mathrm{T} u \geqq 0$，则 u 和 $\overline{x}$ 是

$$\overline{A}_1^\mathrm{T} u \geqq \mathbf{0}, \quad \overline{A}\,\overline{x} = \mathbf{0}, \quad \overline{x} \geqq \mathbf{0}, \quad \overline{A}_1^\mathrm{T} u + \overline{x}_1 > 0$$

的解。这里，$\overline{x} = (x^\mathrm{T}, 0)^\mathrm{T}$。据此，我们得知在 $A_{k+1}^\mathrm{T} u \geqq 0$ 的情况下式（3.2.1）成立。

其次，考察 $A_{k+1}^\mathrm{T} u < 0$ 的情况。设

$$B = [B_1, B_2, \cdots, B_k]$$

其中

$$B_i = A_i + \lambda_i A_{k+1}, \quad (i = 1, 2, \cdots, k)$$

$$\lambda_i = -\frac{A_i^\mathrm{T} u}{A_{k+1}^\mathrm{T} u} \geqq 0, \quad (i = 1, 2, \cdots, k)$$

此时，

$$B_j^\mathrm{T} u = A_j^\mathrm{T} u + \lambda_j A_{k+1}^\mathrm{T} u = 0, \quad (j = 1, 2, \cdots, k)$$

也就是 $B^\mathrm{T} u = \mathbf{0}$。由于 B 是规格为 $m \times k$ 的矩阵，根据归纳假定，对于 B 而言定理 3.4 成立。所以，存在向量 $v \in R^m$，$y \in R^k$，满足

$$B^\mathrm{T} v \geqq \mathbf{0}, \quad By = \mathbf{0}, \quad y \geqq \mathbf{0}, \quad B_1^\mathrm{T} v + y_1 > 0$$

定义 $\overline{y}$：

$$\overline{y} = (y^\mathrm{T}, \sum_i \lambda_i y_i)^\mathrm{T}$$

就可以得到

$$\overline{y} \geqq \mathbf{0}$$

$$\overline{A}\,\overline{y} = (A_1 y_1 + \lambda_1 A_{k+1} y_1) + (A_2 y_2 + \lambda_2 A_{k+1} y_2) + \cdots + (A_k y_k + \lambda_k A_{k+1} y_k)$$
$$= By$$
$$= \mathbf{0}$$

我们定义 w：

$$w = v - \frac{A_{k+1}^\mathrm{T} v}{A_{k+1}^\mathrm{T} u} u$$

于是
$$A_{k+1}^T w = 0$$

并且，可以得到

$$\overline{A}^T w = \begin{bmatrix} A^T \\ A_{k+1}^T \end{bmatrix} w = \begin{bmatrix} (B_1^T - \lambda_1 A_{k+1}^T) \cdot w \\ (B_2^T - \lambda_2 A_{k+1}^T) \cdot w \\ \vdots \\ (B_k^T - \lambda_k A_{k+1}^T) \cdot w \\ 0 \end{bmatrix} = \begin{bmatrix} B^T w \\ 0 \end{bmatrix} = \begin{bmatrix} B^T v - \dfrac{A_{k+1}^T v}{A_{k+1}^T u} B^T u \\ 0 \end{bmatrix} = \begin{bmatrix} B^T v \\ 0 \end{bmatrix} \geqq \mathbf{0}$$

进而，
$$A_1^T \cdot w + y_1 = B_1^T \cdot v + y_1 > 0$$

所以，对于 $\overline{A}$ 也存在满足定理 3.4 的解 $\overline{y}$ 和 w。 ∎

二、相关的定理

定理 3.5：设 A 为 $m \times n$ 的矩阵。对于下面的联立不等式和联立方程式：
$$A^T u \geqq \mathbf{0}, \quad Ax = \mathbf{0}, \quad x \geqq \mathbf{0}$$
存在满足 $A^T u + x > \mathbf{0}$ 的解 $u \in R^m$，$x \in R^n$。

证明：在塔克引理的证明中，我们可以知道 A_1 发挥着特别的作用。但是，如果适当地进行矩阵 A 的列变换，任何一列都可以起到塔克引理中 A_1 的作用。从而，如果反复使用塔克引理，则存在向量 $u^j \in R^m$ 和向量 $x^j \in R^n$（$j=1, 2, \cdots, n$），使得
$$A^T u^j \geqq \mathbf{0}, \quad Ax^j = \mathbf{0}, \quad x^j \geqq \mathbf{0}, \quad A_j^T \cdot u^j + x_j^j > 0$$
成立。这里，x_j^j 是 x^j 的第 j 成分。如下定义 u 和 x：
$$u = u^1 + \cdots + u^n, \quad x = x^1 + \cdots + x^n$$
于是有
$$A^T u = A^T u^1 + \cdots + A^T u^n \geqq \mathbf{0}$$
$$Ax = Ax^1 + \cdots + Ax^n = \mathbf{0}$$
$$x = x^1 + \cdots + x^n \geqq \mathbf{0}$$
并且，
$$A_j^T \cdot u + x_j = (A_j^T \cdot u^1 + x_j^1) + \cdots + (A_j^T \cdot u^j + x_j^j) + \cdots + (A_j^T \cdot u^n + x_j^n) > 0$$
这里，x_j 是 x 的第 j 成分。上式就意味着 $A^T u + x > \mathbf{0}$。 ∎

定理 3.6：设 C 为 $k \times k$ 的矩阵，向量 $v \in R^k$，$x \in R^k$。对于下面的联立不等式
$$C^T v \geqq \mathbf{0}, \quad v \geqq \mathbf{0}, \quad -Cx \geqq \mathbf{0}, \quad x \geqq \mathbf{0}$$
存在满足 $-Cx \geqq \mathbf{0}$ 并且 $C^T v + x > \mathbf{0}$ 的解 v 和 x。

证明：考察下面的不等式和方程式：
$$[I_k, C]^T v \geqq \mathbf{0}, \quad [I_k, C]\begin{bmatrix} w \\ x \end{bmatrix} = \mathbf{0}, \quad \begin{bmatrix} w \\ x \end{bmatrix} \geqq \mathbf{0}$$
这里，I_k 为 k 阶单位矩阵，向量 $w \in R^k$ 且 $w \geqq \mathbf{0}$。根据定理 3.5，上面的联立不等式

和方程式存在解 v、w、x，满足

$$[I_k, C]^T v + \begin{bmatrix} w \\ x \end{bmatrix} \geqq 0$$

消去 w，得到

$$C^T v \geqq 0, \quad v \geqq 0, \quad -Cx \geqq 0, \quad x \geqq 0$$

而且，

$$v - Cx > 0, \quad C^T v + x > 0$$

这就是所求的结果。∎

定理 3.7：设 K 为 $n \times n$ 的矩阵并且，$K^T = -K$，向量 $w \in R^n$，则联立不等式：

$$K \cdot w \geqq 0, \quad w \geqq 0$$

有满足 $K \cdot w + w > 0$ 的解。

证明：将矩阵 K^T 看成定理 3.6 中的 C，则对于联立不等式

$$K \cdot v \geqq 0, \quad v \geqq 0, \quad -K^T \cdot x \geqq 0, \quad x \geqq 0$$

存在满足 $v - K^T \cdot x > 0$ 并且 $K \cdot v + x > 0$ 的解 v、x。

这里，设 $w = v + x$，则有

$$0 \leqq K \cdot v - K^T \cdot x = K \cdot (v + x) = K \cdot w$$
$$0 \leqq v + x = w$$
$$0 < (v - K^T \cdot x) + (K \cdot v + x) = (v + x) + K \cdot (v + x) = w + K \cdot w$$

本定理获证。∎

§3.3　线性规划法

一、线性规划问题

定义 3.2：设 c_j，a_{ij}，b_i（$i = 1, 2, \cdots, m$；$j = 1, 2, \cdots, n$）为常数；$x_1, x_2, \cdots, x_n$ 为 n 个实变量时，如下表示的最大化问题被称为"线性规划问题"（linear programming problem）：

$$(M) \begin{cases} \max \quad c_1 x_1 + c_2 x_2 + \cdots + c_n x_n \\ subject \ to \\ a_{11} x_1 + a_{12} x_2 + \cdots + a_{1n} x_n \leqq b_1 \\ a_{21} x_1 + a_{22} x_2 + \cdots + a_{2n} x_n \leqq b_2 \\ \cdots \cdots \\ a_{m1} x_1 + a_{m2} x_2 + \cdots + a_{mn} x_n \leqq b_m \\ x_1 \geqq 0, x_2 \geqq 0, \cdots, x_n \geqq 0 \end{cases}$$

问题 (M) 里的"max"是最大化的符号，"subject to"则意味着"服从于以下条件"。

定义 3.3：问题(M)中最大化对象 $c_1x_1 + c_2x_2 + \cdots + c_nx_n$ 被称为"目标函数"(objective function)；问题(M)中的"*subject to*"条件被称为"约束条件"。

注意：问题(M)中的约束条件，表面上没有包含

$$a_{k1}x_1 + a_{k2}x_2 + \cdots + a_{kn}x_n = b_k$$

但是，该等号约束条件可以视为由以下两个不等号约束条件

$$a_{k1}x_1 + a_{k2}x_2 + \cdots + a_{kn}x_n \leq b_k$$
$$(-a_{k1})x_1 + (-a_{k2})x_2 + \cdots + (-a_{kn})x_n \leq -b_k$$

得到，所以可以认为问题(M)中实质上包含等号约束条件。从而，线性规划问题又称线性规划，在数学中线性规划特指目标函数和约束条件皆为线性的最优化问题。

现在，设 $x \in R^n$ 是以 x_j 为第 j 成分的向量，$c \in R^n$ 是以 c_j 为第 j 成分的向量，$b \in R^m$ 是以 b_i 为第 i 成分的向量；设 A 为 $m \times n$ 的矩阵，于是，上述问题(M)可以用矩阵表示成

$$\max_x c \cdot x, \quad subject\ to \quad Ax \leq b, \quad x \geq \mathbf{0}$$

被称为问题(M)的"对偶问题"（dual problem）的，是一个最小化的问题。设 $u_1, u_2, \cdots, u_m$ 为 m 个变量，$u \in R^m$ 是以 u_i 为第 i 成分的横向量，以下的最小化问题：

$$(m) \quad \min_u u \cdot b, \quad subject\ to \quad uA \geq c, \quad u \geq \mathbf{0}$$

就是问题(M)的对偶问题。

二、存在定理和对偶定理

定义 3.4：在问题(M)的 $m+n$ 个约束条件中，向量 x 在满足

$$Ax \leq b, \quad x \geq \mathbf{0}$$

时，将 x 称为"可行解"(feasible solution)；称问题(M)的约束条件为"可行的"(feasible)，此时简称问题(M)为"可行的"。

定义 3.5：对于问题(m)，如果向量 u 满足

$$uA \geq c, \quad u \geq \mathbf{0}$$

则将 u 称为"可行解"；称问题(m)的约束条件为"可行的"，也简称问题(m)为"可行的"。

定义 3.6：问题(M)的可行解中使目标函数取得最大值的，或问题(m)的可行解中，使得目标函数取得最小值的，称为"最优解"(optimum solution)。

定理 3.8：在问题(M)和(m)中，如果 x 和 u 是可行解，则

$$c \cdot x \leq u \cdot b$$

证明：根据问题(M)和(m)的约束条件，我们有

$$u \cdot b \geq uAx = (uA) \cdot x \geq c \cdot x$$

本定理得证。 ∎

定理 3.9：如果 $b_i \geq 0 (i=1,2,\cdots,m)$，则问题($M$)的约束条件是可行的。如果 A 是非负矩阵，并且 A 的各 j 列($j=1,2,\cdots,n$)里存在 i，使得 $a_{ij} > 0$，则问题(m)的约束条件是可行的。

证明： 如果 $b_i \geqq 0 (i=1,2,\cdots,m)$，则 $x=0$ 是可行解，本定理的前半部分很显然成立。下面，证明后半部分。

因为 A 是非负矩阵，并且 A 的各 j 列 $(j=1,2,\cdots,n)$ 里存在 i，使得 $a_{ij}>0$，所以如果 $v \in R^m$，$v_i>0(i=1,2,\cdots,m)$，则

$$vA > 0$$

由于 c 是常向量，存在正数 k，有

$$kvA \geqq c$$

即 kv 是可行解。如果令 $u=kv$，就有

$$uA \geqq c$$

故 (m) 的约束条件为可行的。∎

下面，我们将定理 3.7 用于以下的联立不等式：

$$\begin{bmatrix} 0 & -A & b \\ A^T & 0 & -c^T \\ -b^T & c & 0 \end{bmatrix} \begin{bmatrix} u^T \\ x \\ y \end{bmatrix} \geqq 0, \quad \begin{bmatrix} u^T \\ x \\ y \end{bmatrix} \geqq 0$$

这里，y 是实数。此时，存在问题 (M) 的某一组解 u, x, y，满足

$$\begin{bmatrix} 0 & -A & b \\ A^T & 0 & -c^T \\ -b^T & c & 0 \end{bmatrix} \begin{bmatrix} u^T \\ x \\ y \end{bmatrix} + \begin{bmatrix} u^T \\ x \\ y \end{bmatrix} \geqq 0 \quad (3.3.1)$$

也就是说，能够得到以下各种关系：

$$Ax \leqq yb \quad ①$$
$$A^T u^T \geqq yc^T \quad ②$$
$$c \cdot x \geqq b^T \cdot u^T = u \cdot b \quad ③$$
$$yb + u^T > Ax \quad ④$$
$$A^T u^T + x > yc^T \quad ⑤$$
$$c \cdot x + y > b^T \cdot u^T = u \cdot b \quad ⑥$$
$$u \geqq 0, \quad x \geqq 0, \quad y \geqq 0 \quad ⑦$$

对此，我们分两种情况进行考察：第一种情况是 $y>0$；第二种情况是 $y=0$。

第一种情况（$y>0$）时。

将所有的变数除以 y，满足式①至⑦的 u、x、y 就变成 u、x、1（将 $\dfrac{u}{y}$、$\dfrac{x}{y}$ 看成新的 u、x 便可）。根据式①、②、⑦，我们可以得到

$$Ax \leqq b, \quad x \geqq 0; \quad uA > c, \quad u \geqq 0$$

这就意味着 x 和 u 是可行解。

根据式③和定理 3.8，我们可以得到

$$c \cdot x = u \cdot b$$

对于任意可行解 $\bar{x}$，根据定理 3.8，有

$$c \cdot x = u \cdot b \geqq c \cdot \bar{x}$$

成立。从而，满足式①至⑦的 x 就是问题(M)的最优解。同样地，对于任意可行解 $\bar{u}$，根据定理 3.8，有

$$\bar{u} \cdot b \geqslant c \cdot x = u \cdot b$$

成立。从而，得到的 u 就是问题(m)的最优解。

第二种情况（$y=0$）时。

设 $\bar{x}$ 是问题（M）的可行解，根据式②、⑥，有

$$0 = yc \cdot \bar{x} \leqslant uA\bar{x} \leqslant u \cdot b < c \cdot x \qquad \text{⑧}$$

成立。进而，我们再设 $\bar{u}$ 是问题(m)的可行解，根据式①，有

$$0 = y\bar{u} \cdot b \geqslant \bar{u}Ax \geqslant c \cdot x \qquad \text{⑨}$$

成立。从而，在满足上述设定的问题(M)和(m)均可行的条件下，我们可以获得以下的结果：

$$0 < c \cdot x \leqslant 0$$

这显然是不成立的。从而，问题(M)和(m)中至少有一方不是可行的。

首先，设问题(M)可行而问题(m)不可行。这就意味着式⑧成立，即

$$c \cdot x > 0$$

从而，x 不可能是零向量。设 λ 是任意正数，因 $\bar{x}$ 是可行解，所以，$\bar{x} + \lambda x$ 也是可行解。实际上，由于

$$\bar{x} + \lambda x \geqq \mathbf{0}$$

并且根据式①，有

$$Ax \leqq yb = \mathbf{0}$$

成立，故而

$$A(\bar{x} + \lambda x) = A\bar{x} + \lambda Ax \leqq A\bar{x} \leqq b$$

成立。因为 λ 是任意的正数，$\bar{x} + \lambda x$ 是可行解，$c \cdot x > 0$，所以当 $\lambda \to \infty$ 时，

$$c \cdot (\bar{x} + \lambda x) = c \cdot \bar{x} + \lambda c \cdot x \to \infty$$

从而，问题(M)没有解。

其次，设(m)可行而(M)不可行。此时，同样意味着式⑨成立，即

$$0 \geqslant c \cdot x$$

根据式⑥，有

$$0 > u \cdot b$$

成立。设 μ 是任意的正数，因 $\bar{u}$ 是可行解，所以，$\bar{u} + \mu u$ 也是可行解。实际上，由于

$$\bar{u} + \mu u \geqq \mathbf{0}$$

根据式②，有

$$uA \geqq \mathbf{0}$$

成立，故而

$$(\bar{u}+\mu u)A = \bar{u}A + \mu Au \geqq \bar{u}A \geqq c$$

成立。因为 μ 是任意的正数，$\bar{u}+\mu u$ 是可行解，$0 > u \cdot b$，所以当 $\mu \to \infty$ 时，

$$(\bar{u}+\mu u) \cdot b = \bar{u} \cdot b + \mu u \cdot b \to \infty$$

从而，问题(m)没有最优解。

综上所述，当 $y=0$ 时，如果问题(M)可行，则问题(m)不可行，问题(M)无最优解；另外，如果问题(m)可行，则问题(M)不可行，问题(m)无最优解。故而，当 $y=0$ 时，问题(M)和(m)中有一方不可行。

而当 $y>0$ 时，根据上述的第一种情况，问题(M)和(m)均可行。作为对偶命题，可以归纳如下：

"$y>0$" $\Leftrightarrow$ "问题(M)和(m)可行。"

"$y=0$" $\Leftrightarrow$ "问题(M)和(m)中有一方不可行。"

从而，我们可以很快地得到以下定理，在此省去证明的过程。

定理 3.10：在问题(M)和(m)两者都有最优解，或者两者都无最优解的两种情形中，只会出现其中的一种。在问题(M)和(m)两者都有最优解的情形下，问题(M)的最大值等于问题(m)的最小值。

下面的定理被称为"对偶定理"（duality theorem）。

定理 3.11（对偶定理）：在问题(M)中可行解 $\hat{x}$ 是最优解的命题，与在问题(m)中存在可行解 $\hat{u}$，使得 $c \cdot \hat{x} = \hat{u} \cdot b$ 成立的命题等价。另外，在问题(m)中可行解 $\hat{u}$ 是最优解的命题，与在问题(M)中存在可行解 $\hat{x}$，使得 $c \cdot \hat{x} = \hat{u} \cdot b$ 成立的命题等价。

证明：满足式（3.1.1）的 u、x、y 满足式①至⑦。如果 $y=0$，问题(M)可行，则问题(M)中不存在最大值。所以，如果 $\hat{x}$ 是问题(M)的最优解，那么，一定是 $y>0$。此时，如同我们对第一种情况的讨论，可以考虑成 $\hat{u}$、x、1 满足式①至⑦。根据第一种情况讨论，$\hat{u}$ 是可行解，x 是最优解。故而，

$$c \cdot \hat{x} = c \cdot x = \hat{u} \cdot b$$

反之，设存在可行解 $\hat{x}$ 和 $\hat{u}$，使得 $c \cdot \hat{x} = \hat{u} \cdot b$。如果 x 为任意的可行解向量，根据定理3.8，有

$$c \cdot \hat{x} = \hat{u} \cdot b \geqq c \cdot x$$

成立。这就意味着 $\hat{x}$ 是问题(M)的最优解。

而定理的后半部分的证明与前半部分几乎相同，在此省略。请读者自行完成证明过程。∎

另外，根据定理3.10以前的讨论，我们可以很容易地证明以下定理，这里省去证明过程。

定理 3.12（存在定理）：问题(M)和(m)具有最优解的充分必要条件是它们分别有可行解。

§3.4 产业关联论

一、产业关联论

决策部门在制定经济政策时，要考虑国民经济整体的流程，同时还要考虑农业、钢铁、服务、通信、物流等个别产业的情况。消费者、家庭、企业、政府等经济主体都有各自的经济计划，在经济学的理论中要研究实施这些计划的整体协调性。解决这些问题，需要用到后面章节介绍的"一般均衡理论"。这里，我们暂且在给出需求向量的前提下，从计算各产业活动水平的角度，研究"产业关联论"（industry relevance theory）。

设产业的种类数为 n（正整数），各产业部门的要素投入和产出之间的"相互依存关系"（mutual interdependence）可用以下 $n\times n$ 的矩阵 A 来表示：

$$A = \begin{bmatrix} a_{11} & a_{12} & \cdots & a_{1n} \\ a_{21} & a_{22} & \cdots & a_{2n} \\ \vdots & \vdots & & \vdots \\ a_{n1} & a_{n2} & \cdots & a_{nn} \end{bmatrix}$$

此时，第 i 行、第 j 列的要素 a_{ij} 表示的是第 j 产业生产 1 个单位产品时第 i 产业的要素投入量。对于第 j 产业而言，矩阵 A 的第 j 列就是生产 1 个单位 j 产品所需要的全要素投入量。

现在，设第 i 产业部门的产出量以非负实数 x_i 表示，则产出量的向量 $x \in R^n$ 定义为

$$x = \begin{bmatrix} x_1 \\ x_2 \\ \vdots \\ x_n \end{bmatrix}$$

定义 3.7：设产业外部对于部门 i 的需求为 f_i，需求向量为

$$f = \begin{bmatrix} f_1 \\ f_2 \\ \vdots \\ f_n \end{bmatrix}$$

则 f 被称为"最终需求向量"（final demand vector）。

对于第 i 产业部门，生产和需求的平衡可以由下式表示：

$$x_i = \sum_{j=1}^{n} a_{ij} x_j + f_i \qquad (i = 1, 2, \cdots, n)$$

$a_{ij} x_j$ 表示的是当第 j 部门生产水平为 x_j 时，第 i 部门必要的投入量。全产业的产出水平为 $x_1, x_2, \cdots, x_n$ 时，$\sum_{j=1}^{n} a_{ij} x_j$ 是第 i 产业的产业内的要素投入量，再加上 f_i 就成为对第 i 产业的总需求量。它与 x_i 相等，就意味着对于第 i 产业的产品需求和供给处在相等状态。

定义 3.8：上述状态可以简洁地表示成

$$x = Ax + f \tag{3.4.1}$$

我们将 A 称为"投入产出系数表"（input coefficient table）。

最先将投入产出系数表用于计量经济学领域的是经济学家列昂惕夫，他是 1973 年诺贝尔经济学奖的获得者。

假设我们已经做成了某一年度的投入产出系数表。此时，因同时测算各产业的产出水平和最终需求向量，故存在使式（3.4.1）成立的 $x \geqq 0$ 和 $f \geqq 0$，使用投入产出系数表，在最终需求向量 f 有各种变化的时候，就应该能计算各产业的均衡生产水平。这是一个看上去很简单的问题，但要完全解决它却并非那么容易。如果 $I - A$ 有逆矩阵，可以将式（3.4.1）改写成

$$(I - A)x = f \tag{3.4.2}$$
$$x = (I - A)^{-1} f \tag{3.4.3}$$

这样，几乎可以立即得到结论。这里，I 是规格为 $n \times n$ 的单位矩阵，$(I - A)^{-1}$ 是 $I - A$ 的逆矩阵。但是，问题是最终需求向量 f 有各种变化时，我们是否能够得到与此对应的、作为非负向量的均衡产出水平。要解决这个问题，则需要先解决逆矩阵 $(I - A)^{-1}$ 的各要素是否为非负的问题。我们将在下文中给出答案。

二、非负矩阵

定义 3.9：将要素为非负的矩阵称为"非负矩阵"。

设 A 是规格为 $n \times n$ 的非负方阵；并且对于向量

$$\tilde{f} = \begin{bmatrix} \tilde{f}_1 \\ \tilde{f}_2 \\ \vdots \\ \tilde{f}_n \end{bmatrix} \in R^n_{++}$$

存在一非负向量

$$\tilde{x} = \begin{bmatrix} \tilde{x}_1 \\ \tilde{x}_2 \\ \vdots \\ \tilde{x}_n \end{bmatrix} \in R^n_{+}$$

使得方程

$$(I - A)\tilde{x} = \tilde{f} \tag{3.4.4}$$

成立。下面将要在此前提下，讨论对于任意的非负向量 $f \in R^n_+$，是否存在满足方程

$$(I - A)x = f \tag{3.4.5}$$

的 n 维非负向量解 x 的问题。

定理 3.13：如果给出的非负矩阵 A 和向量 $\tilde{f} \in R^n_{++}$ 有满足方程（3.4.4）的非负解 $\tilde{x} \in R^n_+$，则对于非负向量 $f \in R^n_+$，方程（3.4.5）有非负解 $x \in R^n_+$。

证明： 采用数学归纳法。当 $n=1$ 时，显然定理是成立的。

假设从 2 至 $n-1$ 定理成立。因为

$$\tilde{x}_n = \sum_{j=1}^{n} a_{nj}\tilde{x}_j + \tilde{f}_n$$

$$(1-a_{nn})\tilde{x}_n = \sum_{j=1}^{n-1} a_{nj}\tilde{x}_j + \tilde{f}_n$$

所以

$$1-a_{nn} > 0$$

即

$$\tilde{x}_n = \sum_{j=1}^{n-1} \frac{a_{nj}}{1-a_{nn}}\tilde{x}_j + \frac{\tilde{f}_n}{1-a_{nn}}$$

将这个值带入下式：

$$\tilde{x}_i = \sum_{j=1}^{n} a_{ij}\tilde{x}_j + \tilde{f}_i \quad (i=1,2,\cdots,n-1)$$

便可得到

$$\begin{cases} \tilde{x}_i = \sum_{j=1}^{n-1} b_{ij}\tilde{x}_j + \tilde{\gamma}_i & (i=1,2,\cdots,n-1) \\ b_{ij} = a_{ij} + \dfrac{a_{in} \cdot a_{nj}}{1-a_{nn}} & (i,j=1,2,\cdots,n-1) \\ \tilde{\gamma}_i = \dfrac{a_{in} \cdot \tilde{f}_n}{1-a_{nn}} + \tilde{f}_i & (i=1,2,\cdots,n-1) \end{cases} \quad (3.4.6)$$

因为式（3.4.6）是满足归纳假定的条件，故对于任意的非负向量

$$\gamma = \begin{bmatrix} \gamma_1 \\ \gamma_2 \\ \vdots \\ \gamma_{n-1} \end{bmatrix}$$

有非负解

$$x = \begin{bmatrix} x_1 \\ x_2 \\ \vdots \\ x_{n-1} \end{bmatrix}$$

从而，对于任意的非负向量

$$f = \begin{bmatrix} f_1 \\ f_2 \\ \vdots \\ f_n \end{bmatrix}$$

定义

$$\hat{\gamma}_i = \frac{a_{in} \cdot f_n}{1-a_{nn}} + f_i \qquad (i=1,2,\cdots,n-1)$$

则方程

$$x_i = \sum_{j=1}^{n} b_{ij} x_j + \hat{\gamma}_i \qquad (i=1,2,\cdots,n-1)$$

有非负解 $(\hat{x}_1, \cdots, \hat{x}_{n-1})$。如果定义

$$\hat{x}_n = \sum_{j=1}^{n-1} \frac{a_{nj}}{1-a_{nn}} \hat{x}_j + \frac{f_n}{1-a_{nn}}$$

则

$$x = \begin{bmatrix} \hat{x}_1 \\ \vdots \\ \hat{x}_{n-1} \\ \hat{x}_n \end{bmatrix}$$

就是方程（3.4.5）的非负解。∎

定理 3.14：设非负矩阵 A、正向量 $\tilde{f} \in R_{++}^n$ 和非负向量 $\tilde{x} \in R_+^n$ 满足式(3.4.4)，则 $I-A$ 有非负的逆矩阵。

证明：不失一般性，设定理 3.13 的证明中使用的非负向量 f 是第 i 元素为 1、其他元素为 0 的非负向量，将定理 3.13 的证明过程对 $i=1,2,\cdots,n$ 的场合进行反复论证，就可以得到非负的逆矩阵。∎

定理 3.15：给出非负矩阵 A，设 μ 是大于 A 的各行之和的最大值的任意实数，即

$$\mu > \max_{i=1,2,\cdots,n} \sum_{j=1}^{n} a_{ij}$$

则 $\mu I - A$ 具有非负的逆矩阵。

证明：首先，设

$$\tilde{x} = \begin{bmatrix} 1 \\ 1 \\ \vdots \\ 1 \end{bmatrix}, \qquad \tilde{f} = \begin{bmatrix} \mu - \sum_{j=1}^{n} a_{1j} \\ \mu - \sum_{j=1}^{n} a_{2j} \\ \vdots \\ \mu - \sum_{j=1}^{n} a_{nj} \end{bmatrix}$$

我们来确认它们满足以下的等式

$$(\mu I - A)\tilde{x} = \tilde{f}$$

其次，定理 3.13 是针对 $(I-A)\tilde{x} = \tilde{f}$ 的形式展开证明的，用相同的方法确认对于 $(\mu I - A)\tilde{x} = \tilde{f}$ 亦成立即可。∎

附录　弗罗贝尼乌斯定理

在这一部分中，我们介绍一个非负矩阵的性质。但因本书顺序安排上的原因，我们会遇到一些现在还没有介绍的内容。对于这些内容，我们将在后面的章节里进行介绍，望读者参阅相应的后续部分；或者请读者在学习完后面的有关部分后，再回来阅读本附录。

定义 10：将满足 $Ax = \mu x$ ($x \neq \mathbf{0}$) 的 μ 称为矩阵 A 的"特征值"，x 称为矩阵 A 的"特征向量"。设 A 为非负方阵，如果满足 $Ax = \mu x$ 的 $\mu \in R_+$，$x \geq \mathbf{0}$，则称 μ 为"弗罗贝尼乌斯根"。

定理 3.16（弗罗贝尼乌斯定理）：非负矩阵 A 具有满足
$$Ax = \mu x$$
的 $\mu \in R_+$，$x \geq \mathbf{0}$。

证明：为了使证明简单化，首先，在假设
$$a_{ij} > 0 \quad (i, j = 1, 2, \cdots, n)$$
的前提下证明本定理成立；然后，再说明即使去掉这个假设本定理依然成立的理由。

定义如下集合：
$$M = \{\mu \in R_+ \mid 存在 x \in S^{n-1}，使得 \mu x \leq Ax\}$$

这里
$$S^{n-1} = \{x \in R_+^n \mid \sum_{i=1}^{n} x_i = 1\}$$

集合 M 是非空上有界集合，这里因为 $0 \in M$，$\mu \in M$，故
$$\mu \leq \sum_{i=1}^{n}\sum_{j=1}^{n} a_{ij} x_j \leq n\bar{a}$$

成立。这里，
$$\bar{a} = \max\{a_{ij} \mid i, j = 1, 2, \cdots, n\}$$

此时，上方有界实数的子集 M 存在上限（最小上界）$\hat{\mu}$。下面，就证明 $\hat{\mu} \in M$。根据定义，对于 $v = 1, 2, \cdots$，存在点列 $\mu_v \in M$ 及与 μ_v 联动的点列 $x_v \in S^{n-1}$ 收敛于 $\hat{\mu}$，并且满足下式：
$$\mu_v x_v \leq A x_v \quad (v = 1, 2, \cdots)$$

从而，S^{n-1} 是紧集（有关紧集的定义、性质等内容请参阅第五章的有关部分）。根据紧集的性质，存在适当的部分点列和其收敛点 $\hat{x} \in S^{n-1}$，使得
$$\hat{\mu}\hat{x} \leq A\hat{x}$$

成立。下面定义两个集合：
$$I_< = \{i \mid \hat{\mu}\hat{x}_i < \sum_{j=1}^{n} a_{ij}\hat{x}_j\}$$

$$I_= = \{ i \mid \hat{\mu} \hat{x}_i = \sum_{j=1}^n a_{ij} \hat{x}_j \}$$

我们的目的就是要证明 $I_<$ 为空集。很显然，$I_=$ 不是空集。这是因为如果 $I_=$ 是空集，则可以在 M 中获得大于 $\hat{\mu}$ 的元素，这就与 $\hat{\mu}$ 是 M 的上限相矛盾。

我们用反证法证明 $I_<$ 是空集。假设 $I_<$ 不是空集。此时，对于 $i \in I_=$，$\hat{x}_i$ 保持不变；对于 $i \in I_<$，则对 $\hat{x}_i$ 加上一个充分小的正数 ε。因为 ε 充分小，故对于 $i \in I_<$，有

$$\hat{\mu}(\hat{x}_i + \varepsilon) < \sum_{j \in I_<} a_{ij}(\hat{x}_j + \varepsilon) + \sum_{j \in I_=} a_{ij} \hat{x}_j$$

成立，并且假定对于 $i \in I_=$，所有的 a_{ij} 都是正值，故有

$$\hat{\mu} \hat{x}_i < \sum_{j \in I_<} a_{ij}(\hat{x}_j + \varepsilon) + \sum_{j \in I_=} a_{ij} \hat{x}_j$$

成立。此时，如果我们再假定

$$\tilde{x}_i = \frac{\hat{x}_i + \varepsilon}{s}, \quad i \in I_<$$

$$\tilde{x}_i = \frac{\hat{x}_i}{s}, \quad i \in I_=$$

$$s = \sum_{j \in I_<}(\hat{x}_j + \varepsilon) + \sum_{j \in I_=} \hat{x}_j$$

则有

$$\hat{\mu} \tilde{x} < A \tilde{x}$$

成立，但这与 μ 的定义矛盾。故 $I_<$ 是空集合。

最后，可以将非负矩阵视为由所有元素为正的矩阵近似得到的，将由近似矩阵得到的结论用紧集的性质和函数连续性加以补充，就可以得到本定理的结论。∎

练　习

1. 解方程组 $\begin{cases} x_1 + a_1 x_2 + a_1^2 x_3 + \cdots + a_1^{n-1} x_n = 1 \\ x_1 + a_2 x_2 + a_2^2 x_3 + \cdots + a_2^{n-1} x_n = 1 \\ x_1 + a_3 x_2 + a_3^2 x_3 + \cdots + a_3^{n-1} x_n = 1 \\ \cdots \cdots \\ x_1 + a_n x_2 + a_n^2 x_3 + \cdots + a_n^{n-1} x_n = 1 \end{cases}$

2. 证明定理 3.2。

3. 证明定理 3.3。

4. 完成定理 3.10 的证明。

5. 证明定理 3.11（对偶定理）的后半部分，即在问题 (m) 中可行解 $\hat{u}$ 是最优解的命题与在问题 (M) 中存在可行解 $\hat{x}$ 使得 $c \cdot \hat{x} = \hat{u} \cdot b$ 成立的命题等价。

6. 证明定理 3.12（存在定理）。

7. 已知 $A = \begin{bmatrix} 1 & 0 & -1 \\ 2 & 1 & 4 \\ -3 & 2 & 5 \end{bmatrix}$，$B = \begin{bmatrix} 1 & -2 & 3 \\ -1 & 3 & 0 \\ 0 & 5 & 2 \end{bmatrix}$，

求：（1）$2AB - 3A^2$；（2）AB^T；（3）$|-3A|$。

8. 试证明：（1）若 A 是正定矩阵，A^{-1} 也是正定矩阵；（2）若 A、B 是正定矩阵，$A + B$ 也是正定矩阵。

9. 设线性方程组为 $\begin{cases} x_1 + x_2 + 2x_3 + 3x_4 = 1 \\ x_1 + 3x_2 + 6x_3 + x_4 = 3 \\ 3x_1 - x_2 - kx_3 + 15x_4 = 3 \\ x_1 - 5x_2 - 10x_3 + 12x_4 = 1 \end{cases}$

k 取何值时，方程组有唯一解？

10. 求空间的四个平面 $a_i x + b_i y + c_i z + d_i = 0$，$(i = 1,2,3,4)$，相交于一点的条件。

11. 讨论 a、b 取什么值时，下列方程组有唯一解、无限多解、无解。

（1）$\begin{cases} ax_1 + x_2 + x_3 = 4 \\ x_1 + bx_2 + x_3 = 3 \\ x_1 + 2bx_2 + x_3 = 4 \end{cases}$ （2）$\begin{cases} x_1 + x_2 + x_3 + x_4 + x_5 = 1 \\ 3x_1 + 2x_2 + x_3 + x_4 - 3x_5 = a \\ 5x_1 + 4x_2 + 3x_3 + 3x_4 - x_5 = b \\ x_2 + 2x_3 + 2x_4 + 6x_5 = 3 \end{cases}$ （3）$\begin{cases} ax + y + z = m \\ x + ay + z = n \\ x + y + az = p \end{cases}$

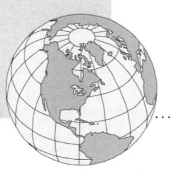

第四章

向量函数的连续性和微分

  经济分析往往是以经济主体行动的连续性为前提的。例如，我们在分析消费者和企业行为时，一般假定表示消费者偏好的效用函数和表示企业生产技术的生产函数是连续的，所以我们的解说从连续性开始。为了方便后续的向量函数的泰勒展开式以及极大值的介绍，我们在连续性之后介绍了开集与闭集。另外，因为在前面的章节中我们介绍了消费者和生产者的行为可以用需求函数和供给函数来表示，所以，在价格变化时，消费者和生产者的行为可以用这些函数的微分来解释，特别是当这些函数是向量函数时，因此掌握向量函数的微分对于经济学专业的学生就显得十分重要。为了便于读者理解这些知识，在本章的第二节中，我们先从单变量的微分介绍，进而进行向量函数微分的介绍。在本章的第三节中我们介绍了二阶微分和海塞矩阵，它们是向量函数微分的具体应用，同时在经济学中有着重要的应用；在这一节的最后部分，我们还对凸函数和凹函数的性质进行了解说。本章的第四节和第五节是关于极大值的内容，其中第四节介绍了单变量函数极大值，第五节则介绍了向量函数极大值。

§4.1 连续性、开集和闭集

一、连续的概念

（一）点列

设 $\{x^k\}$ 是空间 R^n 内的点列，x^0 是空间 R^n 内的点。

定义 4.1：对于任意的 $\varepsilon>0$，存在顺序号 $\bar{k}$，当 $k>\bar{k}$ 时，有 $d(x^k,x^0)<\varepsilon$ 关系成立，就称点列 $\{x^k\}$ 向 x^0 "收敛"，此时，将 x^0 称为点列 $\{x^k\}$ 的"极限"。

我们将点列 $\{x^k\}$ 收敛于 x^0 用符号标记为

$$\lim_{k\to\infty} x^k = x^0$$

或者

$$x^k \to x^0$$

图 4.1 表现了二维空间点列 $\{x^k\}$ 收敛于 x^0 的一种情况。

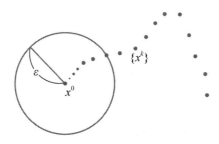

图 4.1　点列的收敛

（二）连续

设函数为 $f:X\to R^m$，$X\subset R^n$，$x^0\in X$。

定义 4.2：对于收敛于 x^0 的点列 $\{x^k\}$，$\{f(x^k)\}$ 也收敛于 $f(x^0)$ 时，即如果 $x^k\to x^0$，则 $f(x^k)\to f(x^0)$，就称 f "在点 x^0 处连续"。

定义 4.3：如果函数 f 在其定义域 X 中的每一个点都是连续的，则称函数 f 是"连续函数"。

图 4.2 的（a）是连续函数的图形，（b）则是不连续函数的图形。

定理 4.1（中值定理）：如果函数 $f:[a,b]\to R$ 是连续函数，对于在 $f(a)$ 和 $f(b)$ 之间的任意一个值 y，存在 $c\in[a,b]$，使得

$$f(c)=y$$

成立。

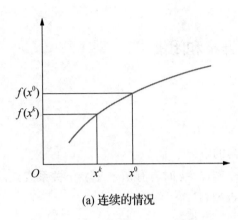
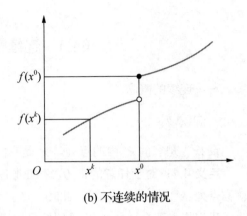

(a) 连续的情况　　　　　　　　(b) 不连续的情况

图 4.2　连续性

证明： 构造两个数列 $\{a_k\}$ 和 $\{b_k\}$，使得

（1） $a_0 = a$，$b_0 = b$；

（2）对于 a_{k-1} 和 b_{k-1}，它们的下一项 a_k 和 b_k 定义为

如果 $f\left(\dfrac{a_{k-1}+b_{k-1}}{2}\right) > y$，则 $a_k = a_{k-1}$，$b_k = \dfrac{a_{k-1}+b_{k-1}}{2}$；

如果 $f\left(\dfrac{a_{k-1}+b_{k-1}}{2}\right) \leq y$，则 $a_k = \dfrac{a_{k-1}+b_{k-1}}{2}$，$b_k = b_{k-1}$。

这样，就有

$$a \leq a_1 \leq a_2 \leq \cdots \leq a_k \leq \cdots b_k \leq \cdots \leq b_2 \leq b_1 \leq b$$

$$b_k - a_k = \frac{b-a}{2^k}$$

成立。根据任意上有界（下有界）的集合一定存在上确界（下确界），数列 $\{a_k\}$ 存在上确界，而数列 $\{b_k\}$ 存在下确界。根据数列的构造，$\{a_k\}$ 的上确界和 $\{b_k\}$ 的下确界是一致的，即

$$\lim_{k\to\infty} a_k = c = \lim_{k\to\infty} b_k$$

从而，根据函数的连续性，

$$y \leq \lim_{k\to\infty} f(b_k) = f(c) = \lim_{k\to\infty} f(a_k) \leq y$$

定理得证。∎

二、开集和闭集

定义 4.4： 在空间 R^n 中，给出点 $x \in R^n$ 和适当的实数 $\varepsilon > 0$，定义如下集合：

$$B(x,\varepsilon) = \{ y \mid d(x,y) < \varepsilon \}$$

集合 $B(x,\varepsilon)$ 被称为以点 x 为球心、ε 为半径的"开球"。

定义 4.5： 称包含开球 $B(x,\varepsilon)$ 的 R^n 的任意子集为点 x 的"近旁"，标记为 $N(x)$。

图 4.3 表示的是二维空间中的集合 $B(x,\varepsilon)$，它是圆的内部。"近旁"的概念在第七章分离定理及其后的章节中会用到。

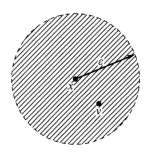

图 4.3　开球

定义 4.6：设 U 为空间 R^n 的子集，对于各点 $x \in U$，存在实数 $\varepsilon > 0$，使得 $B(x,\varepsilon) \subset U$ 时，集合 U 被称为"开集"（open set）。

如果图 4.4 中的集合 U 是开集，就不能有如同点 z 般处于边界上的点 z，因为以 z 为球心的开球不能被集合 U 包含。

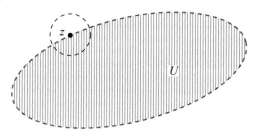

图 4.4　不是开集的例子

例 4.1：证明：整个空间 R^n 是一个开集。

证明：如果我们取 R^n 中的任意一点 x 与任意的实数 $\varepsilon > 0$，根据开球的定义，集合 $B(x,\varepsilon)$ 当然由整个空间 R^n 中的点所组成，因而 $B(x,\varepsilon) \subset R^n$，所以 R^n 是一个开集。　■

例 4.2：设 Ω 为欧氏空间 $X \subset R^n$ 中所有开球组成的族，证明 $X = \bigcup_{B \in \Omega} B$。

证明：一方面，因为对于任意的点 $x \in X$，必然有 $\forall \varepsilon > 0$，$x \in B(x_0,\varepsilon) = \{x \mid d(x_0,x) < \varepsilon\}$，也就是 $x \in \Omega$，所以，$X \subset \bigcup_{B \in \Omega} B$；另一方面，对于任意的点 $x \in \bigcup_{B \in \Omega} B$，由于 $\bigcup_{B \in \Omega} B$ 是由 X 内的点组成的，所以有 $x \in X$，也就是 $X \supset \bigcup_{B \in \Omega} B$，从而命题得证。　■

例 4.3：证明在欧氏空间 $X \subset R^n$ 中的任意两个开球的交集是开集。

证明：设 $U = B(x_1,\varepsilon_1) \bigcap B(x_2,\varepsilon_2)$，对于 $\forall x \in U$，有
$$\varepsilon_i - d(x,x_i) > 0 \qquad (i = 1,2)$$
记 $\varepsilon = \min\{\varepsilon_1 - d(x,x_1), \varepsilon_2 - d(x,x_2)\}$。

对于 $\forall y \in B(x,\varepsilon)$，有
$$d(y,x_i) \leqslant d(y,x) + d(x,x_i) < \varepsilon + d(x,x_i) \leqslant \varepsilon_i - d(x,x_i) + d(x,x_i) = \varepsilon_i \qquad (i = 1,2)$$
故而 $\forall y \in U$，有 $B(x,\varepsilon) \subset B(x_1,\varepsilon_1) \bigcap B(x_2,\varepsilon_2)$。　■

与开集相对应的概念是闭集，我们给出如下定义。

定义 4.7：设 G 是空间 R^n 的子集，集合 G 的补集 $R^n \setminus G$ 是开集时，集合 G 就被称为"闭集"（closed set）。

定义 4.7 告诉我们，补集是开集的集合是闭集。图 4.5 表示的是集合 G 和 G 的补集 $R^n \setminus G$ 的关系。

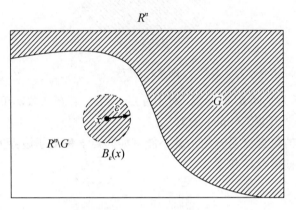

图 4.5　开集和闭集

（四）闭包、内部、边界和外部

将以所有开集为元素的集合用 Γ 表示，则 $\Gamma = \{U \subset R^n \mid U \text{ 是开集}\}$；将以所有闭集为元素的集合用 Ξ 表示，则 $\Xi = \{G \subset R^n \mid G \text{ 是闭集}\}$。对于集合 $X \subset R^n$，可以定义以下的集合：

$$\text{cl } X = \bigcap_{X \subset G \in \Xi} G \qquad \text{int } X = \bigcup_{U \subset X, U \in \Gamma} U$$

$$\text{bd } X = \text{cl } X \setminus \text{int } X \qquad \text{ext } X = R^n \setminus \text{cl } X$$

这里，集合 $\text{cl } X$ 是包含 X 的最小闭集，称为集合 X 的"闭包"（closure）；集合 $\text{int } X$ 是包含于 X 的最大开集，称为集合 X 的"内部"（interor）；属于 $\text{cl } X$ 但不属于 $\text{int } X$ 的点的全体构成的集合是 X 的"边界"（boundary），记为 $\text{bd } X$；属于 R^n 但不属于 $\text{cl } X$ 的点的全体构成的集合是 X 的"外部"（exterior），记为 $\text{ext } X$。

§4.2　微　　分

一、单变量的微分

自变量 x、y 为实数，并且满足关系 $y = f(x)$。在点 x 处，x 变化 h 时 y 相对于 x 的变化率为

$$\frac{f(x+h) - f(x)}{h} \tag{4.2.1}$$

当 $h \to 0$ 时，若式（4.2.1）的极限存在，我们就可以定义可微和微分了。

定义 4.8：对于任意 $\varepsilon > 0$，存在实数 $\delta > 0$，如果 $|h| < \delta$，有使得不等式 $\left| \dfrac{f(x+h) - f(x)}{h} - a \right| < \varepsilon$ 成立的 a 存在，就称函数 f 在"点 x 处可微"。

定义 4.9：将定义 4.8 中的 a 称为函数 f 的"微分"。

一般地，将微分记为 f'，或 $\dfrac{df}{dx}$，或 $\dfrac{dy}{dx}$ 等，即

$$f'(x) = \lim_{h \to 0} \frac{f(x+h) - f(x)}{h}$$

函数 f 的图像正如图 4.8 所示，式（4.2.1）的值就是图中直线 AB 的斜率。当 h 趋向于 0 时，其值近似等于函数 f 图像上 A 点的切线斜率，即微分 $f'(x)$ 表示的是函数 f 的斜率。

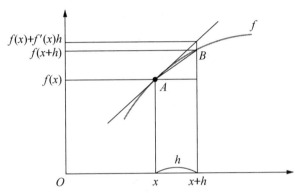

图 4.8 函数的微分

函数 f 的微分可以用下面的式子来定义，即使得

$$\lim_{h \to 0} \left| \frac{f(x+h) - f(x)}{h} - f'(x) \right| = \lim_{h \to 0} \frac{|f(x+h) - f(x) - f'(x)h|}{|h|} = 0 \quad (4.2.2)$$

成立的 $f'(x)$ 为函数 f 在 x 处的微分。当 h 非常小的时候，式（4.2.2）的分子几乎为 0，所以

$$f(x+h) - f(x) = f'(x)\, h \quad (4.2.3)$$

"近似"成立。对于式（4.2.3），令

$$dx = h, \quad dy = f(x+h) - f(x)$$

我们就可以得到

$$dy = f'(x)\, dx$$

定理 4.2 [罗尔（Rolle）定理，又称"中值定理"]：设函数 $f:[a,b] \to R$ 是 $[a,b]$ 上定义的连续函数，在开区间 (a,b) 上可微。如果

$$f(a) = f(b) = K$$

则存在 $c \in (a,b)$，使得

$$f'(c) = 0$$

成立。

证明：由于 $f:[a,b] \to R$ 是连续的，根据维尔斯特拉斯定理（参考本书第六章的相关内容）可知，f 在 $[a,b]$ 上达到最大值 M 和最小值 L，从而有

$$M \geqslant K \geqslant L$$

成立。并且，如果
$$M = f(c_1) > K$$
则 $c_1 \in (a,b)$。进而，对于使得 $c_1 \pm h \in (a,b)$ 的 $h(>0)$，有
$$\frac{f(c_1+h) - f(c_1)}{h} \leq 0, \quad \frac{f(c_1-h) - f(c_1)}{-h} \geq 0$$
同时成立。当 h 趋近于 0 时，下式成立：
$$f'(c_1) = 0$$
此时，c_1 是所求的实数。另外，如果
$$K > L = f(c_2)$$
同样地，可以得到
$$f'(c_2) = 0$$
成立。最后，如果
$$M = K = L$$
对任何的 $x \in (a,b)$，都有
$$f'(x) = 0$$
成立，定理得证。∎

定理 4.3（拉格朗日中值定理）：连续函数 $f:[a,b] \to R$ 在各点 $x \in (a,b)$ 处可微，则存在点 $c \in (a,b)$，使得下式成立：
$$f'(c) = \frac{f(b) - f(a)}{b - a}$$

证明：设 $M = \dfrac{f(b) - f(a)}{b - a}$，$a_0 = a$，$b_0 = b$。
定义 $\{a_k\}$ 和 $\{b_k\}$ 两个数列。对于使得
$$M = \frac{f(b_{k-1}) - f(a_{k-1})}{b_{k-1} - a_{k-1}}$$
的 a_{k-1} 和 b_{k-1}，它们的下一项 a_k 和 b_k 如下定义。

设 $h_{k-1} = \dfrac{b_{k-1} - a_{k-1}}{2}$，并定义函数 $g_{k-1}:[a_{k-1}, a_{k-1} + h_{k-1}] \to R$ 为
$$g_{k-1} = \frac{f(x + h_{k-1}) - f(x)}{h_{k-1}}$$
于是可以得到
$$\frac{1}{2}[g_{k-1}(a_{k-1}) + g_{k-1}(a_{k-1} + h_{k-1})]$$
$$= \frac{f(a_{k-1} + h_{k-1}) - f(a_{k-1})}{2h_{k-1}} + \frac{f(b_{k-1}) - f(a_{k-1} + h_{k-1})}{2h_{k-1}}$$
$$= M$$
从而，由 M 是 $g_{k-1}(a_{k-1})$ 和 $g_{k-1}(a_{k-1} + h_{k-1})$ 之间的数值这一事实，并根据中值定理，可知存在 $a_k \in [a_{k-1}, a_{k-1} + h_{k-1}]$，使得

$$g_{k-1}(a_k) = \frac{f(a_k + h_{k-1}) - f(a_k)}{h_{k-1}}$$

$$= M$$

进而，设 $b_k = a_k + h_{k-1}$。对于数列 $\{a_k\}$ 和 $\{b_k\}$，根据其构建方法，可以知道

$$a \leqslant a_1 \leqslant a_2 \leqslant \cdots \leqslant a_k \leqslant \cdots b_k \leqslant \cdots \leqslant b_2 \leqslant b_1 \leqslant b$$

$$b_k - a_k = \frac{b-a}{2^k}$$

成立。根据实数的连续性，存在数列 $\{a_k\}$ 的上确界和数列 $\{b_k\}$ 的下确界。另外，根据数列的构建方法，它们应该是一致的，并是这两个数列的极限，即

$$\lim_{k \to \infty} a_k = c = \lim_{k \to \infty} b_k$$

进而，

$$\left| \frac{f(b_k) - f(a_k)}{b_k - a_k} - f'(c) \right| = \left| \frac{b_k - c}{b_k - a_k} \frac{f(b_k) - f(c)}{b_k - c} + \frac{c - a_k}{b_k - a_k} \frac{f(c) - f(a_k)}{c - a_k} - f'(c) \right|$$

$$\leqslant \frac{b_k - c}{b_k - a_k} \left| \frac{f(b_k) - f(c)}{b_k - c} - f'(c) \right| + \frac{b_k - c}{b_k - a_k} \left| \frac{f(c) - f(a_k)}{c - a_k} - f'(c) \right|$$

$$\leqslant \left| \frac{f(b_k) - f(c)}{b_k - c} - f'(c) \right| + \left| \frac{f(c) - f(a_k)}{c - a_k} - f'(c) \right|$$

根据函数 f 可微的条件，有下式成立：

$$\lim_{k \to \infty} \left| \frac{f(b_k) - f(c)}{b_k - c} - f'(c) \right| = 0, \quad \lim_{k \to \infty} \left| \frac{f(c) - f(a_k)}{c - a_k} - f'(c) \right| = 0$$

从而，可以得到

$$\lim_{k \to \infty} \left| \frac{f(b_k) - f(a_k)}{b_k - a_k} - f'(c) \right| = 0$$

故得到

$$f'(c) = \lim_{k \to \infty} \left| \frac{f(b_k) - f(a_k)}{b_k - a_k} - f'(c) \right| = M = \frac{f(b) - f(a)}{b - a}$$

定理得证。 ∎

二、偏微分与全微分

（一）偏微分

当 y 的取值依存于 n 个变量 $x_1, x_2, \cdots, x_n$ 时，函数关系式可以写成

$$y = f(x_1, x_2, \cdots, x_n)$$

定义 4.10：如果函数 f 关于 x_i 可微，就称函数 f 关于 x_i "可偏微分"，称这个微分为函数 f 关于 x_i 的"偏微分"或"偏导函数"。

我们将偏微分或偏导函数记为 f_i，或 $\frac{\partial f}{\partial x_i}$，或 $\frac{\partial y}{\partial x_i}$，即

$$f_i(x_1, x_2, \cdots, x_n) = \lim_{h \to 0} \frac{f(x_1, \cdots, x_{i-1}, x_i + h, x_{i+1}, \cdots, x_n) - f(x_1, \cdots, x_n)}{h}$$

（二）全微分

将 $x_1, x_2, \cdots, x_n$ 的各个变量的变化量记为 $h_1, h_2, \cdots, h_n$（$\sqrt{h_1^2 + h_2^2 + \cdots + h_n^2} \neq 0$）。对于 n 个数 $a_1, a_2, \cdots, a_n$，考虑下面的算式：

$$\frac{|f(x_1 + h_1, \cdots, x_n + h_n) - f(x_1, \cdots, x_n) - a_1 h_1 - \cdots - a_n h_n|}{\sqrt{h_1^2 + \cdots + h_n^2}} \tag{4.2.4}$$

定义 4.11：当各个变量的变化量 $h_1, h_2, \cdots, h_n$ 同时趋向 0，式(4.2.4)的极限存在并且为 0 时，就称函数 f "可全微分"。

这样的定义可以理解成将式（4.2.1）一般化后得到的。根据偏微分和全微分的定义可知，如果函数是可全微分的，则函数 f 对于 $x_1, x_2, \cdots, x_n$ 均可偏微分。此时，

$$a_i = f_i(x_1, x_2, \cdots, x_n)$$

所以，变化量 $h_1, h_2, \cdots, h_n$ 很小时，式（4.2.4）的分子几乎为 0，故近似地有

$$f(x_1 + h_1, \cdots, x_n + h_n) - f(x_1, \cdots, x_n) = f_1(x_1, \cdots, x_n) h_1 + \cdots + f_n(x_1, \cdots, x_n) h_n$$

在这个式子中，用

$$dx_i = h_1, \quad dy = f(x_1 + h_1, \cdots, x_n + h_n) - f(x_1, \cdots, x_n)$$

进行替换，上面的等式就可以写成

$$dy = f_1(x_1, \cdots, x_n) dx_1 + \cdots + f_n(x_1, \cdots, x_n) dx_n \tag{4.2.5}$$

式（4.2.5）就被称为函数 f 的"全微分"。

例 4.4：求函数 $u = x^4 + y^4 - 4x^2 y^2$ 的一阶偏微分和全微分。

解：关于 x 的偏微分为 $u_x = 4x^3 - 8xy^2$，

关于 y 的偏微分为 $u_y = 4y^3 - 8x^2 y$，

全微分为 $du = (4x^3 - 8xy^2) dx + (4y^3 - 8x^2 y) dy$

三、向量函数的微分

设 U 是 R^n 的子集，函数 $f: U \to R^m$。

定义 4.12：在 $x \in U$ 处，存在实数 $\varepsilon > 0$，对于 $\|h\| < \varepsilon$ 的所有 $h \in R^n$，都有 $x + h \in U$，即点 x 是定义域 U 中的点，此时，存在 $m \times n$ 的矩阵 A，使得

$$\lim_{h \to 0} \frac{\|f(x+h) - f(x) - Ah\|}{\|h\|} = 0 \tag{4.2.6}$$

成立，就称函数 f 在点 x 处"可微"。

向量函数"可微"的定义是对式（4.2.1）单变量情况的一般化定义。

定义 4.13：式（4.2.6）中的矩阵 A 被称为函数 f 在点 x 处的"微分"或"导函数"，又被称为"雅可比（Jacobi）矩阵"。

将 A 表示为 $\partial f(x)$，或 $Df(x)$，或 $\frac{\partial f}{\partial x}$。$\frac{\partial f}{\partial x}$ 中的 (i, j) 元素则表示为 $\partial f_{ij}(x)$，或 $f_{ij}(x)$，

或 $\frac{\partial f_i}{\partial x_j}$ 等，即

$$\partial f(x) = \begin{bmatrix} f_{11}(x) & f_{12}(x) & \cdots & f_{1n}(x) \\ f_{21}(x) & f_{22}(x) & \cdots & f_{2n}(x) \\ \vdots & \vdots & & \vdots \\ f_{m1}(x) & f_{m2}(x) & \cdots & f_{mn}(x) \end{bmatrix}$$

如果 x 的变化部分 h 充分小，则式（4.2.6）的分子几乎为 0，故可以近似地得到
$$f(x+h) - f(x) = \partial f(x)h \tag{4.2.7}$$
从而，微分 $\partial f(x)$ 在点 x 的近旁，将函数 f 的变化近似为线性函数。

设函数 $f:U \to R^m$，在所有的点 $x \in U$ 处可微，此时，微分 $\partial f(x)$ 的 $m \times n$ 个元素 $f_{ij}(x)$ 就成为集合 U 中点 x 的函数。从而，这样的对应关系可以看成从集合 U 到空间 $R^{m \times n}$ 的函数：

$$x \in U \to \partial f(x) \in R^{m \times n}$$

这个函数以 $\partial f:U \to R^{m \times n}$ 表示。

定义 4.14：函数 $f:U \to R^m$ 是可微的，并且微分 $\partial f:U \to R^{m \times n}$ 是连续函数时，函数 $f:U \to R^m$ 就被称为"连续可微"的函数。

定理 4.4：函数 $f:U \to R^m$ 在点 $x \in U$ 处可微，则它在 $x \in U$ 处连续。

证明：函数 f 在点 $x \in U$ 处可微，根据式（4.2.6），点 $h \in R^n$ 向点 **0** 收敛时，分母的 $\|h\|$ 向 0 收敛，因此，分子 $\|f(x+h) - f(x) - \partial f(x)h\|$ 也必向 0 收敛。而 $\partial f(x)h$ 是 h 的连续函数，故向点 **0** 收敛。从而，$f(x+h)$ 向 $f(x)$ 收敛，即函数 f 在点 x 处连续。∎

四、向量函数的复合函数微分

设两个函数为 $f:U \to R^m$ 和函数 $g:V \to R^1$。这里，$U \subset R^n$，$V \subset R^m$。对于任意的 $x \in U$，有 $f(x) \in V$，将函数 $g \circ f:U \to R$ 标记为 $g \circ f(x) = g(f(x))$。

定义 4.15：我们称 $g \circ f$ 为函数 f 和函数 g 的"复合函数"。

图 4.9 给出了向量函数 f 和向量函数 g 的复合过程。

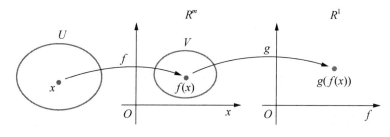

图 4.9 复合函数

例 4.5：设 $f(x) = \sin x$，则 $g = \ln f$ 就是一个复合函数。此时，$g \circ f(x) = \ln \sin x$。

定理 4.5：如果函数 f 在点 $x \in U$ 处可微，函数 g 在点 $f(x)$ 处可微，则复合函数 $g \circ f$ 在点 $x \in U$ 处可微，并且

$$\partial g \circ f(x) = \partial g(f(x)) \partial f(x)$$

成立。

证明：设 $v = f(x+h) - f(x)$，$y = f(x)$，$\|h\| > 0$。

根据函数 f 和 g 的可微性，存在 $m \times n$ 的矩阵 A 和 $l \times m$ 的矩阵 B，使得

$$\lim_{h \to 0} \frac{\|f(x+h) - f(x) - Ah\|}{\|h\|} = 0, \quad \lim_{h \to 0} \frac{\|g(y+v) - g(y) - Bv\|}{\|v\|} = 0 \qquad (4.2.8)$$

成立。进而，根据定理 1.9 的（3），得到下面的不等式：

$$\|g(f(x+h)) - g(f(x)) - BAh\|$$
$$= \|g(y+v) - g(y) - Bv + B[f(x+h) - f(x) - Ah]\|$$
$$\leq \frac{\|g(y+v) - g(y) - Bv\|}{\|v\|} \|v - Ah + Ah\| + \|B[f(x+h) - f(x) - Ah]\|$$
$$\leq \frac{\|g(y+v) - g(y) - Bv\|}{\|v\|} (\|f(x+h) - f(x) - Ah\| + \overline{A}\sqrt{mn}\|h\|) +$$
$$\overline{B}\sqrt{lm} \|f(x+h) - f(x) - Ah\|$$

这里，$\overline{A}$ 和 $\overline{B}$ 分别表示矩阵 A 和 B 的成分的绝对值的最大值。另外，当 $\|v\| = 0$ 时，上述不等式中最后一个不等号右侧的第一项不存在。从而，根据上述不等式和式（4.2.8），可以得到

$$\lim_{h \to 0} \frac{\|g(f(x+h)) - g(f(x)) - BAh\|}{\|h\|}$$
$$\leq \lim_{h \to 0} \frac{\|g(y+v) - g(y) - Bv\|}{\|v\|} \left(\frac{\|f(x+h) - f(h) - Ah\|}{\|h\|} + \overline{A}\sqrt{mn} \right) +$$
$$\overline{B}\sqrt{lm} \lim_{h \to 0} \frac{\|f(x+h) - f(h) - Ah\|}{\|h\|}$$
$$= 0$$

即复合函数 $g \circ f$ 的微分等于 BA，定理得证。∎

例 4.6：在例 4.1 中，$g \circ f(x) = \ln \sin x$，试求 $g' \circ f(x)$。

解：根据定理 4.5，有

$$g' \circ f(x) = g'(f(x))f'(x) = (1/\sin x)\cos x = \cot x$$

§4.3　向量函数的二阶微分

一、梯度和海塞矩阵

（一）梯度

设函数 $f: U \to R$，是以 $U \subset R^n$ 为定义域的实值函数，函数 f 在所有的点 $x \in U$ 处可微时，微分 $\partial f(x)$ 是 n 维横向量：

$$\partial f(x) = [f_1(x), f_2(x), \cdots, f_n(x)]$$

将向量 $\partial f(x)$ 转置，得到一个纵向量：

$$[\partial f(x)]^T = \begin{bmatrix} f_1(x) \\ f_2(x) \\ \vdots \\ f_n(x) \end{bmatrix}$$

定义 4.16：设函数 $f: U \to R$ 是以 $U \subset R^n$ 为定义域的实数值函数，则称 $[\partial f(x)]^T$ 为在函数 f 点 x 处的"梯度"（gradient），以 $\operatorname{grad} f(x)$ 标记，或以 $\nabla f(x)$ 标记。

（二）海塞矩阵

设 $U \subset R^n$，函数 $f: U \to R$ 在点 $x \in U$ 处可微。由于微分 $\partial f(x)$ 是 n 维横向量，将其转置后就可以定义从集合 U 到空间 R^n 的函数：

$$x \in U \to [\partial f(x)]^T = \begin{bmatrix} f_1(x) \\ f_2(x) \\ \vdots \\ f_n(x) \end{bmatrix} \in R^n$$

把它标记为 $\partial f: U \to R^n$。

定义 4.17：将函数 $\partial f: U \to R^n$ 作为在 $x \in U$ 处可微的函数，称函数 ∂f 在点 $x \in U$ 处的微分为"二阶微分"，或"二阶导函数"。

二阶微分或二阶导函数用 $\partial^2 f$ 或 $D^2 f$ 标记。值得注意的是，二阶微分 $\partial^2 f(x)$ 是一个 n 阶方阵，它的 (i, j) 元素以 $f_{ij}(x)$ 或 $\dfrac{\partial^2 f}{\partial x_i \partial x_j}$ 标记，即以

$$\partial^2 f(x) = \begin{bmatrix} f_{11}(x) & f_{12}(x) & \cdots & f_{1n}(x) \\ f_{21}(x) & f_{22}(x) & \cdots & f_{2n}(x) \\ \vdots & \vdots & & \vdots \\ f_{n1}(x) & f_{n2}(x) & \cdots & f_{nn}(x) \end{bmatrix}$$

来表示。

定义 4.18：函数 f 的二阶微分 $\partial^2 f(x)$ 被称为"海塞（Hessian）矩阵"。

例 4.7：设函数 f 的定义域为 $U \subset R^3$。点 $x \in U$，

$$f(x) = 2x_1^2 + x_1 x_2 + 4x_2^2 + x_1 x_3 + x_3^2 + 2$$

试求函数 f 的海塞矩阵。

解：$f_1 = 4x_1 + x_2 + x_3$，$f_2 = x_1 + 8x_2$，$f_3 = x_1 + 2x_3$

故而，$f_{11}=4$，$f_{12}=1$，$f_{13}=1$，$f_{21}=1$，$f_{22}=8$，$f_{23}=0$，$f_{31}=1$，$f_{32}=0$，$f_{33}=2$

所以，所求的海塞矩阵为 $\begin{bmatrix} 4 & 1 & 1 \\ 1 & 8 & 0 \\ 1 & 0 & 2 \end{bmatrix}$。

二、向量函数二阶微分的定义

设 $U \subset R^n$，函数 $f: U \to R$ 在其定义域 U 上的所有点可微，以下定义向量函数的二次可微和连续二次可微。

定义 4.19：如果函数 $\partial f: U \to R^n$ 在点 $x \in U$ 处可微，就称函数 f "在点 x 处二次可微"；如果函数 ∂f 在 U 的所有点可微，就称函数 f "二次可微"。

此时，由于可微函数是连续的，一阶微分得到的结果 $\partial f: U \to R^n$ 是连续函数，所以，函数 f 是连续可微的。

定义 4.20：如果 $\partial^2 f: U \to R^{n \times n}$ 在点 $x \in U$ 处连续，就称函数 $f: U \to R$ "在点 x 处连续二次可微"。

函数 $f: U \to R$ 的微分是向量 $\partial f(x)$，它的成分 $f_i(x)$ 是函数 f 关于向量 x 的成分 x_i 的偏微分；二阶微分 $\partial^2 f(x)$ 的成分 $f_{ij}(x)$ 是 $f_i(x)$ 关于向量 x 的成分 x_j 的偏微分。

定理 4.6：如果函数 $f: U \to R$ 在点 $x \in U$ 处连续二次可微，则点 x 处的海塞矩阵 $\partial^2 f(x)$ 就是对称矩阵，即对于任意的 i 和 j ($i \neq j$)，有 $f_{ij}(x) = f_{ji}(x)$。

证明：这里仅就 f 为两个自变量 x_1、x_2 的函数的情况进行证明，一般的情况也可以按同样的方法进行证明。

此时，f 取决于 x_1、x_2，函数 f 就可以写为
$$y = f(x_1, x_2)$$

将 x_1 和 x_2 固定，对于两个实数值
$$h_1 > 0, \quad h_2 > 0$$

定义以下的 A：
$$A = f(x_1 + h_1, x_2 + h_2) - f(x_1 + h_1, x_2) - f(x_1, x_2 + h_2) + f(x_1, x_2)$$

再定义如下的函数：
$$g(x_1) = f(x_1, x_2 + h_2) - f(x_1, x_2)$$

它是一个关于 x_1 的函数，根据拉格朗日中值定理，对于一个 $s_1 \in [x_1, x_1 + h_1]$，有
$$A = g(x_1 + h_1) - g(x_1) = g'(s_1) h_1$$

成立。另外，从偏微分的定义可知
$$g'(s_1) = f_1(s_1, x_2 + h_2) - f_1(s_1, x_2)$$

进而，将上式的 $f_1(s_1, x_2)$ 看成自变量 x_2 的函数，再根据拉格朗日中值定理，存在一个 $s_2 \in [x_2, x_2 + h_2]$，有
$$f_1(s_1, x_2 + h_2) - f_1(s_1, x_2) = f_{12}(s_1, s_2) h_2$$

成立。从而，根据上面三个关系式可以得到
$$A = f_{12}(s_1, s_2) h_1 h_2$$

以同样的方法，将自变量 x_1、x_2 的作用对换并使用拉格朗日中值定理，可以得到存在 $t_1 \in [x_1, x_1 + h_1]$ 和 $t_2 \in [x_2, x_2 + h_2]$，有
$$A = f_{21}(t_1, t_2) h_1 h_2$$

成立。故从上述的两个关系式可以得到

$$f_{12}(s_1,s_2) = f_{21}(t_1,t_2)$$

当 h_1 和 h_2 充分小时，根据 f_{12} 和 f_{21} 的连续性，可以得到

$$f_{12}(x_1,x_2) = f_{21}(x_1,x_2)$$

定理得证。■

三、凸函数和凹函数的性质

关于凸函数或凹函数的连续性有下面的定理 4.7 成立，但这里省去证明的过程。关于这个定理的详细证明，可以参考 Fenchel W.或 Rockafellar R.T.的关于凸分析的著作。

定理 4.7：如果在凸集合 $U \subset R^n$ 上定义的实数值函数 $f:U \to R$ 是凸函数（或凹函数），它在定义域 U 内的点连续。

如果以集合 $U \subset R^n$ 为定义域的实数值函数 $f:U \to R$ 是连续二次可微函数，根据定理 4.7，在点 $x \in U$ 处函数 f 的海塞矩阵 $\partial^2 f(x)$ 是对称的，其二次型定义为 $z^T \partial^2 f(x) z$。关于凸函数或凹函数的海塞矩阵，有定理 4.8 成立。

定理 4.8：设凸集合 $U \subset R^n$ 上定义的实数值函数 $f:U \to R$ 是在点 $x \in U$ 处连续二次可微的。如果函数 f 是凸函数，则在点 $x \in U$ 处的海塞矩阵 $\partial^2 f(x)$ 是"半正定的"（positive semi-definite），即对于任意的 $z \in R^n$，有

$$z^T \partial^2 f(x) z \geq 0$$

成立。[如果函数 f 是凹函数，则在点 $x \in U$ 处的海塞矩阵 $\partial^2 f(x)$ 是"半负定的"（negative semi-definite）]。

证明：取一向量 $z \in R^n$，定义一个函数 g：

$$g(t) = f(x+tz)$$

首先，证明函数 g 是凸函数，并且二阶微分 $\partial^2 g(t)$ 非负。

由函数 f 的凸性，对于两点 t、t' 及任意的满足 $0<\theta<1$ 的 θ，有

$$\begin{aligned} \theta g(t)+(1-\theta)g(t') &= \theta f(x+tz)+(1-\theta)f(x+t'z) \\ &\geq f(\theta(x+tz)+(1-\theta)(x+t'z)) \\ &= f(x+(\theta t+(1-\theta)t')z) \\ &= g(\theta t+(1-\theta)t') \end{aligned}$$

成立，故函数 g 是凸函数得证。进而，设 $t_1 < t_2 < t_3$，由函数 g 的凸性，可以得到

$$\frac{t_3-t_2}{t_3-t_1}g(t_1)+\frac{t_2-t_1}{t_3-t_1}g(t_3) \geq g(t_2) \tag{4.3.1}$$

根据这个不等式，能够得到以下不等式：

$$\frac{g(t_3)-g(t_2)}{t_3-t_2} \geq \frac{g(t_3)-g(t_1)}{t_3-t_1} \geq \frac{g(t_2)-g(t_1)}{t_2-t_1} \tag{4.3.2}$$

实际上，对于式（4.3.1），两边减去 $g(t_3)$ 后除以（t_2-t_3），就可以得到式（4.3.2）的第一个不等式；两边减去 $g(t_1)$ 后除以（t_2-t_1），就可以得到式（4.3.2）的第二个不等式。
在式（4.3.2）中，由 $t_2 \to t_3$ 或 $t_2 \to t_1$，可以得到

$$g'(t_3) \geqslant \frac{g(t_3) - g(t_1)}{t_3 - t_1} \geqslant g'(t_1)$$

故函数 g 的微分 g' 是一个增函数。从而，二阶微分 $\partial^2 g(t)$ 非负。综上所述，有

$$g'(t) = \partial f(x+tz)z, \quad \partial^2 g(t) = z^T \partial^2 f(x+tz) \, z$$

成立。特别地，当 $t=0$ 时，有

$$\partial^2 g(0) = z^T \partial^2 f(x) \, z \geqslant 0$$

成立，定理得证。∎

四、凹函数与拟凹函数

拟凹性是一个比凹性更弱的限制，在经济学的研究上可以适应更为一般的条件，故而有更为广泛的应用。正是因为如此，如果一个函数是凹的，那么，它将满足一个拟凹函数的全部性质，但反过来却不成立。以下的定理揭示了凹函数（严格凹函数）与拟凹函数（严格拟凹函数）之间的关系。

定理 4.9：一个凹函数是拟凹函数，一个严格凹函数是严格拟凹函数。

证明：这里，我们给出定理的前半部分的证明，后半部分留作练习。

设 $f: U \to R$ 是凹的。在 U 内任意取两点 x_1 和 x_2，不失一般性，我们设

$$f(x_1) \geqslant f(x_2)$$

根据凹函数的定义，对于 $x = \lambda x_1 + (1-\lambda) x_2$，我们有

$$f(x) \geqslant \lambda f(x_1) + (1-\lambda) f(x_2), \quad \lambda \in [0,1]$$

即

$$f(x) \geqslant f(x_2) + \lambda (f(x_1) - f(x_2)), \quad \lambda \in [0,1]$$

因为 $\lambda \geqslant 0$，并由于 $f(x_1) \geqslant f(x_2)$，故 $f(x_1) - f(x_2) \geqslant 0$，所以，上式的最后一项是非负的。故而，我们得到

$$f(x) \geqslant f(x_2)$$

还是由于 $f(x_1) \geqslant f(x_2)$，我们又得到

$$f(x_2) = \min\{f(x_1), f(x_2)\}$$

因此，我们有

$$f(x) \geqslant \min\{f(x_1), f(x_2)\}, \quad \lambda \in [0,1]$$

故 f 是拟凹函数。∎

§4.4 单变量函数的极大值条件

一、泰勒展开式

现在，设 $x \in R$，将点 x 任意地固定，对于实数 $\varepsilon > 0$，设函数 $f:(x-\varepsilon, x+\varepsilon) \to R$；$h$ 为满足 $0 < |h| < \varepsilon$ 的任意实数时，下面的定理成立。

第四章 向量函数的连续性和微分

定理 4.10（泰勒展开式）：函数 f 满足以下两个条件：

（1） $f:(x-\varepsilon, x+\varepsilon) \to R$，

$f':(x-|h|, x+|h|) \to R$，

……

$f^{(n-1)}:(x-|h|, x+|h|) \to R$ 定义为在闭区间 $[x-|h|, x+|h|]$ 上的连续函数

（2） $f^{(n)}:(x-|h|, x+|h|) \to R$ 在开区间 $(x-|h|, x+|h|)$ 上存在。

此时，存在实数 θ，满足以下的关系：

$$f(x+h) = f(x) + \frac{h}{1!}f'(x) + \frac{h^2}{2!}f''(x) + \cdots + \frac{h^{n-1}}{(n-1)!}f^{(n-1)}(x) +$$

$$\frac{h^n}{n!}f^{(n)}(x+\theta h),\ 0<\theta<1$$

证明：首先定义一个辅助函数 $\varphi(t)$：

$$\varphi(t) = f(x+h) - [f(t) + \frac{x+h-t}{1!}f'(t) + \cdots +$$

$$\frac{(x+h-t)^{n-1}}{(n-1)!}f^{(n-1)}(t) + \frac{(x+h-t)^n}{n!}A]$$

这里，

$$A = \frac{n!}{h^n}\{f(x+h) - [f(x) + \frac{h}{1!}f'(x) + \frac{h^2}{2!}f''(x) + \cdots +$$

$$\frac{h^{n-1}}{(n-1)!}f^{(n-1)}(x)]\}$$

此时，

$$\varphi(x) = f(x+h) - [f(x) + \frac{h}{1!}f'(x) + \frac{h^2}{2!}f''(x) + \cdots +$$

$$\frac{h^{n-1}}{(n-1)!}f^{(n-1)}(x) + \frac{h^n}{n!}A] = 0 \quad (4.4.1)$$

成立。同样地，可以得到

$$\varphi(x+h) = f(x+h) - f(x+h) = 0$$

$\varphi(t)$ 是在闭区间 $[x-|h|, x+|h|]$ 上连续、在 $(x-|h|, x+|h|)$ 上可微的函数。根据罗尔定理，存在某一个实数 θ，满足

$$\varphi'(x+\theta h) = 0,\ 0<\theta<1$$

另一方面，

$$\varphi'(t) = -\{f'(t) + [-\frac{f'(t)}{1!} + \frac{x+h-t}{1!}f''(t)] +$$

$$[-\frac{x+h-t}{1!}f''(t) + \frac{(x+h-t)^2}{2!}f'''(x)] + \cdots +$$

$$[-\frac{(x+h-t)^{n-2}}{(n-2)!}f^{(n-1)}(t) + \frac{(x+h-t)^{n-1}}{(n-1)!}f^{(n)}(t)] - \frac{(x+h-t)^{n-1}}{(n-1)!}A\}$$

$$= \frac{(x+h-t)^{n-1}}{(n-1)!}[A - f^{(n)}(t)]$$

从而，$0 = \varphi'(x+\theta h) = \frac{h^{n-1}(1-\theta)^{n-1}}{(n-1)!}[A - f^{(n)}(x+\theta h)]$，故

$$A = f^{(n)}(x+\theta h) \tag{4.4.2}$$

由式（4.4.1）、式（4.4.2）定理获证。∎

二、极大值条件

在这一部分中，首先做一约定：以下的讨论中如果出现"x近旁"的说法，不失一般性，对应于所指的空间维数，或指开区间，或指开球，不再一一说明。

（一）极大值定义

定义 4.21：设 $f:(a,b) \to R$ 是在开区间 $(a,b) \subset R$ 上定义的函数，存在 $\tilde{x} \in (a,b)$，对于任意的 $x \in N(\tilde{x})$，当

$$f(x) \leqslant f(\tilde{x})$$

成立时，称函数 $f:(a,b) \to R$ 在 $\tilde{x}$ 处达到"极大值"（local maximum 或 relative maximum）。

对应于极大值的概念，有"极小值"（local minimum）的概念，其定义是对函数 f 加上负号"$-$"，考察 $-f$ 的极大值。

（二）必要条件

定理 4.11：设函数 $f:(a,b) \to R$ 是在开区间 (a,b) 上定义的二次连续可微的函数。如果函数 $f:(a,b) \to R$ 在 $\tilde{x} \in (a,b)$ 达到极大值，则有

（1）$f'(\tilde{x}) = 0$；

（2）$f''(\tilde{x}) \leqslant 0$ 成立。

证明：因为 $f(x)$ 在 $\tilde{x} \in (a,b)$ 上达到极大值，故存在某一个近旁 $N(\tilde{x})$，对于满足 $\tilde{x} \pm h \in N(\tilde{x})$ 的任意的 $h(>0)$，有

$$f(\tilde{x}) \leqslant f(\tilde{x}+h), \quad f(\tilde{x}) \leqslant f(\tilde{x}-h)$$

成立。所以，有

$$0 \leqslant \lim_{h \to 0} \frac{f(\tilde{x}-h) - f(\tilde{x})}{-h} = f'(\tilde{x}) = \lim_{h \to 0} \frac{f(\tilde{x}+h) - f(\tilde{x})}{h} \leqslant 0$$

从而得到

$$f'(\tilde{x}) = 0$$

本定理的（1）获证。

根据泰勒展开式，对于任意的满足 $\tilde{x} + h \in N(\tilde{x})$ 及 $h \neq 0$ 的 h，有下式成立：

$$f(\tilde{x}-h) - f'(\tilde{x}) = h\, f'(\tilde{x}) + \frac{h^2}{2!} f''(\tilde{x}+\theta h), \quad 0 < \theta < 1$$

这意味着
$$f''(\tilde{x}+\theta h) \leqslant 0$$
根据 $f''(x)$ 的连续性，得到
$$\lim_{h \to 0} f''(\tilde{x}+\theta h) = f''(\tilde{x}) \leqslant 0$$
至此，本定理的（2）获证。∎

（三）充分条件

定理 4.12：设函数 $f:(a,b) \to R$ 是在开区间 (a,b) 上定义的二次连续可微的函数。如果

（1）在 $\tilde{x} \in (a,b)$ 处 $f'(\tilde{x})=0$；

（2）$f''(\tilde{x})<0$；

（3）$f''(x)$ 在 $\tilde{x}$ 的近旁 $N(\tilde{x})$ 连续；

则函数 $f:(a,b) \to R$ 在 $\tilde{x}$ 处达到极大值。

证明：因为 $f''(x)$ 在 $\tilde{x}$ 的近旁 $N(\tilde{x})$ 连续，故存在近旁 $N(\tilde{x})$，对于任意的 $x \in N(\tilde{x})$，$f''(\tilde{x})<0$ 成立。由于 $f(x)$ 在开区间 (a,b) 上二次连续可微，所以 $f'(x)$ 在开区间 (a,b) 上连续。从而，根据泰勒展开式，对于任意的 $x \in N(\tilde{x})$，有
$$f(x)-f(\tilde{x}) = h\,f'(\tilde{x}) + \frac{(x-\tilde{x})^2}{2!} f''[\tilde{x}+\theta(x-\tilde{x})],\ 0<\theta<1$$
成立。因 $x \in N(\tilde{x})$，可以看成 $\tilde{x}+\theta(x-\tilde{x}) \in N(\tilde{x})$（根据"达到极大值条件"开始时的约定），所以，
$$f''[\tilde{x}+\theta(x-\tilde{x})]<0$$
成立。同时，由于 $f'(\tilde{x})=0$，故对于任意的 $x \in N(\tilde{x})$，有
$$f(x)-f(\tilde{x}) \leqslant 0$$
成立。∎

至此，我们介绍了的极大值（极小值）的概念，但在理论和实际的生活中，还经常会遇到最大值（最小值）的概念，以下进行介绍。

定义 4.22：设函数 $f:X \to R$ 是以 X 为定义域、R 为值域的函数，对于任意的 $x \in X$，当存在 $\tilde{x} \in X$，且
$$f(x) \leqslant (\geqslant) f(\tilde{x})$$
成立时，称函数 f 在 $\tilde{x}$ 处达到"最大值（最小值）"。

比较定义 4.21 可知，这是一个与极大值（极小值）不同的概念，其主要的不同点在于 x 的取值范围是整个定义域还是其中的一部分。在整个定义域上达到的最大值，称为最大值。所以，最大值是以极大值为前提的，可以作为达到极大值的必要条件。如果用图 4.10 进行说明，则左图表示极大值，而右图的顶点表示最大值。

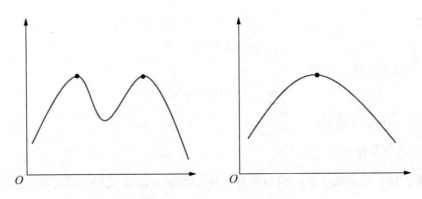

图 4.10 极大值和最大值

三、经济学中的极大值应用

（一）边际生产力

在第二章里，我们在 n 维的产品空间中讨论过企业的利润最大化的问题。那时，投入与产出都被归纳在"产品"的概念之下，负者为投入，**0** 既非投入又非产出，而正者为产出。现在，考虑一种较为具体的情况：设某企业以劳动的投入量决定产量的状况，为了明确地表示各投入与产出的关系，以 $L \in R_+$ 表示劳动投入量。当 $L=\{x \in R \mid x \geqslant 0\}$ 时，生产量则以函数 $f: R_+ \to R_+$ 来表示。假定产品的价格 $p>0$，工资率 $w>0$，企业的资本设备 K 为一定值并且其消耗程度 μ 与资本运转率相独立，亦为一定值，资本价格 $r>0$。此时，企业获得的纯利润为

$$pf(L) - wL - \mu rK$$

企业的行为基准是取得纯利润最大的生产量，这样的行为可以用下式来表示：

$$\max_{L \in R_+} (pf(L) - wL - \mu rK)$$

这里，$\max\limits_{L \in R_+}$ 表示的是自变量 L 在其取值的范围 R_+ 中变化，使得目标函数 $pf(L) - wL - \mu rK$ 达到最大值。

根据上一节所提到的最大值与极大值的异同关系，如果达到最大值，那一定是极大值。所以，设 $\tilde{L}$ 是目标函数的解，如果函数 f 在 $\tilde{L}$ 处是可微的，则可以得到

$$pf'(\tilde{L}) = w$$

称 $f'(L)$ 为"劳动的边际生产力"，$\dfrac{w}{p}$ 为"实际工资率"（real wage rate），上式的经济学含义就是，劳动的边际生产力与实际工资率相等。

（二）平均成本与边际成本

现在，考虑生产某产品的企业。生产这个产品的成本包含与产量无关的"固定成本"（fixed cost）和随产量变化而变化的"变动成本"（variable cost）。将两者合并，产量为 y 时所需的成本以函数 $c: R_+ \to R_+$ 表示。当产品价格 $p>0$ 时，利润最大化问题可以用下式表示：

$$\max_{y \in R_+} (py - c(y))$$

假定利润最大化在 $\tilde{y}$ 处达到，则它的必要条件是

$$p = c'(\tilde{y})$$

这里，称 $c'(y)$ 为 "边际成本"（marginal cost）。上式意味着，产品价格与边际成本相等。应该注意的是，上式的前提是企业不以市场价格作为自己战略的自变量，即以完全竞争为前提。

与上述边际成本的情况相同，现在考虑单位成本（平均成本）的最小化。将单位成本以 $\frac{c(y)}{y}$ 表示，单位成本最小化的问题就可以写成

$$\min_{y \in R_+} \left(\frac{c(y)}{y} \right)$$

如果单位成本最小值在 $\hat{y}$ 处达到，则它的必要条件是

$$\frac{c(\hat{y})}{\hat{y}} = c'(\hat{y})$$

即在平均成本和边际成本相等的状态下实现单位成本的最小化。

（三）垄断和寡头市场

到目前为止，讨论都是在给定市场价格的前提下展开的，也就是问题以企业自身并不能决定产品价格为前提。这种情况的背景是同种产品不是由一家或少数几家企业提供的，而是由许多竞争的企业提供的。正是由于存在许多的竞争者，它们都没有价格的支配能力。这样的同质产品市场的条件再加上完全信息、参与市场的自由性两个条件，满足这三个条件的市场就被称为 "完全竞争市场"（perfectly competitive market）。

现在分析有限个生产企业，并且产品的供给者有支配价格能力的情况。这样的市场状态的分析被称为 "不完全竞争理论"（theory of imperfect competition）。此时，产品的市场价格 p 是产量 y 的函数 $\phi: R_+ \to R_+$。

首先，考虑市场由一家企业垄断的情况。当给出成本函数 $c(y)$ 时，供给者的利润最大化行为由下式给出：

$$\max_{y \in R_+} (\phi(y)y - c(y))$$

设上式在 $\tilde{y} > 0$ 处取得最大值，则

$$\phi(\tilde{y}) + \phi'(\tilde{y})\tilde{y} = c'(\tilde{y})$$

就是达到最大值的必要条件。很明显，这个必要条件与完全竞争市场的必要条件是不一样的。如果令 $\tilde{p} = \phi(\tilde{y})$，带入上式，必要条件就改写为

$$\tilde{p} \left[1 + \frac{\phi'(\tilde{y})}{\phi(\tilde{y})} \tilde{y} \right] = c'(\tilde{y})$$

其中，$\frac{\phi'(\tilde{y})}{\phi(\tilde{y})} \tilde{y}$ 可以看成衡量市场垄断程度的尺度。

下面考虑有 n 个企业，这 n 个企业欲在市场上行使价格的支配权。此时，它们相互

之间都将其他方看成竞争对手。如果 n 家企业的供应水平为 $\tilde{y}^1, \tilde{y}^2, \cdots, \tilde{y}^n$，则第 i 家的利润最大化行为可以用下式表示：

$$\max_{y \in R_+} (\phi(\tilde{y}^1 + \cdots + \tilde{y}^{i-1} + y^i + \tilde{y}^{i+1} + \cdots + \tilde{y}^n) y^i - c(y^i))$$

此时，第 i 家公司设想第 j 家公司向市场提供的产品量是 $\tilde{y}^j$，故自己选择产品供给量 $\tilde{y}^i > 0$ 为最佳的必要条件为，对于任意的 $i \in \{1, 2, \cdots, n\}$,

$$\phi'(\sum_{j=1}^{n} \tilde{y}^j) \tilde{y}^i + \phi(\sum_{j=1}^{n} \tilde{y}^j) = c'(\tilde{y}^i) \tag{4.4.3}$$

为了开展下面的讨论，需要做出下列假定。

假定 4.1：假定式（4.4.3）中的有关函数满足以下条件：

（1） $\phi' < 0$;

（2） $c'' > 0$;

（3） $\phi'' < 0$.

根据式（4.4.3），对于任意的 $i, k \in \{1, 2, \cdots, n\}$，有下式成立：

$$\phi'(\sum_{j=1}^{n} \tilde{y}^j)(\tilde{y}^i - \tilde{y}^k) = c'(\tilde{y}^i) - c'(\tilde{y}^k)$$

根据假定 4.1 的（1）和（2），不存在 $\tilde{y}^i = \tilde{y}^k$ 以外的可能。从而，对于任意的 $i \in \{1, 2, \cdots, n\}$，设

$$y(n) = \frac{\sum_{j=1}^{n} \tilde{y}^j}{n}, \quad \tilde{y}^i = y(n)$$

于是，根据式（4.4.3），便可得到下式：

$$\phi'(Y_n) y(n) + \phi(Y_n) = c'(y(n)), \quad Y_n = ny(n)$$

现在，我们探讨诱发市场上企业数变化的原因。当企业数为 m（$m < n$）时，市场上的均衡为

$$\phi'(Y_m) y(m) + \phi(Y_m) = c'(y(m)), \quad Y_m = my(m)$$

如果假设 $Y_m \leqslant Y_n$，则能得到

$$ny(m) < my(m) \leqslant ny(n)$$

就能得到

$$y(m) \leqslant y(n)$$

根据假定 4.1 的（2），有

$$c'(y(m)) < c'(y(n))$$

故有

$$\phi'(Y_m) y(m) + \phi(Y_m) = c'(y(m))$$
$$< c'(y(n))$$
$$= \phi'(Y_n) y(n) + \phi(Y_n) \tag{4.4.4}$$

根据假定 4.1 的（1），可以得到

$$\phi(Y_n) \leqslant \phi(Y_m)$$

另外，根据 $y(m) \leqslant y(n)$，可以得到
$$\phi'(Y_m)\ y(n) < \phi'(Y_m)\ y(m)$$
又根据假定 4.1 的（3），$\varphi''<0$，故而可以得到 $\varphi'(Y_n) \leqslant \phi'(Y_m)$，因此有以下不等式成立：
$$\varphi'(Y_n)\ y(n) < \phi'(Y_m)\ y(m)$$
从而，
$$\phi'(Y_n)\ y(n) + \phi(Y_n) < \phi'(Y_m)\ y(m) + \phi(Y_m)$$
这与式（4.4.4）矛盾，也就是当初的假设 $Y_m \leqslant Y_n$ 是错误的，便得到
$$Y_m > Y_n$$
于是得到结论：在假定 4.1 的前提下，随着寡头企业数的增加，市场价格降低。

（四）经济增长的黄金律

考虑一国的经济，给出 t 期期首时的资本存量 $K(t)$ 和劳动量 $L(t)$，国民生产总值（gross national product）由函数 $F: R_+ \times R_+ \to R_+$ 表示为 $F(K(t),L(t))$，可以将 t 看成某一年；劳动的供给能力的年增长由
$$L(t+1) = (1+n)L(t)$$
表示，这里，n 为人口的增长率；资本折旧率以 μ 表示。如果将一国 t 年的消费水平设为 $C(t)$，资本的积蓄方程可以由下式表示：
$$K(t+1) = (1-\mu)K(t) + F(K(t),L(t)) - C(t) \tag{4.4.5}$$
式（4.4.5）等号左边为第二年年初时的资本存量，等号右边是从 t 年年初的资本存量减去折旧部分，再加上国民生产总值中没有消费的部分，等号左右相等。这里，对于任意的 $(K,L) \in R_{++} \times R_{++}$，设函数 $F: R_+ \times R_+ \to R_+$ 满足下式：
$$F(\lambda K, \lambda L) = \lambda F(K,L)$$
也就是设函数 F 具备一阶齐次性质。利用这个性质，可以定义函数 $f: R_+ \to R_+$，这里，$f(k) = F(k,1)$，$k = \dfrac{K}{L}$；将人均消费量定义为 $c(t) = \dfrac{C(t)}{L(t)}$，从式（4.5.3）便可将 $c(t)$ 变形为
$$c(t) = f(k(t)) + (1-\mu)k(t) - (1+n)k(t+1)$$
再设人均资本量每年为一定的，每年重复初期的同一状态，并可持续，即
$$k(t) = k(t+1) = k$$
将年度 t 略去，此时的人均消费量 c 就是下式：
$$c = f(k) + (1-\mu)k - (1+n)k$$
由于消费是经济增长的一个重要因素，与经济增长成正比，故经济增长问题就转变为求达到可持续人均消费量最大值的条件，即
$$\max_{k \in R_+} (f(k) + (1-\mu)k - (1+n)k)$$
如果目标函数是可微的，设在 $\tilde{k}$ 处达到最大值，便得到以下关系式：
$$f'(\tilde{k}) - \mu = n$$
这就是所求的条件，被称为经济增长的"黄金律"（golden rule）。如果用语言叙述该式

的经济意义，那就是"资本的纯收益率（资本的收益率－折旧率）等于人口增长率"。这样的情况在当今一些经济发达国家体现得较为明显，例如美国、日本等。除了这些国家的中央银行实行低利率政策，人口增长率较低也是造成长期低利率的一个因素。

§4.5　向量函数的极大值条件

一、向量函数的泰勒展开式

设 $S \subset R^n$ 是开集合，而函数 $f: S \to R$ 是定义在 S 上的函数，从函数 f 的一次偏导函数到 $(m-1)$ 次偏导函数都可微。此时，$\Delta_h^k f(x)$，$k \in \{0, 1, \cdots, n\}$ 的定义由如下的形式归纳：

$\Delta_h^0 f(x) = f(x)$，

$\Delta_h^k f(x) = \sum_{i=1}^{n} \dfrac{\partial \Delta_h^{k-1} f(x)}{\partial x_i} h_i$，$h = (h_1, h_2, \cdots, h_n)$

引理 4.1：$\Delta_h^k f(x) = \sum_{i_1=1}^{n} \sum_{i_2=1}^{n} \cdots \sum_{i_k=1}^{n} h_{i_1} \cdots h_{i_k} \dfrac{\partial^k f(x(t))}{\partial x_{i_1} \cdots \partial x_{i_k}}$

证明：用数学归纳法证明。

当 $k=1$ 时，显然等式成立。

假设当 $j=k-1$ 时，引理成立，于是

$\Delta_h^k f(x) = \sum_{i=1}^{n} \dfrac{\partial [\sum_{i_1=1}^{n} \sum_{i_2=1}^{n} \cdots \sum_{i_{k-1}=1}^{n} h_{i_1} \cdots h_{i_{k-1}} \dfrac{\partial^{k-1} f(x)}{\partial x_{i_1} \cdots \partial x_{i_{k-1}}}]}{\partial x_i} h_i$

$= \sum_{i_1=1}^{n} \sum_{i_2=1}^{n} \cdots \sum_{i_k=1}^{n} h_{i_1} \cdots h_{i_k} \dfrac{\partial^k f(x(t))}{\partial x_{i_1} \cdots \partial x_{i_k}}$

故而本引理得证。∎

定理 4.13（向量函数的泰勒展开式）：设 $S \subset R^n$ 是开集合，而函数 $f: S \to R$ 是定义在 S 上的函数，并且，对于任意的正数 ε 和向量 $x \in S$，如下定义开集合（也称为"开球"）：

$B(x, \varepsilon) = \{ x + h \in S \mid \|h\| < \varepsilon \}$

函数 f 在 $B(x, \varepsilon)$ 上从一次偏导数到 m 次偏导数都可微。此时，对于 $x + h \in B(x, \varepsilon)$，存在实数 θ，使得下式成立：

$f(x+h) = f(x) + \dfrac{\Delta_h^1 f(x)}{1!} + \cdots + \dfrac{\Delta_h^{m-1} f(x)}{(m-1)!} + \dfrac{\Delta_h^m f(x+\theta h)}{m!}$

$(0 < \theta < 1)$

证明：注意到 $x + h \in B(x, \varepsilon)$，另外，设 $x = x + th$，t 为实数。设 $T = \{ t \mid 0 < t < \dfrac{\varepsilon}{\|h\|} \}$，

请注意：$1 \in T$。

在 T 上定义一个函数 $F(t) = f(x(t))$，$x_i(t) = x_i + th_i$ 关于 t 可微。以下，采用归纳法揭示 $F(t)$ 在 T 上 m 次可微，并且，$F^{(k)}(t) = \Delta_h^k f(x+th)$，$k \in \{1,2,\cdots,n\}$ 成立。

当 $k=1$ 时，根据定理 4.5，$F(t)$ 是可微的，并且 $F'(t) = \sum_{i=1}^n \frac{\partial f(x(t))}{\partial x_i} h_i$。这与右边的 $\Delta_h^1 f(x+th)$ 是一致的。

假设关系 $F^{(j)}(t) = \Delta_h^j f(x+th)$ 在 $j = k-1$ 时成立。根据引理 4.1，有下式：

$$\Delta_h^{k-1} f(x) = \sum_{i_1=1}^n \sum_{i_2=1}^n \cdots \sum_{i_{k-1}=1}^n h_{i_1} h_{i_2} \cdots h_{i_{k-1}} \frac{\partial^{k-1} f(x(t))}{\partial x_{i_1} \partial x_{i_2} \cdots \partial x_{i_{k-1}}}$$

$\Delta_h^{k-1} f(x)$ 至少 1 次可微。从而，根据定理 4.5，对于任意的 $t \in T$，下面的等式成立：

$$F^{(k)}(t) = \sum_{i=1}^n h_i \frac{\partial \Delta_h^{k-1} f(x+th)}{\partial x_i} h_i = \Delta_h^k f(x+th)$$

这正是将单变量函数的泰勒展开式用于函数 $F(t)$ 而得到的结果。从而，

$$F(t) = F(0) + t\, F'(0) + \cdots + \frac{t^{m-1}}{(m-1)!} F^{(m-1)}(0) + \frac{t^m}{m!} F^{(m)}(\theta t)$$

（$0 < \theta < 1$）

成立。特别地，当 $t = 1$ 时，

$$F(1) = F(0) + F'(0) + \cdots + \frac{F^{(m-1)}(0)}{(m-1)!} + \frac{F^{(m)}(\theta)}{m!}$$

（$0 < \theta < 1$）

同时，$F(1) = f(x+h)$，$F^{(k)}(0) = \Delta_h^k f(x)$，并且，$F^{(m)}(\theta) = \Delta_h^m f(x+\theta h)$。从而，对于满足 $0 < \theta < 1$ 的实数 θ，可以得到

$$f(x+h) = f(x) + \frac{\Delta_h^1 f(x)}{1!} + \cdots + \frac{\Delta_h^{m-1} f(x)}{(m-1)!} + \frac{\Delta_h^m f(x+\theta h)}{m!}$$

（$0 < \theta < 1$）

从而，定理得证。∎

二、向量函数达到极大值条件

定义 4.23：设 $S \subset R^n$，函数 $f: S \to R$ 是定义在 S 上的函数，对于 $\tilde{x} \in S$ 和 $\varepsilon > 0$，存在开球 $B(x, \varepsilon) = \{\tilde{x} + h \in S \mid \|h\| < \varepsilon\}$；对于任意的 $x \in B(x, \varepsilon) \cap S$，$f(x) \leq f(\tilde{x})$ 时，称函数 $f: S \to R$"在 $\tilde{x} \in S$ 处达到极大值"。

与单变量函数的情况相同，对于多变量函数而言也有最大值与极大值异同的问题。其考虑方法也是基本相同的，即在整个定义域上达到最大是判断最大值的重要因素。在考察的对象是开球的情况下，在开球的内部达到最大值时，它同时也是极大值。下面给出最大值和最小值的定义。

定义 4.24：设 $S \subset R^n$，函数 $f: S \to R$ 是定义在 S 上的函数，$\tilde{x} \in S$。对于任意的 $x \in S$，有 $f(x) \leq (\geq) f(\tilde{x})$ 成立时，就称函数 $f: S \to R$ 在 $\tilde{x} \in S$ 处达到"最大值（最小值）"。

定理 4.14（向量函数达到极大值的必要条件）：设 $S \subset R^n$，函数 $f:S \to R$ 是定义在 S 上的二次连续可微的函数。$f(x)$ 在 $\tilde{x} \in S$ 处达到极大值时，以下性质成立：

(1) 令 $f_i(\tilde{x}) = \dfrac{\partial f(\tilde{x})}{\partial x_i}$，则 $f_i(\tilde{x}) = \dfrac{\partial f(\tilde{x})}{\partial x_i} = 0$，$i \in \{1,2,\cdots,n\}$。

(2) 对于任意的实数组 $h=(h_1,h_2,\cdots,h_n)$，有 $\Delta_h^2 f(\tilde{x}) \leqslant 0$ 成立。

证明：因为函数 f 在 $\tilde{x} \in S$ 处达到极大值，根据极大值的定义，存在开球 $B(x,\varepsilon) \subset S$，对于任意的 $h=(h_1,h_2,\cdots,h_n) \in R^n$ 和 $\|h\| < \varepsilon$，有下式成立：
$$f(\tilde{x}+h) - f(\tilde{x}) \leqslant 0$$

对于 $\varepsilon > 0$，将满足 $\|h\| < \varepsilon$ 的 h 任意地固定，并定义两个辅助函数：
$$x(t) = \tilde{x} + th, \quad F(t) = f(x(t)), \quad t \in T = \{t \mid |t| < \dfrac{\varepsilon}{\|h\|}\}$$

因 $f(x)$ 的一次和二次偏导函数是连续的，所以，$F(t)$ 二次连续可微。从而，根据定理 4.6，有
$$F'(t) = \sum_{i=1}^{n} f_i(\tilde{x}+th)h_i$$
$$F''(t) = \Delta_h^2 f(\tilde{x}+th)$$

$f(x)$ 在 $\tilde{x}$ 达到极大值就是 $F(t)$ 在 $t=0$ 达到极大值，故根据定理 4.12，可以得到
$$F'(0) = \sum_{i=1}^{n} f_i(\tilde{x})h_i = 0$$
$$F''(0) = \Delta_h^2 f(\tilde{x}) \leqslant 0$$

因为 $h_1, h_2, \cdots, h_n$ 可以任意地取值，所以，
$$f_i(\tilde{x}) = 0, \quad i \in \{1,2,\cdots,n\}$$

成立。∎

定理 4.15（向量函数达到极大值的充分条件）：设 $S \subset R^n$，函数 $f:S \to R$ 是定义在 S 上的二次连续可微的函数。如果函数 f 在 $\tilde{x} \in S$ 上满足以下条件（1）和条件（2），则函数 f 在 $\tilde{x}$ 处达到极大值。

(1) 令 $f_i(\tilde{x}) = \dfrac{\partial f(\tilde{x})}{\partial x_i}$，则 $f_i(\tilde{x}) = \dfrac{\partial f(\tilde{x})}{\partial x_i} = 0$，$i \in \{1,2,\cdots,n\}$。

(2) 对于任意的实数组 $h=(h_1,h_2,\cdots,h_n)$，有 $\Delta_h^2 f(\tilde{x}) \leqslant 0$ 成立。

证明：函数 $f:S \to R$ 在 S 上的二次偏导函数是连续的，因 $\tilde{x} \in S$，故存在正数 ε，对于开球 $B(x,\varepsilon) \subset S$，根据定理 4.14 的泰勒展开式，对于满足 $\tilde{x}+h \in B(x,\varepsilon)$ 的任意的 $h=(h_1,h_2,\cdots,h_n)$，有下式
$$f(\tilde{x}+h) - f(\tilde{x}) = \Delta_h^1 f(\tilde{x}) + \dfrac{1}{2}\Delta_h^2 f(\tilde{x}+\theta h), \quad 0 < \theta < 1 \quad (4.5.1)$$

成立。另外，$\Delta_h^2 f(x)$ 对于 x 是连续的。从而，根据条件（2），存在正数 $\delta(<\varepsilon)$，对于任意的 $\tilde{x}+h \in B(x,\delta)$，使得
$$\Delta_h^2 f(\tilde{x}+h) \leqslant 0$$

根据条件（1）和式（4.6.1），对于 $\tilde{x}+h \in B(x,\delta) \backslash \{\tilde{x}\}$，有下式成立：
$$f(\tilde{x}+h) - f(\tilde{x}) = \frac{1}{2}\Delta_h^2 f(\tilde{x}+\theta h) < 0$$
所以，如果 $\tilde{x}+h \in B(x,\delta)$，则
$$f(\tilde{x}+h) \leqslant f(\tilde{x})$$
成立。∎

练　习

1. 证明定理 4.9 的后半部分，即一个严格凹函数是严格拟凹函数。
2. 证明：凸集的闭包是凸集。
3. 判断下列命题的正误，并说明正确的结论：
（1）设 $f(x)$ 是一个单变量递增函数，则 $f(x)$ 为拟凹函数。
（2）设 $f(x)$ 是一个单变量递减函数，则 $f(x)$ 为拟凹函数。
（3）设 $f(x)$ 是一个单变量函数，存在一个实数 b 使得 $f(x)$ 在 $(-\infty,b]$ 上递减且在 $[b,+\infty)$ 上递增时，$f(x)$ 为拟凹函数。
4. 试总结实数值函数之间的凹、凸和拟凹、拟凸之间的关系。
5. 求下列函数的全微分：$u = \sqrt{x^2+y^2+z^2}$。
6. 求由方程 $xyz + \sqrt{x^2+y^2+z^2} = \sqrt{2}$ 所确定的函数 $z = z(x,y)$ 在点 $P(1,0,-1)$ 处的全微分。
7. 求 $y = x^{a^a} + a^{x^a} + a^{a^x}, (a>0)$ 的导数。
8. 利用函数的凹凸性定义，证明：$\dfrac{e^x+e^y}{2} \geqslant e^{\frac{x+y}{2}}$。
9. 设凸集合 $U \subset R^n$ 上定义的实数值函数 $f: U \to R$ 是在点 $x \in U$ 处连续二次可微的。如果函数 f 是凹函数，则在点 $x \in U$ 处的海塞矩阵 $\partial^2 f(x)$ 是"半负定的"，即对于任意的 $z \in R^n$，有
$$z^T \partial^2 f(x) z \leqslant 0$$
10. 已知：函数 $y = f(x) = 4x^2 - x$，试求：
（1）函数的一阶导数；
（2）函数的二阶导数；
（3）函数的极值，并判断它是极大值还是极小值。
11. 某人欲在他房子外的一边围一个长方形的花圃，另外的三边使用铁丝网。设此人只有 32 米的铁丝网可用，问当长方形的长 L 和宽 W 为多少时，才能使花圃的面积最大？另外，如何保证算出的答案是最大面积而不是最小面积？
12. 某企业的总收益和总成本函数分别为 $R(Q) = 30Q - Q^2$，$C(Q) = Q^2 + 2Q + 1$。厂商追求最大利润，政府对产品征税，求：
（1）厂商纳税前的最大利润及此时产品的产量和价格；

（2）征税收益的最大值及此时的税率；

（3）在（2）的税率下，厂商税后的最大利润及此时的产品价格。

13．一企业面临如下平均收益（需求）曲线：$P=100-0.01Q$，其中，Q 是每周产量；P 是价格，单位为元。该企业的成本函数由 $C=50Q+30000$ 给出。设该厂商要使利润最大化，请问：

（1）产量、价格和每周总利润的水平为多少？

（2）政府界定对该产品征收每单位 10 元的税，新的产量、价格和利润水平为多少？

14．函数 $f:[a,\infty)\to R$ 为开区间 (a,∞) 上连续可微的函数，在区间 $[a,\infty)$ 上连续。如果 f 在 $\hat{x}\in[a,\infty)$ 处取得最大值，试证明：$\lim\limits_{x\to\hat{x}}(\hat{x}-a)f'(x)=0$ 并且 $\lim\limits_{x\to\hat{x}}f'(x)\leqslant 0$。

15．试举出一例函数 $f:R\to R$ 在某点 $x\in R$ 处既为极大值又为极小值。

第五章

需求和供给

　　本章主要解说反映消费者行为的需求函数、表示企业行为的供给函数的性质。

　　为了导入需求理论中重要的斯勒茨基方程，本章对消费者的支出最小化行为进行分析；定义最小支出函数和补偿需求函数；对于揭示最小支出函数和补偿需求函数之间关系的马肯基引理进行证明，并用这个引理导出斯勒茨基方程。另外，这一部分还介绍了与间接效用有关的罗伊恒等式。

　　为了对具有一般生产技术的企业的供给函数进行分析，本章定义了利润函数，并对揭示利润函数与供给函数之间关系的霍特林引理进行了证明；进而，由霍特林引理导出了供给函数的基本性质。这一部分还分析了由生产函数表现生产技术时企业的成本最小化行为；定义了企业的成本函数等。

§5.1 需 求 函 数

一、需求函数

为了在下节导入斯勒茨基（Slutsky）方程，首先考虑消费者的支出最小化问题。与前面的章节一样，设消费者消费集合为 $X \subset R^n$，效用函数为 $U:X \to R$。对于价格 $p \in R^n$ 和收入 $m \in R$，预算集合为 $B(p,m)$，需求集合为 $D(p,m)$，则有

$$B(p,m) = \{x \in X \mid p \cdot x \leqslant m\}$$

$$D(p,m) = \{x \in B(p,m) \mid 如果 U(y) > U(x)，则 y \notin B(p,m)\}$$

上述两个概念在第二章已经定义过，请比较这两处定义的异同。为了使理论分析与现实经济状况相符合，在这里进一步设定：所有的产品价格都是正数，并将价格 p 与收入 m 的组合限定在以下的集合范围内：

$$Q = \{(p,m) \in R_{++}^n \times R \mid 存在 x_0 \in X，p \cdot x_0 < m\}$$

如图 5.1，在预算约束线的下方，价格 p 与收入 m 的组合是可能购买的点集。

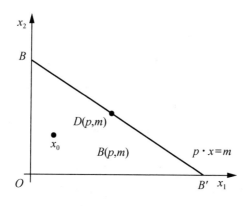

图 5.1　可能购买的点集

本节的一个基本前提是存在需求函数，即对于任意的 $(p,m) \in Q$，需求集合 $D(p,m)$ 中的元素只有一个。进而，我们假定函数 $D:Q \to R^n$ 有以下性质。

假定 5.1：

（1）需求函数 $D:Q \to R^n$ 是连续可微的；

（2）对于任意的 $(p,m) \in Q, p \cdot D(p,m) = m$。

假定 5.1 的（1）是一个数学假设条件，在价格与收入变化的情况下考察需求量的变化时是必不可少的；（2）则意味着消费者的收入没有剩余，需求点落在图 5.1 的 BB' 预算线上。假定 5.1 的意义为，即使产品消费微量增加也会使消费者效用增加，这一假定被称为"局部非饱和"的假定。

二、最小支出函数

对于各点 $x \in X$，与点 x 无差异或比 x 偏好的点的集合定义如下（注意与偏好集合的异同）：

$$\mathrm{IP}(x) = \{ y \in X \mid U(y) \geqslant U(x) \}$$

$\mathrm{IP}(x)$ 的实质是一个"带边"的偏好集合，这条边就是无差异曲线。对于价格 $p \in R_{++}^n$，定义一个集合如下：

$$F^x(p) = \{ y \in \mathrm{IP}(x) \mid 如果 z \in \mathrm{IP}(x)，则 p \cdot z \geqslant p \cdot y \}$$

集合 $F^x(p)$ 是集合 $\mathrm{IP}(x)$ 中支出最小的点的集合。

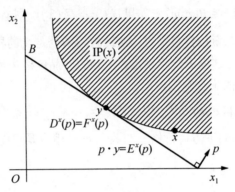

图 5.2　成本最小化

如图 5.2 所示，$F^x(p)$ 是价格向量 p 的正交平面与集合 $\mathrm{IP}(x)$ 的切点。这个时候，对于 $y \in F^x(p)$，最小支出额由 $p \cdot y$ 表示，故"最小支出"可以如下定义。

定义 5.1：函数 $E^x(p) = p \cdot F^x(p)$ 被称为"最小支出函数"，亦被称为"补偿收入函数"。

最小支出函数之所以又被称为补偿收入函数，是因为 $E^x(p)$ 的值是为了在价格为 p 时获得至少与点 x 同程度满足的最小收入。最小支出函数 $E^x(p)$ 是 p 的函数，本书有时简记为 E^x，在以下的讨论中，假设最小支出函数是存在的。

假定 5.2：对于任意的价格 $p \in R_{++}^n$，集合 $F^x(p)$ 是非空的，故最小支出额 $E^x(p)$ 是一个有限的值。

定理 5.1：最小支出函数是凹函数，即对于任意的 $p, p' \in R_{++}^n$ 和满足 $0 < \theta < 1$ 的 θ，有

$$\theta E^x(p) + (1-\theta) E^x(p') \leqslant E^x(\theta p + (1-\theta) p')$$

成立。

证明：如果 $y \in F^x(\theta p + (1-\theta) p')$，从 $F^x(\theta p + (1-\theta) p')$ 的定义可以得知

$$E^x(\theta p + (1-\theta) p') = (\theta p + (1-\theta) p') \cdot y$$

进而，从 $F^x(p)$ 和 $F^x(p')$ 的定义可以得到

$$E^x(p) \leqslant p \cdot y, \quad E^x(p') \leqslant p' \cdot y$$

由上面的各关系式可以得到
$$\theta E^x(p)+(1-\theta)E^x(p') \leqslant (\theta p+(1-\theta)p') \cdot y = E^x(\theta p+(1-\theta)p')$$
定理得证。 ∎

三、补偿需求函数

一般地，支出最小化问题的解取决于价格和效用值，它的解就是为了获得一定的效用水平所必要的最小需求量。在经济学上通常将这样的需求称为"补偿需求"。

如果给出消费者的补偿收入 $E^x(p)$，此时的补偿需求可以写成
$$D^x(p)=D(p,E^x(p))$$
其中，$(p,E^x(p)) \in Q$。补偿需求 $D^x(p)$ 是 p 的函数。为了与一般的需求相区别，我们对 $D^x(p)$ 给出以下的定义。

定义 5.2：将 $D^x(p)=D(p,E^x(p))$ 称为"补偿需求函数"。

补偿需求函数也被称为"希克斯需求函数"。一般地，价格上升时购买能力下降，效用也下降，之所以称之为"补偿需求函数"，是因为 $D^x(p)$ 指的是在新的价格条件下为产生与价格变化前同等的效用，而对收入进行补偿，使需求是支出最小化问题的解。在二维空间中，价格上升时补偿需求在无差异曲线上变动的情况如图 5.3 所示。而之所以称之为"希克斯需求函数"，是因为"补偿需求"的概念是以英国经济学家约翰·希克斯（John Hicks）在 1939 年出版的著作《价值与资本》（*Value and Capital*）中所用的方法进行解释。

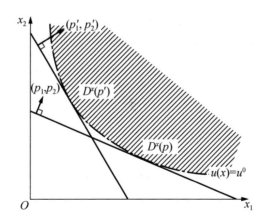

图 5.3 补偿需求的变动

例 5.1：消费 $x=(x_1,x_2)$ 的消费者的效用函数为 $u=54x_1^2x_2$，求该消费者的补偿需求和最小支出函数。

解：设价格向量为 $p=(p_1,p_2)$，则购入 x_1,x_2 的收入为
$$m = p \cdot x = p_1 x_1 + p_2 x_2 \qquad ①$$
从效用函数可得到
$$x_2 = \frac{1}{54}ux_1^{-2} \qquad ②$$

将式②代入式①，可以得到

$$m = p_1 x_1 + p_2 \frac{1}{54} u x_1^{-2}$$

它的一阶条件为

$$\frac{\mathrm{d}m}{\mathrm{d}x_1} = p_1 - p_2 \frac{1}{27} u x_1^{-3} = 0$$

故可以解得 x_1 的补偿需求函数：

$$x_1 = \frac{1}{3} u^{\frac{1}{3}} p_1^{-\frac{1}{3}} p_2^{\frac{1}{3}} \qquad ③$$

x_2 的补偿需求函数：

$$x_2 = \frac{1}{6} u^{\frac{1}{3}} p_1^{\frac{2}{3}} p_2^{-\frac{2}{3}} \qquad ④$$

将式③、式④代入式①，可以得到最小支出函数：

$$m = \frac{1}{2} u^{\frac{1}{3}} p_1^{\frac{2}{3}} p_2^{\frac{1}{3}}$$

一般地，$p \in R_{++}^n$，$x \in X$ ($X \subset R^n$)，根据预算约束式 $p \cdot x = m$ 和效用函数 $U = U(x)$，可以求出最小支出条件，进而可得到需求量，即补偿需求函数。

从图 5.2 可以看出，在消费者偏好的无差异曲线相对于原点是凸的条件下，补偿需求与支出最小化的点是一致的，即存在关系

$$D^x(p) = F^x(p)$$

但在一般的情况下，$D^x(p) \subset F^x(p)$。

引理 5.1：对于 $(p, E^x(p)) \in Q$ 的价格 $p \in R_{++}^n$，有 $D^x(p) \in F^x(p)$，即有

(1) $E^x(p) = p \cdot D^x(p)$；

(2) $U(x) \leqslant U(D^x(p))$。

成立。

证明：根据 $D^x(p) = D(p, E^x(p))$ 和假定 5.1 的（2）的对于任意的 $(p, m) \in Q$，$p \cdot D(p, m) = m$，有

$$p \cdot D^x(p) = p \cdot D(p, E^x(p)) = E^x(p)$$

得到（1）。

另外，如果 $y \in F^x(p)$，根据 $F^x(p)$ 的定义，有

$$U(x) \leqslant U(y), \quad p \cdot y = E^x(p)$$

成立。两点 y 和 $D^x(p)$ 都可以在价格 p 和收入 $E^x(p)$ 的条件下进行购买消费，根据需求 $D(p, E^x(p))$ 的定义，得到

$$U(y) \leqslant U(D^x(p))$$

从而

$$U(x) \leqslant U(D^x(p))$$

引理得证。∎

引理 5.2：如果 $(p, E^x(p)) \in Q$，则补偿需求函数 D^x 在点 $p \in R_{++}^n$ 处连续。

证明：根据定理 4.7，我们有结论：凹函数在其定义域的内点上连续；所以，最小支出函数 E^x 是连续的。又由 $D^x(p) = D(p, E^x(p))$ 和需求函数 $D: Q \to R^n$ 是连续可微的，即可知补偿需求函数是连续的。 ∎

§5.2 斯勒茨基方程

一、马肯基引理

下面的命题是揭示最小支出函数和补偿需求函数关系的命题，被称为"马肯基（Mckenzie）引理"。

定理 5.2（马肯基引理）：如果 $(p, E^x(p)) \in Q$，则最小支出函数 E^x 在点 p 是可微的，并有

$$E_j^x(p) = D_j^x(p) \quad (j=1,2,\cdots,n)$$

成立，即 $\partial E^x(p) = [D_j^x(p)]^T$，这里，$E_j^x(p) = \dfrac{\partial E^x(p)}{\partial p_j}$，是函数 E^x 对 p_j 的偏微分。

证明：设 $h \in R^n$，$\|h\| > 0$。由于函数 E^x 是连续的，如果向量 h 充分小，则 $(p+h, E^x(p+h)) \in Q$，根据引理 5.1 和函数 E^x 的定义，有以下的关系式成立：

$$p \cdot D^x(p) = E^x(p), \quad E^x(p) \leq p \cdot D^x(p+h)$$
$$(p+h) \cdot D^x(p+h) = E^x(p+h), \quad E^x(p+h) \leq (p+h) \cdot D^x(p)$$

从上述关系式可以得到

$$h \cdot D^x(p+h) - h \cdot D^x(p) \leq E^x(p+h) - E^x(p) - h \cdot D^x(p) \leq 0$$

从而，

$$\left| \frac{h}{\|h\|}(D^x(p+h) - D^x(p)) \right| \geq \frac{|E^x(p+h) - E^x(p) - D^x(p)h|}{\|h\|}$$

成立。进而根据柯西-施瓦茨不等式，下式成立：

$$\left\| \frac{h}{\|h\|} \right\| \|D^x(p+h) - D^x(p)\| \geq \left| \frac{h}{\|h\|}(D^x(p+h) - D^x(p)) \right|$$

故而，根据 $\left\| \dfrac{h}{\|h\|} \right\| = 1$ 以及上述两个不等式，可以得到

$$\|D^x(p+h) - D^x(p)\| \geq \frac{|E^x(p+h) - E^x(p) - D^x(p)h|}{\|h\|}$$

当 $h \to 0$ 时，根据引理 5.2，函数 D^x 是连续的，$D^x(p+h)$ 收敛于 $D^x(p)$，故上式不等号的左边为 0。根据微分的定义，函数 E^x 在点 p 处的微分满足

$$\partial E^x(p) = D^x(p)$$

故定理得证。 ∎

现在，考虑马肯基引理在两种产品经济中的情况。在图 5.3 中，设补偿需求 $D^x(p)$ 的坐标为 (x_1, x_2)，补偿收入 $E^x(p)$ 的值表示为

$$E^x(p) = p_1 x_1 + p_2 x_2$$

产品 1 的价格上升 1 个单位时，补偿收入的增量 ΔE^x 近似地用 $E^x(p)$ 对 p_1 的偏微分 $E_1^x(p)$ 来表示，根据马肯基引理，它与产品 1 的补偿需求量 $D_1^x(p)$ 相等，即

$$\Delta E^x = E_1^x(p) = D_1^x(p) = x_1$$

所以，价格变化后的补偿收入近似变化为

$$E^x(p) + \Delta E^x = (p_1 + 1)x_1 + p_2 x_2$$

这个式子的意义在于：当价格变化后，补偿收入可以购买点 (x_1, x_2)，即可以消费价格变化前的补偿需求量 $D^x(p)$。所以，马肯基引理的意义在于：价格微调时的补偿收入的变化是以能够购买价格变化前的补偿需求而进行的。①

例 5.2：消费产品 x_1, x_2 的消费者的效用为 u，最小支出函数为

$$E^x(p) = \frac{3}{2} u^{\frac{1}{3}} p_1^{\frac{2}{3}} p_2^{\frac{1}{3}}$$

其中，p_1, p_2 为 x_1, x_2 的价格。试求消费者的效用函数。

解：根据马肯基引理，由最小支出函数可以求出补偿需求函数。因为 $E_j^x(p) = D_j^x(p)$ $(j=1,2)$ 所以有

$$x_1 = E_1^x(p) = u^{\frac{1}{3}} p_1^{-\frac{1}{3}} p_2^{\frac{1}{3}}, \quad x_2 = E_2^x(p) = \frac{1}{2} u^{\frac{1}{3}} p_1^{\frac{2}{3}} p_2^{-\frac{2}{3}}$$

从上述两个式子中消去 p_1 和 p_2，就可以得到效用函数：

$$u = 2 x_1^2 x_2$$

二、斯勒茨基方程

（一）命题的证明

一般地，消费者效用最大化的消费行动都伴随着支出最小化的行动；故而，有下面的命题成立。

引理 5.3：如果 $x = D(p, m)$，则 $E^x(p) = m$，$D^x(p) = x$。

证明：设 $x = D(p, m)$。根据假定 5.1 的（2），有

$$p \cdot x = m$$

由于需求集合的元素只有一点，$y \in \mathrm{IP}(x)$ 并且 $y \neq x$，可以得出

$$p \cdot y > m$$

从而，$x \in F^x(p)$，其中 $F^x(p) = \{y \in \mathrm{IP}(x) \mid 如果 z \in \mathrm{IP}(x)，则 p \cdot z \geq p \cdot y\}$，即

$$E^x(p) = p \cdot x = m$$

也就是

$$D^x(p) = D(p, E^x(p)) = D(p, m) = x$$

引理得证。　∎

---

① 有兴趣的读者可以参考：Mckenzie,L.Demand Theory without Utility Index[J]. Review of Economic Studies,1957(24):61-116.

有了上述的准备，我们就可以考察需求函数 $D(p,m)$ 和补偿需求函数 D^x 的关系。以下命题中的等式被称为"斯勒茨基方程"，由俄罗斯统计学家、经济学家尤金·斯勒茨基（Eugen Slutsky）在 1915 年发表的论文中首先提出。

定理 5.3（斯勒茨基方程）：如果 $x=D(p,m)$，则补偿需求函数 D^x 在 p 处可微，并且

$$D_{ij}(p,m) = D^x_{ij}(p) - x_j \, D_{im}(p,m)$$

$$(i,\ j=1,2,\cdots,n)。$$

这里，$D_{ij} = \dfrac{\partial D_i}{\partial p_j}$，即产品 i 的需求 D_i 关于 p_j 的偏微分；$D_{im} = \dfrac{\partial D_i}{\partial m}$，即产品 i 的需求 D_i 关于 m 的偏微分；另外，$D^x_{ij} = \dfrac{\partial D^x_i}{\partial p_j}$ 表示的是产品 i 的补偿需求关于 p_j 的偏微分。

证明：设 $x = D(p,m)$，根据引理 5.3，有 $E^x(p) = m$，$D^x(p) = x$；故 $(p, E^x(p)) = (p,m) \in Q$。再根据马肯基引理，$E^x$ 在点 p 处是可微的，由假定 5.1 的（1），补偿需求函数 D^x 也可微。产品 i 的补偿需求函数是

$$D^x_i(p) = D_i(p, E^x(p))$$

故对产品 j 的价格 p_j 偏微分就可以得到

$$D^x_{ij}(p) = D_{ij}(p, E^x(p)) + D_{im}(p,m)\, E^x_j(p) \qquad ①$$

注意到 $E^x(p) = m$ 和马肯基引理

$$E^x_j(p) = D^x_j(p) = x_j$$

把式①代入上式，移项后命题获证。∎

（二）斯勒茨基方程的意义

为了更好地理解斯勒茨基方程，我们先给出如下定义。

定义 5.3：斯勒茨基方程等号右边的第一项 $D^x_{ij}(p)$ 被称为"替代效应"，第二项 $x_j\, D_{im}(p,m)$ 被称为"收入效应"。

以下我们就来解释这两种"效应"。图 5.4 表示了替代效应和收入效应，此时 x_1 的价格上升，x_2 的价格不变。x_1 的价格上升后，消费者减少 x_1 的消费增加 x_2 的消费，在 u 对应的无差异曲线上点 x 移向点 A，此时，该消费者的效用 u 不改变，可以认为只是 x_1 的价格发生了变化，而消费者的实际收入并没有变化。所谓实际收入没有变化，是指消费者的效用维持在原来的水平上，但又要用新的价格比来度量这个不变的效用水平，它的几何表示就是与无差异曲线相切于 A 点的切线 EE'。点 x 与点 A 对应的 x_1 的消费量之差就是替代效应，对应于斯勒茨基方程等号右边第一项 $D^x_{ij}(p)$。

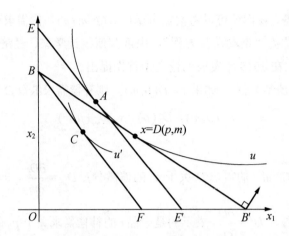

图 5.4 替代效应和收入效应

当然，在 x_1 的价格上升的情况下，为了使实际收入不变化，名义收入就必须适当地降低，于是 EE' 就应该向下平移。但由于面对 x_1 的价格上升，该消费者的实际收入减少，故而其需求也会变化。如果以效用来衡量实际收入减少的部分，应该是 $u-u'$，故新的预算约束线变成 BF（与 EE' 线平行）。这条直线与效用 $u'(<u)$ 对应的无差异曲线相切于点 C，所以，由点 A 向点 C 的变化就是收入效应，对应于斯勒茨基方程等号右边第二项 $x_j D_{im}(p,m)$。

例 5.3：设 $x=(x_1, x_2)$，效用函数为 $u=x_1 x_2$，预算约束条件为 $p\cdot x=m$。试求需求函数和补偿需求函数，并验证斯勒茨基方程的有效性。

解：可将问题归结为在预算约束 $p\cdot x=m$ 下的效用函数 u 的最大化：

$$\max(u)$$
$$\text{s.t.} \quad p\cdot x=m$$

首先，建立拉格朗日函数：

$$L=u+\lambda(m-p\cdot x)=x_1 x_2+\lambda(m-p_1 x_1-p_2 x_2)$$

根据一阶条件有

$$\frac{\partial L}{\partial x_1}=x_2-\lambda p_1=0, \quad \frac{\partial L}{\partial x_2}=x_1-\lambda p_2=0, \quad \frac{\partial L}{\partial \lambda}=m-p_1 x_1+p_2 x_2=0$$

从前面的两个式子可以得到 $\dfrac{x_2}{x_1}=\dfrac{p_1}{p_2}$，即 $x_2=x_1\dfrac{p_1}{p_2}$，并将其代入第三个式子，就可以求出 x_2 的表达式；再将求得的 x_2 代回 $x_2=x_1\dfrac{p_1}{p_2}$，便可求得 x_1，从而可以求出需求函数：

$$x_1=\frac{m}{2p_1}, \quad x_2=\frac{m}{2p_2}$$

其次，考虑在效用 u^0 的约束条件下支出最小化的问题：

$$\min(p\cdot x)$$
$$\text{s.t.} \quad x_1 x_2=u^0$$

还是建立拉格朗日函数：
$$l = p \cdot x + \mu(u^0 - x_1 x_2) = p_1 x_1 + p_2 x_2 + \mu(u^0 - x_1 x_2)$$

根据一阶条件有
$$\frac{\partial l}{\partial x_1} = p_1 - \mu x_2 = 0, \quad \frac{\partial l}{\partial x_2} = p_2 - \mu x_1 = 0, \quad \frac{\partial l}{\partial \mu} = u^0 - x_1 x_2$$

从前面的两个式子可以得到 $\frac{p_1}{p_2} = \frac{x_2}{x_1}$，即 $x_2 = x_1 \frac{p_1}{p_2}$，并将其代入第三个式子，就可以求出 x_2 的表达式；再将求得的 x_2 代回 $x_2 = x_1 \frac{p_1}{p_2}$，便可求得 x_1，从而可以求出补偿需求函数：

$$x_1^* = \sqrt{\frac{p_2 u^0}{p_1}}, \quad x_2^* = \sqrt{\frac{p_1 u^0}{p_2}}$$

最后，验证斯勒茨基方程的有效性。在此，仅就 $i=1$，$j=1$ 的情况进行验证。

$$D_{11}(p,m) = \frac{\partial x_1}{\partial p_1} = -\frac{m}{2p_1^2}, \quad D_{1m}(p,m) = \frac{\partial x_1}{\partial m} = \frac{1}{2p_1},$$

$$D_{11}^x(p) = \frac{\partial x_1^*}{\partial p_1} = \frac{1}{2p_1}\left(\frac{p_2 u}{p_1}\right)^{\frac{1}{2}}$$

所以，
$$D_{11}^x(p) - x_1 D_{1m}(p,m) = \frac{1}{2p_1}\left(\frac{p_2 u}{p_1}\right)^{\frac{1}{2}} - \frac{m}{2p_1} \frac{1}{2p_1} = \frac{m}{2p_1^2}$$

$$D_{11}(p) = -\frac{m}{2p_1^2}$$

即 $D_{11}(p,m) = D_{11}^x(p) - x_1 D_{1m}(p,m)$

同理可以验证其他情况。

（三）替代矩阵

定义 5.4：将补偿需求函数 D^x 在 p 处进行微分，可得到雅可比矩阵：

$$\partial D^x(p) = \begin{vmatrix} D_{11}^x(p) & D_{12}^x(p) & \cdots & D_{1n}^x(p) \\ D_{21}^x(p) & D_{22}^x(p) & \cdots & D_{2n}^x(p) \\ \vdots & \vdots & & \vdots \\ D_{n1}^x(p) & D_{n2}^x(p) & \cdots & D_{nn}^x(p) \end{vmatrix}$$

其也被称为"替代矩阵"或"斯勒茨基矩阵"。

这个矩阵的性质由下面的定理给出。

定理 5.4：在价格 $p \in R_{++}^n$ 处，$(p, E^x(p)) \in Q$。此时，替代矩阵 $\partial D^x(p)$ 有以下性质：

（1）替代矩阵 $\partial D^x(p)$ 是对称的，即 $D_{ij}^x(p) = D_{ji}^x(p)$；

（2）替代矩阵是半负定的，即对于任意的 $z \in R^n$，$z^T \partial D^x(p) z \leq 0$；

(3) $p^{\mathrm{T}}\partial D^x(p)=\mathbf{0}$,及 $\partial D^x(p)\,p=\mathbf{0}$。

证明：根据引理 5.2，补偿需求函数是连续的。进而，根据马肯基引理，有
$$\partial E^x(p)=[D^x(p)]^{\mathrm{T}}$$
故函数 E^x 的微分 ∂E^x 也是连续的，从而函数 E^x 是连续可微的。再根据补偿需求函数的定义和假定 5.1 的（1），函数 D^x 是连续可微的，从而函数 E^x 是二次连续可微的函数，函数 E^x 的二阶微分 $\partial^2 E^x(p)$ 等于函数 D^x 的微分 $\partial D^x(p)$。

根据定理 4.6，函数 E^x 的海塞矩阵 $\partial^2 E^x(p)$ 是对称的，故雅可比矩阵 $\partial D^x(p)$ 为对称的。据此，（1）获证。

根据定理 5.1，得知函数 E^x 是凹函数。由定理 4.8，海塞矩阵 $\partial^2 E^x(p)$ 是半负定的，故而（2）获证。下面证明（3）。

根据引理 5.1 的（1），有
$$E^x(p)=p\cdot D^x(p)$$
对上式 p 的 j 成分 p_j 进行微分，得到下式：
$$E_j^x(p)=D_j^x(p)+\sum_{i=1}^n p_i D_{ij}^x(p)$$
根据马肯基引理，$E_j^x(p)=D_j^x(p)$，故而得到
$$\sum_{i=1}^n p_i D_{ij}^x(p)=[p_1,p_2,\cdots,p_n]\begin{bmatrix}D_{1j}^x(p)\\D_{2j}^x(p)\\\vdots\\D_{nj}^x(p)\end{bmatrix}=0\quad(j=1,2,\cdots,n)$$
上式意味着 $p^{\mathrm{T}}\partial D^x(p)=\mathbf{0}$；从 $\partial D^x(p)$ 的对称性出发可以得到
$$\partial D^x(p)p=\mathbf{0}$$
即（3）获证。∎

根据定理 5.4，可以得出以下结论。

（1）根据定理 5.4 的（2），可知
$$D_{ii}^x(p)\leqslant 0$$
这是产品 i 价格对产品 i 的需求的效应，被称为"自替代效应"，这个自替代效应总是非正的。

（2）定理 5.4 的（1）是指产品 i 的价格对产品 j 的需求的效应，被称为"交叉替代效应"。特别地，当 $n=2$ 时，根据定理 5.4 的（3），有
$$p_1 D_{11}^x(p)+p_2 D_{21}^x(p)=0$$
所以
$$D_{12}^x(p)=D_{21}^x(p)\geqslant 0$$
结论是交叉替代效应非负。

（3）根据定理 5.4 的（3）得知，替代矩阵 $\partial D^x(p)$ 的所有列与价格向量正交。这一点在图 5.4 中也得到体现：从点 x 向点 A 变化时，替代效应沿预算曲线移动，即朝着与

价格向量正交的方向移动。

三、罗伊恒等式

（一）间接效用函数

定义 5.5：将需求函数 D 与效用函数 U 的复合函数 $V:Q \to R$ 称为"间接效用函数"。

从上面的定义可以看出，所谓"间接效用函数"就是将需求函数代入效用函数。它表示的是在价格水平为 p、消费者收入为 m 的情况下，消费者能够获得的最大效用值。

例 5.4：试求例 5.3 的间接效用函数。

解：例 5.3 的需求函数为

$$x_1 = \frac{m}{2p_1}, \quad x_2 = \frac{m}{2p_2}$$

将该需求函数代入效用函数 $u = x_1 x_2$，得到间接效用函数

$$V = \frac{m}{2p_1} \frac{m}{2p_2} = \frac{m^2}{4p_1 p_2}$$

表 5.1 就我们至此接触到的效用函数、需求函数、补偿需求函数、最小支出函数以及间接效用函数的关系进行了归纳。

表 5.1 效用函数、需求函数、补偿需求函数、最小支出函数和间接效用函数的关系

	效用最大化	支出最小化
问题	max (u) s.t. $p \cdot x = m$	mim $(p \cdot x)$ s.t. $u(x) = u$
解	需求函数 $D(p,m)$	补偿需求函数 $D^x(p)$
将解代入目标函数	间接效用函数 $V = V(p,m)$	最小支出函数 $E^x(p) = p \cdot D^x(p)$

（二）罗伊恒等式

以下命题表现了间接效用函数 V 和需求函数 D 之间的关系，这个关系被称为"罗伊（Roy）恒等式"。

定理 5.5（罗伊恒等式）：如果 $x = D(p,m)$，并且效用函数 $U(x)$ 在 x 处可微，则

$$-\frac{V_j(p,m)}{V_m(p,m)} = D_j(p,m) \quad (j = 1, 2, \cdots, n)$$

这里，V_j 与 V_m 分别为间接效用函数 V 关于 p_j 和 m 的偏微分。

证明：首先，设 $h \in R^n$，$\|h\| > 0$。如果向量 h 充分小，则 $(p+h, E^x(p+h)) \in Q$，此时，根据引理 5.1 和引理 5.3，有下式成立：

$$U(D(p, E^x(p))) = U(D(p,m)) = U(x)$$
$$\leq U(D^x(p+h)) = U(D(p+h, E^x(p+h)))$$

所以，

$$V(p, E^x(p)) \leq V(p+h, E^x(p+h))$$

并且，$V(p+h,E^x(p+h))$ 在 $h=0$ 处取得最小值。由于效用函数 U 在 x 处可微，根据假定 5.1 的（1）和马肯基引理，有
$$V(p+h,E^x(p+h))=U(D(p+h,E^x(p+h)))$$
成立，并且在 $h=0$ 处可微。从而，令 $V(p+h,E^x(p+h))$ 关于 p_j 的偏微分在 $h=0$ 时为 0，即可以得到
$$V_j(p,E^x(p))+V_m(p,E^x(p))\ E_j^x(p)=0 \qquad (j=1,2,\cdots,n)$$
根据马肯基引理和引理 5.3，有
$$E_j^x(p)=D_j^x(p)=x_j=D_j(p,m)$$
命题得证。∎

从罗伊恒等式，可以立刻得到下面的推论。

推论 5.1：在与定理 5.5 相同的前提下，有以下等式成立：
$$\frac{V_j(p,m)}{V_i(p,m)}=\frac{D_j(p,m)}{D_i(p,m)} \qquad (i,j=1,2,\cdots,n)$$

四、效用最大化条件

（一）概念的导入

设 $x=D(p,m)$，并且效用函数 U 在 x 可微。如图 5.4 所示，通过点 x 的无差异曲线与预算曲线在点 x 处相切。设通过 x 的无差异曲线是满足 $U(z)=U(x)$ 的点 z 的集合，就该式对变量 z 进行全微分可以得到
$$\partial U(z)\cdot \mathrm{d}z=0$$
上式也可以表达为
$$\nabla U(x)\cdot \mathrm{d}z=0$$
同时，预算曲线是满足 $p\cdot z=m$ 的点 z 的集合，就该式进行全微分，可以得到
$$p\cdot \mathrm{d}z=0$$
由于无差异曲线与预算曲线是相切的，上面的两个式子必然同时成立。所以，向量 $\nabla U(x)$ 与向量 p 是同向的。存在实数 $\lambda\neq 0$，使得
$$\nabla U(x)=\lambda p，\text{即} U_i(x)=\lambda\ p_i \qquad (i=1,2,\cdots,n)$$
将上式称为"效用最大化条件"。将效用最大化条件与预算约束式联立，可以求得需求量 x 和 λ（为价格 p 和收入 m 的函数）。

（二）货币的边际效用

这里，介绍效用最大化条件的一个应用——货币的边际效用（marginal utility of money），即每增加一个单位的货币收入所带来的效用。边际效用的递减律适用于货币收入。对于收入不同的消费者而言，其货币的边际效用是不同的；但对于同一个消费者来说，只要他的收入不变，他的货币的边际效用就不变。需求函数 $D(p,m)$ 要满足预算约束条件
$$p\cdot D(p,m)=m$$

对上式的 p_j 进行微分，得到
$$D_j(p,m)+\sum_{i=1}^n p_i D_{ij}(p,m)=0$$
将效用最大化条件 $U_i(x)=\lambda p_i$ 代入上式，就得到
$$D_j(p,m)+\frac{1}{\lambda}\sum_{i=1}^n U_i(x)D_{ij}(p,m)=0$$
同时，根据间接效用函数的定义，有
$$V_j(p,m)=\frac{\partial}{\partial p_j}U(D(p,m))=\sum_{i=1}^n U_i D_{ij}(p,m)$$
根据上式，有
$$V_j(p,m)=\sum_{i=1}^n U_i D_{ij}(p,m)$$
从上面的两个式子可以得到下面的关系：
$$\lambda D_j(p,m)+V_j(p,m)=0$$
对上式采用罗伊恒等式变形，可以得到
$$\lambda = V_m(p,m)$$
从而，实数 λ 就是货币的边际效用。

§5.3 供 给 函 数

一、生产集合与价格

供给方面的企业行为可以用供给函数来表达，下面研究供给函数的性质。与前文中使用的记号相同，企业的生产集合用 $Y\subset R^n$ 来表示；对于价格 $p\in R^n$，供给集合以 $S(p)$、利润集合以 $\pi(p)$ 来表示，即
$$S(p)=\{y\in Y \mid \text{如果 } z\in Y, \text{ 则 } p\cdot z\leqslant p\cdot y\}$$
$$\pi(p)=p\cdot S(p)$$
这里，对价格 p 进行限制：
$$P=\{p\in R^n \mid \text{存在某一个实数 } b, \text{ 如果 } y\in Y, \text{ 则 } p\cdot y\leqslant b\}$$

这样限制的目的是不让企业的利润变得无限大。如果企业的利润可以无限大，则会出现企业对产品的供给无限大或者出现对投入要素的需求无限大的现象，市场永远达不到均衡。集合 P 的形状如图 5.5 所示。如果将生产集合放置在与价格向量 p 正交的平面的一侧，则在价格为 p 的前提下，存在利润的上限；如果生产集合有界，则任意的价格向量都有此性质，故集合 P 与全空间 R^n 相等。对于集合 P 的形状，还有以下定理成立。

定理 5.6：集合 P 是以原点为顶点的凸锥。

证明：如果 $p=\mathbf{0}$，对于任意的 $y\in Y$，$p\cdot y\leqslant 0$，根据集合 P 的定义，可以得知 $\mathbf{0}\in P$，所以，集合 P 包含原点。

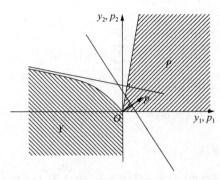

图 5.5 价格集合

设 $p \in P$，$t>0$。根据集合 P 的定义，存在某一个实数 b，对于任意的 $y \in Y$，有
$$p \cdot y \leqslant b$$
成立，所以有
$$tp \cdot y \leqslant tb$$
成立。从而，$tp \in P$，集合 P 为一个锥。下面证明这个锥是一个凸锥。

设 $p, p' \in P$，$0<\theta<1$。根据集合 P 的定义，存在实数 b 和 b'，对于任意的 $y \in Y$ 有
$$p \cdot y \leqslant b, \quad p' \cdot y \leqslant b'$$
成立。从而，对于任意的 $y \in Y$ 由上面的不等式，可以得到
$$(\theta p + (1-\theta)p') \cdot y \leqslant \theta b + (1-\theta)b'$$
也就是 $(\theta p + (1-\theta)p') \in P$，$P$ 为凸集合，定理获证。∎

二、供给函数的性质

以下内容的前提如下：企业的供给函数定义在价格集合 P 的内点上，现在设点 $p \in P$，为 P 的内点，即存在 $\varepsilon>0$，使得满足 $\|q-p\|<\varepsilon$ 的任意 q，有 $q \in P$。集合 P 的所有内点的集合用 int P 表示。此时，给出以下假定。

假定 5.3：对于任意的点 $p \in \text{int } P$，集合 $S(p)$ 是由单元素构成的集合。

引理 5.4：如果供给函数 S 在点 $p \in \text{int } P$ 处可微，则 $p^T \partial S = \mathbf{0}$。

证明：根据利润函数 π 的定义，对于任意的 $q \in \text{int } P$，有
$$\pi(p) = p \cdot S(p) \geqslant p \cdot S(q)$$
成立。这就意味着在图 5.6 中，$S(q)$ 的位置处于 $S(p)$ 与 Y 相切的平面的右下方，Y 为生产集合。从而，$p \cdot S(q)$ 在 $q=p$ 时取最大值。换言之，$p \cdot S(q)$ 对 q_j 的偏微分在 $q=p$ 处等于 0：

$$\left.\frac{\partial [p \cdot S(q)]}{\partial q_j}\right|_{q=p} = \sum_{i=1}^{n} p_i S_{ij}(p)$$

$$= [p_1, p_2, \cdots, p_n] \begin{bmatrix} S_{1j}(p) \\ S_{2j}(p) \\ \vdots \\ S_{nj}(p) \end{bmatrix} = 0 \quad (j=1,2,\cdots,n)$$

从而，可以得到 $p^T \partial S = \mathbf{0}$。∎

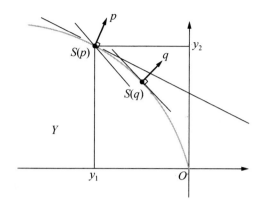

图 5.6 $S(q)$ 的位置

下面的命题是一个与马肯基引理相对应的命题,被称为"霍特林(Hotelling)引理"。

定理 5.7(霍特林引理):如果供给函数 S 在点 $p \in \text{int} P$ 处可微,则利润函数 π 在点 p 处可微,且

$$\frac{\partial \pi(p)}{\partial p_i} = S_i(p) \qquad (i=1,2,\cdots,n)$$

即

$$\partial \pi(p) = [S(p)]^T$$

成立。

证明:根据利润函数的定义,有

$$\pi(p) = p \cdot S(p)$$

对上式的 p 进行微分,可以得到

$$\partial \pi(p) = [S(p)]^T + p^T \partial S(p)$$

根据引理 5.4,$p^T \partial S = \mathbf{0}$,故 $\partial \pi(p) = [S(p)]^T$,命题得证。∎

在图 5.6 中,供给量 $S(p)$ 的坐标为 (y_1, y_2),利润值为 $\pi(p) = p_1 y_1 + p_2 y_2$。如果产品 1 的价格上升 1 个单位,价格就变成 $q = (p_1+1, p_2)$;此时,根据霍特林引理,利润的增加部分为

$$\Delta \pi = \frac{\partial \pi(p)}{\partial p_1} = S_1(p) = y_1$$

价格变化后,利润可以近似地写成

$$\pi(p) + \Delta \pi = (p_1+1) y_1 + p_2 y_2$$

从而,霍特林引理的含义是,价格发生微小变化时利润的变化是维持原生产量 $S(p)$ 所实现的利润的变化。但是,图 5.6 的价格变化较大,此时,价格变化后的最大利润为图中 $S(q)$ 的生产量所实现的利润。

引理 5.5:利润函数 π 是凸函数,即对于任意的两个点 $p, p' \in \text{int} P$ 和满足关系式

$0 < \theta < 1$ 的实数 θ,
$$\theta\pi(p) + (1-\theta)\pi(p') \geqslant \pi(\theta p + (1-\theta)p')$$
成立。

证明：设 $y \in S(\theta p + (1-\theta)p')$，从 $\pi(\theta p + (1-\theta)p')$ 的定义，有
$$\pi(\theta p + (1-\theta)p') = (\theta p + (1-\theta)p') \cdot y, \qquad y \in Y$$
而从 $S(p)$ 和 $S(p')$ 的定义可以得到
$$\pi(p) \geqslant p \cdot y, \quad \pi(p') \geqslant p' \cdot y$$
据此，有
$$\theta\pi(p) + (1-\theta)\pi(p') \geqslant (\theta p + (1-\theta)p') \cdot y = \pi(\theta p + (1-\theta)p')$$
即函数 π 是凸函数。∎

下面是有关函数 S 性质的定理，这个定理与有关补偿需求函数性质的定理 5.4 是相对应的。

定理 5.8：设供给函数 S 在 $\mathrm{int}\, P$ 上连续可微。此时，在各点 $p \in \mathrm{int}\, P$ 的供给函数 S 的微分 $\partial S(p)$ 有以下性质：

（1）矩阵 $\partial S(p)$ 是对称的，即 $S_{ij}(p) = S_{ji}(p)$；

（2）矩阵 $\partial S(p)$ 是半正定的，即对于任意的 $z \in R^n$，$z^{\mathrm{T}} \partial S(p) z \geqslant 0$；

（3）$p^{\mathrm{T}} \partial S(p) = \mathbf{0}$，及 $\partial S(p)\, p = \mathbf{0}$。

证明：根据霍特林引理，$\partial\pi(p) = [S(p)]^{\mathrm{T}}$，所以，由条件可知函数 π 连续二次可微。从而
$$\partial^2 \pi(p) = \partial S(p)$$

根据定理 4.6，函数 π 的海塞矩阵 $\partial^2 \pi(p)$ 是对称的，故雅可比矩阵 $\partial S(p)$ 也是对称的，（1）获证。

根据引理 5.5，函数 π 是凸函数；再根据定理 4.8，海塞矩阵 $\partial^2 \pi(p)$ 是半正定的，（2）获证。

最后，根据（1）和引理 5.4，就能得到（3）的证明。∎

§5.4 成本函数和要素需求

一、成本最小化

在本章的最后一节里，我们讨论以生产函数表示企业的技术时，由企业的成本最小化行为推导出的要素的需求函数和成本函数的性质。

现在，设企业投入 k 种生产要素生产一种产品的生产函数为 $f: R_+^k \to R_+$。对于产量 $q \geqslant 0$，定义集合：
$$X(q) = \{ x \in R_+^k \mid q \leqslant f(x) \}$$
$X(q)$ 是为了使产量达到 q 以上所投入的生产要素的组合的集合。设各生产要素的价格均为正数，以向量 $w \in R_{++}^k$ 表示。对于 w 和 $q \geqslant 0$，定义以下集合：

$$F^q(w)=\{\,x\in X(q)\mid 对于任意的\ z\in X(q),\ w\cdot x\leqslant w\cdot z\,\}$$
$$C^q(w)=w\,F^q(w)$$

集合 $F^q(w)$ 是在给出生产要素价格 w 时，为实现生产量 q 而投入的生产要素中，成本最小的投入量的集合，是生产要素的需求量的集合；而 $C^q(w)$ 是在给出生产要素价格 w 时，实现生产量 q 所花费的最小成本。可以给出以下的定义。

定义 5.6：将 $F^q(w)$ 称为"要素的需求集合"；将 $C^q(w)$ 称为"最小成本"。

图 5.7 反映了当 $k=2$ 时，集合 $X(q)$、要素价格 w、要素需求集合 $F^q(w)$ 的位置关系。向量 w 的正交平面与集合 $X(q)$ 相切的部分是集合 $F^q(w)$。图 5.7 表示的是 $F^q(w)$ 由一个元素构成时的情况。

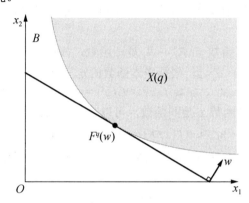

图 5.7　成本最小化

假定 5.4：要素需求集合 $F^q(w)$ 是要素价格 $w\in R_{++}^k$ 的函数，在各 w 点处 $F^q(w)$ 是由一个点构成的集合。

引理 5.6：如果要素需求函数 $F^q(w):R_{++}^k\to R^k$ 在点 $w\in R_{++}^k$ 处可微，则
$$w^{\mathrm{T}}\partial F^q(w)=\mathbf{0}$$

证明：本引理的的证明方法与引理 5.4 的证明方法相同，这里省略。∎

下面的定理被称为"谢泼德（Shephard）引理"，是与霍特林引理、马肯基引理相对应的命题，在经济学的研究中有着广泛的应用。

定理 5.9（谢泼德引理）：如果要素需求函数 F^q 在 w 处可微，则最小成本函数 C^q 在 w 处亦可微，并且
$$\frac{\partial C^q(w)}{\partial w_i}=F_i^q(w)\qquad(i=1,2,\cdots,n)$$
即
$$\partial C^q(w)=[\,F^q(w)\,]^{\mathrm{T}}$$
成立。

证明：证明方法与霍特林引理的证明方法相同，这里省略。∎

定理 5.10：设要素需求函数 $F^q:R_{++}^k\to R^k$ 在点 $w\in R_{++}^k$ 处可微。此时，在点 $w\in R_{++}^k$ 处的 F^q 的微分 $\partial F^q(w)$ 具有以下性质：

（1）矩阵 $\partial F^q(w)$ 是对称的；

（2）矩阵 $\partial F^q(w)$ 是半负定的；

（3）$w^T \partial F^q(w) = \mathbf{0}$，$\partial F^q(w) \, w = \mathbf{0}$。

证明：证明方法与定理 5.8 的证明方法相同，这里省略。∎

二、成本函数

将生产要素的价格 w 固定，定义函数 $C: R_+ \to R_+$：
$$C(q) = C^q(w)$$

于是有以下定义。

定义 5.7：函数 $c = C(q)$ 表示企业生产量 q 和总成本 c 之间的关系，被称为"成本函数"。

定理 5.11：如果生产函数 $f: R_+^k \to R_+$ 是凹函数，则成本函数 $c = C(q)$ 是凸函数。

证明：设 $q, q' \geq 0$，$0 < \theta < 1$。根据成本函数的定义，对于某两点 $x, x' \in R_+^k$，有
$$C(q) = w \cdot x, \quad q \leq f(x), \quad C(q') = w \cdot x', \quad q' \leq f(x')$$
根据上面的不等式和生产函数 f 是凹函数，可以得到下面的不等式：
$$\theta q + (1-\theta) q' \leq \theta f(x) + (1-\theta) f(x') \leq f(\theta x + (1-\theta) x')$$
即如果投入生产要素 $\theta x + (1-\theta) x'$，则可以生产产品 $\theta q + (1-\theta) q'$。从而，由成本函数的定义，就能得到
$$C(\theta q + (1-\theta) q') \leq w \cdot (\theta x + (1-\theta) x')$$
所以，
$$\theta C(q) + (1-\theta) C(q') = w \cdot (\theta x + (1-\theta) x') \geq C(\theta q + (1-\theta) q')$$
定理获证。∎

练 习

1. 消费产品 x_1, x_2 的消费者的效用为 $u = \sqrt{x_1 x_2}$，并设 p_1, p_2 为 x_1, x_2 的价格，消费者的收入为 m。试求：

（1）补偿需求函数；

（2）最小支出函数；

（3）需求函数；

（4）验证斯勒茨基方程。

2. 有一位消费者，某商品价格上涨 1000 元时，其间接效用减少 60 个单位；而货币收入增加 1000 元时，其间接效用增加 5 个单位，请问这个消费者对该商品的消费量是多少？

3. 请回答：假定偏好具有凹性，替代效应会是负的吗？

4. 证明最小成本函数 $C^q: R_{++}^k \to R^k$ 是一次齐次的凹函数。

5. 证明罗伊恒等式的推论，即推论 5.1。

6．证明引理 5.6。

7．证明定理 5.9。

8．证明定理 5.10。

9．如果生产函数 $f:R_+^k \to R_+$ 是一次齐次的函数，试证明：成本函数 f 是线性函数，存在实数 $a>0$，有 $C(q)=aq$ 。

21世纪经济与管理规划教材

经济学系列

第六章

拓扑与紧集

　　本章是第四章向量函数的连续、开集与闭集等内容的后续知识。经济分析是以经济主体行动的连续性为前提的。例如，我们在分析消费者和企业行为时，一般假定表示消费者偏好的效用函数和表示企业生产技术的生产函数是连续的；在图示需求曲线、供给曲线并进行各种经济分析时，也假定需求函数和供给函数是连续的。故而我们在第四章介绍了向量函数连续的概念。为了加深对向量函数连续性的理解，了解向量函数的连续性，本章我们将导入"拓扑"的数学概念。拓扑学是研究集合与映射基本性质的学科，要完整地掌握拓扑学的知识则需要有较深的数学基础，考虑到本书的读者大多属于经管专业，在第一节中，我们仅介绍与本书经济学内容有关的欧几里得空间拓扑的基本知识。

　　紧集是拓扑学中最为重要的概念之一，在向量函数的连续上也有重要作用。在本章第四节中，我们会介绍紧集的相关内容，它与后面章节中的分离定理等有密切的关系。另外，本章还将介绍一个重要的定理——维尔斯特拉斯定理。

§6.1 拓扑的相关概念

一、欧几里得空间的拓扑

这里，我们介绍一些基本的拓扑思想，并利用它们建立一些集合，得出关于从一个集合到另一个集合的连续函数的一些结论。

将以所有开集为元素的集合用 Γ 表示，则 $\Gamma=\{U\subset R^n \mid U$ 是开集$\}$。关于开集有以下性质：

定理 6.1：开集的集合 Γ 有以下性质：

(1) $\varnothing\in\Gamma$，$R^n\in\Gamma$。

(2) 如果 $U_1\in\Gamma$，$U_2\in\Gamma,\cdots,U_k\in\Gamma$，则 $U_1\cap U_2\cap\cdots\cap U_k\in\Gamma$。

(3) 对于所有的 $\lambda\in\Lambda$，如果 $U_\lambda\in\Gamma$，则 $\bigcup\limits_{\lambda\in\Lambda}U_\lambda\in\Gamma$。

证明：(1) 对于 $\varnothing\in\Gamma$，因空集里没有元素，故不存在使 $B(x,\varepsilon)\subset\varnothing$ 的点 x，也就是 $\varnothing$ 并不违反开集的定义，其自身就是开集。另外，空间 R^n 包含任意的球，故也是开集，即 $R^n\in\Gamma$。

(2) 设 $x\in U_1\cap U_2\cap\cdots\cap U_k$，则 $x\in U_1,x\in U_2,\cdots,x\in U_k$。因为 $U_1,U_2,\cdots,U_k$ 是开集，故存在实数 $\varepsilon_1>0,\varepsilon_2>0,\cdots,\varepsilon_n>0$，使得 $B(x,\varepsilon_1)\subset U_1$，$B(x,\varepsilon_2)\subset U_2,\cdots$，$B(x,\varepsilon_k)\subset U_k$ 成立。取 $\varepsilon_1,\varepsilon_2,\cdots,\varepsilon_n$ 中最小的值，就有 $B(x,\varepsilon)\subset U_1$，$B(x,\varepsilon)\subset U_2,\cdots,B(x,\varepsilon)\subset U_k$，即 $B(x,\varepsilon)\subset U_1\cap U_2\cap\cdots\cap U_k$ 成立。从而，$U_1\cap U_2\cap\cdots\cap U_k$ 是开集。

(3) 作为练习题，请读者完成。∎

定理 6.1 可以简单地概括为，有限个开集的共同部分是开集，任意个开集的和是开集。一般地，对于以某一个集合 S 和以 S 的开子集为元素的集合 ϖ，可以如下定义拓扑空间和拓扑：

定义 6.1：集合 ϖ 与定理 6.1 中的集合 Γ 有相同性质（1）、（2）、（3）时，称 (S,ϖ) 为"拓扑空间"(topology space)，集合 ϖ 被称为 S 的"拓扑"(topology)。

例 6.1：验证 (R^n,Γ) 就是一个拓扑空间。

这个例子容易验证，请读者自行完成。

例 6.2：设 X 的子集族 $\tau_d=\{U\subset R^n \mid U$ 是若干开球的并集$\}$。证明 τ_d 是 X 上的一个拓扑。

证明：显然 τ_d 满足拓扑定义的（1）和（3）：$X,\varnothing\in\tau_d$ 以及 τ_d 中任意多个元素的并集在 τ_d 中。下面我们证明 τ_d 中有限多个元素的交集在 τ_d 中。

设 $U,U'\in\tau_d$，这里 $U=\bigcup\limits_{\alpha}B(x_\alpha,\varepsilon_\alpha)$，$U'=\bigcup\limits_{\beta}B(x'_\beta,\varepsilon'_\beta)$。那么，

$$U\cap U'=\left(\bigcup\limits_{\alpha}B(x_\alpha,\varepsilon_\alpha)\right)\cap\left(\bigcup\limits_{\beta}B(x'_\beta,\varepsilon'_\beta)\right)=\bigcup\limits_{\alpha,\beta}(B(x_\alpha,\varepsilon_\alpha)\cap B(x'_\beta,\varepsilon'_\beta))$$

根据例 4.2 和例 4.3，对于任何 α 和 β，$B(x_\alpha,\varepsilon_\alpha)\cap B(x'_\beta,\varepsilon'_\beta)\in\tau_d$，满足拓扑定义的

(2)，故而 τ_d 是 X 上的一个拓扑。∎

非空集合 Y 的幂集合 $2^Y = \{U \mid U \subset Y\}$ 被称为 Y 的"离散拓扑"，$(Y, 2^Y)$ 是一个拓扑空间，2^Y 是关于非空集合 Y 的极端拓扑。基于此，我们考虑例 6.3 的情形。

例 6.3：设 $X = \{a, b, c\}$，令
$$2^X = \{\varnothing, \{a\}, \{a,b\}, \{a,c\}, \{a,b,c\}\}$$

不难验证 2^X 是 X 上的拓扑，$(X, 2^X)$ 是一个拓扑空间。

以所有的闭集为元素的集合用 Ξ 表示，则
$$\Xi = \{G \subset R^n \mid G \text{ 是闭集}\}$$

与上面的有关开集的定理 6.1 相对应，关于闭集有以下性质。

定理 6.2：闭集的集合 Ξ 有以下性质：

(1) $\varnothing \in \Xi$，$R^n \in \Xi$。

(2) 如果 $G_1 \in \Xi, G_2 \in \Xi, \cdots, G_k \in \Xi$，则 $G_1 \cup G_2 \cup \cdots \cup G_k \in \Xi$。

(3) 对于所有的 $\lambda \in \Lambda$，如果 $G_\lambda \in \Xi$，则 $\bigcap_{\lambda \in \Lambda} G_\lambda \in \Xi$。

证明：欲证明一个集合是闭集，只要证明这个集合的补集是开集即可。由于
$$R^n = R^n \setminus \varnothing, \quad \varnothing = R^n \setminus R^n$$

故根据定理 6.1 的（1），可以得到本定理（1）的证明。现在，根据定理 1.2，有以下的等式成立：
$$R^n \setminus (G_1 \cup G_2 \cup \cdots \cup G_k) = (R^n \setminus G_1) \cap (R^n \setminus G_2) \cap \cdots \cap (R^n \setminus G_k)$$
$$R^n \setminus \bigcap_{\lambda \in \Lambda} G_\lambda = \bigcup_{\lambda \in \Lambda} (R^n \setminus G_\lambda)$$

据此，由定理 6.1 的（2）和（3），可以证明本定理的（2）和（3）。∎

正如定理 6.2 所述，空集 $\varnothing$ 和空间全体的集合 R^n 是闭集；另外，有限个闭集的和是闭集，任意个闭集的共同部分是闭集。

二、闭集的基本性质

下面的定理是根据点列揭示的闭集性质，它是闭集理论中的基础性定理，有着非常广泛的应用。

定理 6.3：集合 $G \subset R^n$ 是闭集的充分必要条件是，集合 G 内的任意点列如果是收敛的，它的极限必然属于 G。

证明：（必要性）设集合 $G \subset R^n$ 是闭集，集合 G 内的点列 $\{x^k\}$ 收敛于点 x^0。下面采用反证法证明。假设 $x^0 \notin G$，即 $x^0 \in R^n \setminus G$。集合 G 是闭集，故其补集 $R^n \setminus G$ 是开集，从而，存在实数 $\varepsilon > 0$，$B(x^0, \varepsilon) \subset R^n \setminus G$。因点列 $\{x^k\}$ 收敛于点 x^0，故对于一个充分大的顺序号 k，有 $x^k \in B(x^0, \varepsilon)$。从而，对顺序号 k 有 $x^k \in R^n \setminus G$，即 $x^k \notin G$。这样，就与点列 $\{x^k\}$ 在 G 内的条件矛盾，故 $x^0 \notin G$ 的假设不成立。

（充分性）反之，设在集合 G 内运动的任意点列是收敛的，其极限必然在 G 之中。此时，采用反证法。假设集合 G 不是闭集，即补集 $R^n \setminus G$ 不是开集。从而，存在点 $x^0 \in R^n \setminus G$，对于任意的实数 $\varepsilon > 0$ 有 $B(x^0, \varepsilon) \subset R^n \setminus G$ 不成立。故对于各顺序号 $k = 1, 2, \cdots$，

存在满足 $x^k \in B(x^0, \frac{1}{k})$ 且 $x^k \notin R^n \setminus G$ 的点 x^k，且点列 $\{x^k\}$ 在 G 内，并收敛于 x^0，故 $x^0 \in G$。但是，这与 $x^0 \notin G$ 相矛盾。所以，集合 G 是闭集。∎

定理 6.4：设集合 $X \subset R^n$。$x \in \mathrm{cl}\,X$ 的充分必要条件是，对于任意的实数 $\varepsilon > 0$，存在点 $z \in X$ 使得 $\|z - x\| < \varepsilon$。

证明：（必要性）设 $x \in \mathrm{cl}\,X$，以点 x 为球心、ε 为半径的球用 $B(x, \varepsilon)$ 表示，假设 $B(x, \varepsilon) \cap X = \varnothing$。此时，$X \subset R^n \setminus B(x, \varepsilon)$。由于 $R^n \setminus B(x, \varepsilon)$ 是闭集，根据闭包的定义，有 $\mathrm{cl}\,X \subset R^n \setminus B(x, \varepsilon)$，故 $x \notin B(x, \varepsilon)$，出现矛盾。从而，存在 $x \in B(x, \varepsilon) \cap X$，也就是对于任意的实数 $\varepsilon > 0$，存在点 $z \in X$ 使得 $\|z - x\| < \varepsilon$。

（充分性）反之，对于点 $x \in R^n$，假设"对于任意的实数 $\varepsilon > 0$，存在点 $z \in X$ 使得 $\|z - x\| < \varepsilon$"成立。根据这个假设，对于任意的各顺序号 $k = 1, 2, \cdots$，存在 $x^k \in X$ 使得 $\|x^k - x\| < \frac{1}{k}$。由于 $X \subset \mathrm{cl}\,X$，对于各 k，有 $x^k \in \mathrm{cl}\,X$，并且各点列 $\{x^k\}$ 收敛于 x。从而，根据定理 6.3，集合 $\mathrm{cl}\,X$ 是闭集，$x \in \mathrm{cl}\,X$。∎

§6.2 相对拓扑与直积拓扑

一、相对拓扑

设集合 X 是空间 R^n 的子集。从空间 R^n 的位置，可用以下方式对集合 X 给出拓扑：以集合 V 表示集合 X 的子集，存在开集 $U \subset R^n$，当 $V = X \cap U$ 时，称集合 V "在集合 X 上是开的"，如图 6.1（a）所示；存在闭集 $G \subset R^n$，当 $V = X \cap G$ 时，称集合 V "在集合 X 上是闭的"，如图 6.1（b）所示。

定义 6.2：将由上述集合 X 给出的拓扑称为"相对拓扑"（relative topology）。

定义 6.3：由集合 S 和其拓扑 Ξ 表示的拓扑空间 (S, Ξ)，可以给出集合 $X \subset S$ 的相对拓扑：
$$\Xi_X = \{V \mid V = X \cap U, U \in \Xi\}$$

定义 6.4：称拓扑空间 (X, Ξ_X) 为拓扑空间 (S, Ξ) 的"子空间"。

从而，如果给出空间 R^n 的子集 X 的相对拓扑，其就成为空间 R^n 的子空间。

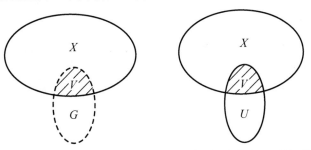

(a) 集合 V 在集合 X 上是开的　　(b) 集合 V 在集合 X 上是闭的

图 6.1 集合 V 在集合 X 上是开（闭）的

二、直积拓扑

设集合 X 是空间 R^n 的子集,集合 Y 是空间 R^m 的子集。对于直积 $X \times Y$ 可以给出以下拓扑:将集合 W 作为集合 $X \times Y$ 的子集,对于各点 $(x,y) \in W$,存在集合 X 上的开集 $U \subset X$ 和集合 Y 上的开集 $V \subset Y$,使得

$$(x,y) \in U \times V \subset W$$

成立时,集合 W 被称为"在集合 $X \times Y$ 上是开的"。图 6.2 描绘了 W 和 U、V 的关系,这时,图 6.2 中的集合 U 和 V 都是一维空间中的子集。

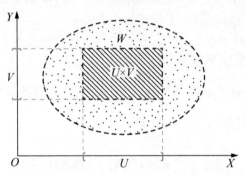

图 6.2 集合 W 在集合 $X \times Y$ 上是开的

定义 6.5:对于直积 $X \times Y$ 给出的拓扑,称为"直积拓扑"(product topology),集合 $X \times Y$ 为拓扑空间,称为"空间 X 和空间 Y 的直积空间"。

§6.3 向量函数的连续性

一、向量函数逆映射

设函数 $f: X \to Y$,$X \subset R^n$,$Y \subset R^m$。对于集合 $V \subset Y$,定义以下集合:

$$f^{-1}(V) = \{x \in X \mid f(x) \in V\}$$

集合 $f^{-1}(V)$ 被称为集合 V 的"逆映射"。在第四章,我们给出了连续函数的定义,以下两个定理将通过闭集或开集来定义函数的连续性。

二、向量函数的连续性

定理 6.5:函数 $f: X \to Y$ 连续的充分必要条件是,在 Y 上的任意闭集 V 的逆映射 $f^{-1}(V)$ 在 X 上是闭的。

证明:(必要性)假定函数 $f: X \to Y$ 是连续的。现在,设集合 V 是 Y 上的闭集,于是,存在 R^m 上是闭的集合 G,使得

$$V = Y \cap G$$

故有下式成立:

$$f^{-1}(V) = f^{-1}(Y \cap G) = f^{-1}(G) \qquad ①$$

根据定义，$X \supset f^{-1}(G)$ 且 $\operatorname{cl} f^{-1}(G) \supset f^{-1}(G)$，故 $\{X \cap \operatorname{cl} f^{-1}(G)\} \supset f^{-1}(G)$ 成立。为了揭示它的逆包含关系，设 $x^0 \in X \cap \operatorname{cl} f^{-1}(G)$。根据闭包的定义，$f^{-1}(G)$ 内存在点列 $\{x^k\}$ 收敛于 x^0。这里，假定

$$y^0 = f(x^0)，\quad y^k = f(x^k) \qquad (k=1,2,\cdots)$$

根据函数 f 的连续性，点列 $\{y^k\}$ 收敛于 y^0。点列 $\{y^k\}$ 在集合 G 内而 G 是闭集，根据定理 6.3，$y^0 \in G$。从而，$x^0 \in f^{-1}(G)$，故逆包含关系成立。可以得到

$$\{X \cap \operatorname{cl} f^{-1}(G)\} = f^{-1}(G) \qquad ②$$

根据式①和式②，集合 $f^{-1}(V)$ 可以表示为 $X \cap \operatorname{cl} f^{-1}(G)$，故其在 X 上是闭集。

（充分性）反之，对于 Y 上的任意闭集 V 的逆映射 $f^{-1}(V)$，我们以 $f^{-1}(V)$ 在 X 上是闭的为论证的前提，并设集合 X 内的点列 $\{x^k\}$ 收敛于 $x^0 \in X$。这里，假定

$$y^0 = f(x^0)，\quad y^k = f(x^k) \qquad (k=1,2,\cdots)$$

作为反证法的假定，点列 $\{y^k\}$ 不收敛于 $y^0 \in Y$，即存在实数 $\varepsilon > 0$，对于无限个 k，有

$$\|y^k - y^0\| \geqslant \varepsilon$$

成立。不失一般性，对于点列 $\{y^k\}$ 的所有 k，可以假定 $\|y^k - y^0\| \geqslant \varepsilon$ 成立。定义集合 V：

$$V = Y \cap \{y \in R^n \mid \|y - y^0\| \geqslant \varepsilon\}$$

于是，$y^0 \notin V$，$y^k \in V$。另外，因为集合 V 在 Y 上为闭的，根据前提，$f^{-1}(V)$ 在 X 上为闭的，即 R^n 上存在闭集 F，满足

$$X \cap F = f^{-1}(V)$$

最后，因 $y^k \in V$，故 $x^k \in f^{-1}(V) \subset F$。从而，根据定理 6.3，$x^0 \in F$。根据上述关系，可以得知

$$x^0 \in f^{-1}(V)$$
$$\text{即 } y^0 = f(x^0) \in V$$

这与 $y^0 \notin V$ 矛盾。本定理获证。∎

定理 6.6：函数 $f: X \to Y$ 连续的充分必要条件是，在 Y 上的任意开集 V 的逆映射 $f^{-1}(V)$ 在 X 上是开的。

证明：对于任意的集合 V，有

$$X \setminus f^{-1}(V) = f^{-1}(Y \setminus V)$$

成立。从而，"在 Y 上的任意开集 V 的逆映射 $f^{-1}(V)$ 在 X 上是开的"的命题与"在 Y 上的任意闭集 $Y \setminus V$ 的逆映射 $f^{-1}(Y \setminus V)$ 在 X 上是闭的"的命题是等价的。故根据定理 6.5，本定理得证。∎

§6.4 紧 集

一、有界集合

首先，我们介绍向量集合的有界和子点列的概念。

定义 6.6：在集合 $X \subset R^n$ 上，存在实数 b，对于任意的点 $x \in X$，当 $\|x\| \leqslant b$ 时，称集合 X 是"有界的"。

定义 6.7：在给出点列时，选择该点列的一部分点（无限个）组成一个新的点列，称新点列为原点列的"子点列"。

新点列的取法如下：设 N 为自然数的集合，$N = \{1, 2, \cdots\}$，从点列 $\{x^k\}$ 的顺序号 k 中选择一部分，给出一个函数 $f: N \to N$。这个函数具有"如果 $j < j'$，则 $f(j) < f(j')$"的性质。根据这个函数可以决定顺序号：

$$f(1), f(2), f(3), \cdots$$

这些顺序号是从点列 $\{x^k\}$ 的顺序号 k 中选出的。此时，对于各 $j(=1,2,\cdots)$，定义 $y^j = x^{f(j)}$，于是，点列 $\{y^j\}$ 就是 $\{x^k\}$ 的子点列。

以下定理是许多命题或定理的基础。

定理 6.7：空间 R^n 内的有界点列有收敛的子点列。

证明：第一，对 $n=1$ 的情况进行证明。设实数点列 $\{x^k\}$ 是有界的，则存在实数 a_1、b_1，对于任意的 k，有 $a_1 \leqslant x^k \leqslant b_1$ 成立。

将区间 $[a_1, b_1]$ 二等分，得到两个区间：$[a_1, c_1]$ 和 $[c_1, b_1]$，这里 $c_1 = \dfrac{b_1 + a_1}{2}$。在这两个区间中，至少有一个包含点列 $\{x^k\}$ 的无限个元素，选择这个包含无限个元素的区间，并用 $[a_2, b_2]$ 标记（注意：如果两个区间都包含无限个元素，那么无论选哪一个区间都可以）；将区间 $[a_2, b_2]$ 二等分，选择包含 $\{x^k\}$ 的无限个元素的区间，标记为 $[a_3, b_3]$；如此循环，于是得到区间的列：

$$[a_1, b_1], [a_2, b_2], [a_3, b_3], \cdots$$

第二，在点列 $\{x^k\}$ 的元素中，选择点 $x^{k_1} \in [a_1, b_1]$，记为 $y^1 (= x^{k_1})$；选择点 $x^{k_2} \in [a_2, b_2]$，记为 $y^2 (= x^{k_2})$，这里 $k_1 < k_2$。循环此步骤，得到子点列 $\{y_j^k\}$。从点列的选取方法可以知道：

$$a_1 \leqslant a_2 \leqslant \cdots \leqslant a_j \leqslant y^k \leqslant b_j \leqslant \cdots \leqslant b_2 \leqslant b_1$$

$$b_j - a_j = \dfrac{b-a}{2^{k-1}}$$

数列 $\{a_j\}$ 和 $\{b_j\}$ 存在极限，以下关系成立：

$$\lim_{j \to \infty} a_j = \lim_{j \to \infty} b_j = \lim_{j \to \infty} y^j$$

这意味着存在收敛的子点列 $\{y^j\}$。

在一般的情况下，空间 R^n 内的点列的各点 x^k 是 n 维向量，在选取子点列时可以首先选择向量 x^k 的第一成分收敛的子点列，然后选择第二成分收敛的子点列，循环这个步骤，可以得到向量 x^k 的所有成分都收敛的子点列。定理得证。∎

二、紧集

定义 6.8：在集合 $X \subset R^n$ 上，X 内的任意点列均有收敛于 X 内的点的子点列时，称集合 X 为"紧集"（compact set）。

例 6.4：两个实数 a、b 满足 $a \leqslant b$，试证明：闭区间 $[a,b]$ 是紧集。

证明：区间 $[a,b]$ 内的任意点列是有界的，根据定理 6.7，有收敛的子点列。进而，因区间 $[a,b]$ 是闭集，故根据定理 6.3，收敛的子点列也在 $[a,b]$ 之中，满足紧集的定义，命题获证。∎

定理 6.8：空间 R^n 的子集是紧集的充分必要条件是该子集为有界且闭的集合。

证明：（必要性）设集合 $X \subset R^n$ 是紧集。根据定理 6.3 和紧集的定义，可知集合 X 是闭集。假设集合 X 不是有界的。于是，存在集合 X 内的点列 $\{x^k\}$，使得
$$\lim_{k\to\infty} \|x^k\| = +\infty$$
对于这样的点列 $\{x^k\}$ 的子点列 $\{y^k\}$，也有
$$\lim_{k\to\infty} \|y^k\| = +\infty$$
所以，无论什么样的子点列都不收敛。这与集合 X 为紧集的前提是矛盾的。

（充分性）设集合 $X \subset R^n$ 是有界且闭的集合。根据有界性和定理 6.7，对于集合 X 内的任意点列，都存在收敛的子点列。进而，根据集合 X 的闭性和定理 6.3，收敛的子点列的极限属于集合 X，本定理得证。∎

下面，给出紧集的两个例子,它们可以用于许多有关紧集的证明上。

（1）$S_n = \{ x \in R^n \mid \sum_{i=1}^{n} x_i = 1, \ x_i \geqslant 0 \ \ (i=1,2,\cdots) \}$；

（2）$C_n = \{ x \in R^n \mid \|x\| = 1 \}$。

集合 S_n 被称为"单位单体"（unit simplex），集合 C_n 被称为"单位圆周"（unit circle）。在一维、二维和三维的情况下，集合 S_n 分别为：S_1 是点、S_2 是线段、S_3 是三角形；集合 C_n 分别为：C_1 是两个点、C_2 是圆周、C_3 是球面。S_3 和 C_2 的图例请参考图 6.3。

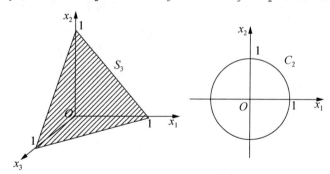

图 6.3　三角形和圆周

定理 6.9：如果两个子集 $X \subset R^n$、$Y \subset R^m$ 是紧集，则其直积 $X \times Y$ 亦为紧集。

证明：留作练习，由读者完成。

三、连续映射

定义 6.9：设函数 $f: X \to Y$，$X \subset R^n$，$Y \subset R^m$。对于集合 $U \subset X$，定义集合：
$$f(U) = \{ y \in Y \mid y = f(x), x \in U \}$$

此时，称集合 $f(U)$ 是集合 U 的"映射"。

定义 6.10：连续函数的映射被称为"连续映射"。

下面的定理表现出紧集在向量函数的连续上的重要性。

定理 6.10：设函数 $f: X \to Y$ 是连续函数，$X \subset R^n$，$Y \subset R^m$。如果其定义域是紧集，则映射集合 $f(X)$ 也是紧集。

证明：设 $\{y^k\}$ 是 $f(X)$ 内的点列，即对于各 k，$y^k \in f(X)$。根据映射的集合 $f(X)$ 的定义，对于各点 y^k，存在点 $x^k \in X$，使得 $y^k = f(x^k)$ 成立。如此得到的点列 $\{x^k\}$，是紧集 X 内的点列，故可以选择子点列收敛于集合 X 内。为了标记上的方便，用相同的记号 $\{x^k\}$ 表示这个子点列，它的极限设为 x^0。

对应于子点列 $\{x^k\}$，可以选择点列 $\{y^k\}$ 的子点列。同样地，为了标记上的方便，用记号 $\{y^k\}$ 表示它的子点列。

另外，如果设 $y^0 = f(x^0)$，则 $y^0 \in f(X)$。此时，因为函数 f 是连续的，所以有
$$\lim_{k \to \infty} y^k = \lim_{k \to \infty} f(x^k) = f(x^0) = y^0$$

从而，最初的点列 $\{y^k\}$ 具有向集合 $f(X)$ 内的点 y^0 收敛的子点列。根据最初的点列的任意性，可以得知集合 $f(X)$ 是紧集。定理得证。∎

定理 6.11：（维尔斯特拉斯定理）：设 $X \subset R^n$ 是非空的紧集，如果函数 $f: X \to R$ 是连续函数，则函数 f 在 X 上有最大值和最小值，即存在点 $\underline{x}, \overline{x} \in X$，对于任意的 $x \in X$，有 $f(\underline{x}) \leqslant f(x) \leqslant f(\overline{x})$ 成立。

证明：根据定理 6.10，映射的集合 $f(X)$ 是紧集，从而，由定理 6.8 可知，$f(X)$ 是有界的闭集。根据实数连续性公理，有界实数的集合 $f(X)$ 存在上确界 $\sup f(X)$。根据上确界的定义，在集合 $f(X)$ 内，有收敛于上确界 $\sup f(X)$ 的点列，即对于各 k，存在使得 $a^k \in f(X)$ 的点列 $\{a^k\}$，有 $\lim_{k \to \infty} a^k = \sup f(X)$。映射 $f(X)$ 是闭集，根据定理 6.3 可知 $\sup f(X) \in f(X)$。从而，存在点 $\overline{x}$，使得 $\sup f(X) = f(\overline{x})$ 成立。同样地，可以证明，对于集合 $f(X)$，存在下确界 $\inf f(X)$，并存在点 $\underline{x}$，使得 $\inf f(X) = f(\underline{x})$ 成立。根据上确界和下确界的定义，对于任意的 $x \in X$，有 $\inf f(X) \leqslant f(x) \leqslant \sup f(X)$ 成立，故定理得证。∎

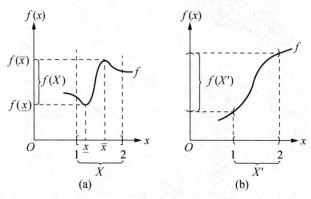

图 6.4　维尔斯特拉斯定理

对于维尔斯特拉斯定理，可以用图 6.4 所示的定义域为一维空间的图例来说明它的几何意义。在该图中，$f:R \to R$ 是连续的实数值函数。（a）中的 $X=[1,2]$ 是闭的、有界的，也是紧集。由于 f 是连续的，它的极小值 $f(\underline{x})$ 和极大值 $f(\overline{x})$ 分别与映射集合 $f(X)$ 内的下确界和上确界相等。我们考虑另外一种情况，即（b）所示的情况。我们设定义域的子集是 $X'=(1,2)$，它不是紧集，它是有界的，但它并不是一个闭集。显然，此时在 X' 中并不存在 f 的极小值或极大值。由于 X' 是开的，我们可以无限地接近开区间的任何一个端点，但不会达到端点。这样的变动被分别映射到 f 的较低值或较高值，但不会达到极小值或极大值。

练　习

1. 证明定理 6.1 的（3）。
2. 证明定理 6.2 的（2）和（3）。
3. 试归纳闭集与紧集的异同。
4. 验证 (R^n,Γ) 是一个拓扑空间。
5. 设 $X=\{a,b,c\}$，令 $\varpi=\{\varnothing,\{a\},\{a,b\},\{a,c\},\{a,b,c\}\}$，请验证：$\varpi$ 是 X 上的拓扑，(X,ϖ) 是一个拓扑空间。
6. 证明定理 6.9，即如果两个子集 $X \subset R^n$、$Y \subset R^m$ 是紧集，则其直积 $X \times Y$ 亦为紧集。
7. 如果有限个部分集合 $X_1 \subset R^n, X_2 \subset R^n, \cdots, X_k \subset R^n$ 是紧集，则直积 $X_1 \times X_2 \times \cdots \times X_k$ 亦是紧集。
8. 设集合 $X \subset R^n$ 是紧集，$Y \subset X$ 在 X 上是闭的，则 Y 是紧集。
9. 设 $X=(0,1)$ 是 R 上的开区间，令 $\tau=\{(1/n)|n \in N\}$，验证：τ 是 X 的一个拓扑。

第七章

分离定理

　　本章基于前文介绍的凸集的理论，对于在经济学中有重要应用的分离定理进行解说。第一节依次介绍超平面和分离定理，后者告诉我们存在将集合外的点和集合分离的超平面。第二节介绍一般化的分离定理，其有多种表现形式：第一种是凸集与分离超平面相切的情况；第二种是分离超平面在两个凸集中间的情况；第三种则是与分离超平面正交的向量是非负向量的情况，而这种情况下的分离定理在经济学中应用较多。

　　分离定理是数学范畴的知识，但它在经济学的理论分析中有较为重要的应用，也是当代数理经济学的重要组成部分；特别是在福利经济学基本定理的证明中，有着不可或缺的作用。

§7.1 超平面、点与凸集的分离定理

一、分离超平面和支撑超平面

定义 7.1：对于不为 **0** 的向量 $p \in R^n$ 和实数 b，令
$$H(p,b)=\{\,x \in R^n \mid p \cdot x = b\,\}$$
这个集合 $H(p,b)$ 被称为 R^n 空间中的"超平面"（hyperplane）。

例 7.1：当 $n=1$ 时，超平面就是 R 中的一点；当 $n=2$ 时，超平面就是 R^2 中的一条直线；当 $n=3$ 时，超平面就是 R^3 中的平面。

超平面 $H(p,b)$ 将 R^n 分成两个区域。在 $H(p,b)$ 一边的点满足 $p \cdot x \geqslant b$，而在另一边的点则满足 $p \cdot x \leqslant b$。另外，我们注意到对于 $H(p,b)$ 中的任意两个向量 x' 和 x'' 有
$$p \cdot (x' - x'') = 0$$
因此，p 与 $H(p,b)$ 中的任意线段都正交。

定义 7.2：将 p 称为超平面 $H(p,b)$ 的"法线"（normal）。

图 7.1 是超平面及其法线的一个例子。

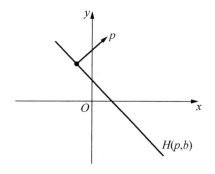

图 7.1 超平面与法线

定义 7.3：设集合 $X \subset R^n$ 和 $Y \subset R^n$，对于任意的 $x \in X$ 和 $y \in Y$，如果 $p \cdot x \leqslant b \leqslant p \cdot y$，则称 $H(p,b)$ "分离"（separated）集合 X 和 Y。

定义 7.4：如果不等式 $p \cdot x < b < p \cdot y$ 成立，则称 $H(p,b)$ "严格分离"集合 X 和 Y。

不论是分离还是严格分离，X 和 Y 都分属 $H(p,b)$ 的两边，图 7.2 就是严格分离的状况。

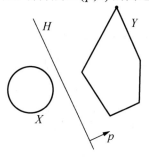

图 7.2 分离超平面

定义 7.5：对于凸集合 $X \subset R^n$，如果超平面 $H(p,b)$ 包含 X 的一个边界点，而且整个集合都在 $H(p,b)$ 的同一边，则称超平面为凸集合 X 的"支撑超平面"（supporting hyperplane）。此时，又称"$H(p,b)$ 支撑 X"。

根据支撑超平面的定义，我们可以知道支撑超平面与凸集合 X 是相切的关系，故而也有文献将其称为"切平面"。图 7.3 表现了支撑超平面 $H(p,b)$ 和集合 X 的关系。

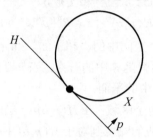

图 7.3 支撑超平面

二、点与凸集的分离定理

直观上看，对于一个闭并且凸的集合 X 及一个不被该集合包含的点 x^0，存在一个超平面将它们分离，下面的定理就是要从理论上证明这样的超平面是存在的。

定理 7.1：设集合 $X \subset R^n$ 是非空、闭且凸的集合，点 $x^0 \in R^n$，$x^0 \notin X$。此时，存在向量 $p \in R^n$ 且 $p \neq 0$，对于任意的 $x \in X$，有

$$p \cdot x^0 < p \cdot x$$

成立。

证明：将集合 X 到点 x^0 的距离定义为 $d(x^0, X) = \inf\{d(x^0, y) \mid y \in X\}$，显然地，$d(x^0, X) \geq 0$。另外，根据下确界的定义，对于 $k=1,2,\cdots$ 存在使得 $y^k \in X$，$d(x^0, y^k)$ 向 $d(x^0, X)$ 收敛的有界点列 $\{y^k\}$，适当地选择其中一个子点列，可以使它收敛。这里，将它的极限设为 y^0。由于集合 X 是闭集合，则 $y^0 \in X$，且

$$d(x^0, X) = d(x^0, y^0)$$

令向量 $p = y^0 - x^0$，由于 $x^0 \notin X$，故而 $p \neq 0$。设 $x \in X$，因为集合 X 是凸集，对于任意满足不等式 $0 \leq t \leq 1$ 的实数 t，有 $tx + (1-t)y^0 \in X$，从而有

$$d(x^0, tx + (1-t)y^0) \geq d(x^0, y^0)$$

下面定义一个关于 t 的函数：

$$\begin{aligned} f(t) &= [d(x^0, tx + (1-t)y^0)]^2 \\ &= \|tx + (1-t)y^0 - x^0\|^2 \\ &= \|t(x - x^0) + (1-t)(y^0 - x^0)\|^2 \\ &= t^2 \|x - x^0\|^2 + 2t(1-t)p \cdot (x - x^0) + (1-t)^2 \|p\|^2 \end{aligned}$$

对此函数进行微分，得到

$$f'(t) = 2t\|x - x^0\| + 2(1-2t)p \cdot (x - x^0) - 2(1-t)\|p\|^2$$

当 $t=0$ 时，$f(t)$ 取得最小值 $d(x^0,y^0)$，所以，$f'(0) \geqslant 0$，即
$$f'(0)=2p\cdot(x-x^0)-2\|p\|^2 \geqslant 0$$
从上面的不等式可以得到
$$p\cdot(x-x^0) \geqslant \|p\|^2 > 0$$
从而，对于任意的 $x \in X$，$p\cdot x^0 < p\cdot x$ 成立。 ∎

§7.2 一般化的分离定理

一、凸集合性质

为了得到其他各种分离定理，以下，首先介绍与凸集合性质有关的两个引理。

引理 7.1：如果集合 $X \subset R^n$ 是凸集，则它的闭包 $\mathrm{cl}\,X$ 也是凸集。

证明：设两点 x 和 y 是属于闭包 $\mathrm{cl}\,X$ 的点，实数 θ 满足不等式 $0 < \theta < 1$。根据定理 6.4，在集合 X 内的点列中，存在分别收敛于 x 和 y 的点列 $\{x^k\}$ 和 $\{y^k\}$，即 $x^k \in X$，$y^k \in X$，并且
$$\lim_{k\to\infty} x^k = x, \quad \lim_{k\to\infty} y^k = y$$
从而，由于集合 X 是凸集合，对于各 k，有 $\theta x^k + (1-\theta)y^k \in X$，并且
$$\lim_{k\to\infty}[\theta x^k + (1-\theta)y^k] = \theta \lim_{k\to\infty} x^k + (1-\theta)\lim_{k\to\infty} y^k = \theta x + (1-\theta)y$$
成立。再根据定理 6.3，上式意味着点 $\theta x + (1-\theta)y$ 属于闭包 $\mathrm{cl}\,X$，故 $\mathrm{cl}\,X$ 是凸集。本引理获证。 ∎

点 $v^0, v^1, \cdots, v^n$ 是空间 R^n 上的 $n+1$ 个点，设它们不属于同一超平面。用这些点中的 $k+1$ 个点 $v^0, v^1, \cdots, v^k$ 定义集合：$\Delta(v^0, v^1, \cdots, v^k) = \mathrm{co}\{v^0, v^1, \cdots, v^k\}$，该集合被称为"$k$ 维单体"。按此推算，单位单体 S_n 就应该是 $n-1$ 维单体。

引理 7.2：对于任意的凸集合 $X \subset R^n$，$\mathrm{int}(\mathrm{cl}\,X) = \mathrm{int}\,X$。

证明：根据定义，$\mathrm{cl}\,X \supset X$，所以，显然地有 $\mathrm{int}(\mathrm{cl}\,X) \supset \mathrm{int}\,X$。

下面只要证明逆包含关系 $\mathrm{int}(\mathrm{cl}\,X) \subset \mathrm{int}\,X$ 成立即可。为此，设 $x \in \mathrm{int}(\mathrm{cl}\,X)$。集合 $\mathrm{int}(\mathrm{cl}\,X)$ 是开集，存在充分小的数 $\varepsilon > 0$，满足 $B(x,\varepsilon) \subset \mathrm{int}(\mathrm{cl}\,X)$。从而，适当地选择不属于同一超平面的 $n+1$ 个点 $v^0, v^1, \cdots, v^n \in \mathrm{cl}\,X$，用它们定义 n 维单体：
$$\Delta(v^0, v^1, \cdots, v^n) = \mathrm{co}\{v^0, v^1, \cdots, v^n\}$$
该单体的内部可以包含点 x，即 $x \in \mathrm{int}\,\Delta(v^0, v^1, \cdots, v^n)$。根据闭包的定义，各点 v^i 的近旁 $N(v^i)$ 都有 X 的内点存在，不失一般性，将 $v^0, v^1, \cdots, v^n$ 看成集合 X 的点。集合 X 是凸集，所以，$\Delta(v^0, v^1, \cdots, v^n) \subset X$。这就意味着点 x 是集合 X 的内点，即 $x \in \mathrm{int}\,X$。由于点 x 是集合 $\mathrm{int}(\mathrm{cl}\,X)$ 内任意的点，所以，逆包含关系得证。 ∎

二、三种情况的分离定理

有了以上准备，下面就可以对分离定理进行证明了。

定理 7.2：设集合 $X \subset R^n$ 是非空凸集，点 $x^0 \in R^n$ 不属于集合 X 的内部，即 $x^0 \notin \text{int}\, X$。此时，存在向量 $p \in R^n$，$p \neq \mathbf{0}$，对于任意的 $x \in X$，有 $p \cdot x^0 \leqslant p \cdot x$ 成立。

证明：根据引理 7.2，$x^0 \notin \text{int}(\text{cl}\, X)$，所以，存在不属于 $\text{cl}\, X$ 的点列收敛于 x^0，即存在点列 $\{x^k\}$，对于各 k，$x^k \notin \text{cl}\, X$ 并且点列 $\{x^k\}$ 收敛于 x^0。

根据引理 7.1，集合 $\text{cl}\, X$ 是凸集合，对于各 k，点 x^k 不属于闭集合 $\text{cl}\, X$。所以，根据定理 7.1，对于任意的 $x \in \text{cl}\, X$，有

$$p^k \cdot x^k < p^k \cdot x$$

成立。以下证明 p 的存在性。不失一般性，设 $\|p^k\|=1$，$\{p^k\}$ 是在作为紧集的单位圆周上运动的点列。从而，点列 $\{p^k\}$ 的子点列是收敛的，它的极限属于单位圆周。设这样的子点列仍然以 $\{p^k\}$ 标记，并且，它的极限是 p。

对于各点 $x \in X$，因为有 $p^k \cdot x^k < p^k \cdot x$ 成立，所以，使该不等式沿子点列向极限移动，可以得到 $p \cdot x^0 \leqslant p \cdot x$。另外，因为 $\|p^k\|=1$，$p \neq \mathbf{0}$，所以向量 p 具有本定理要求的性质。本定理获证。 ∎

图 7.4 表现的是定理 7.2 中的支撑平面。x^0 在凸集 X 的边界上。定理 7.2 揭示的是存在与集合 X 相切于 x^0 点的超平面。根据该定理，可以针对两个没有交集的凸集的一般情况，给出分离定理的证明。

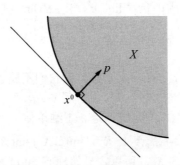

图 7.4　定理 7.2 中的支撑平面

定理 7.3：设两个非空的凸集 X，$Y \subset R^n$，二者的交集为空集，即 $X \cap Y = \varnothing$。此时，存在向量 $p \in R^n$，$p \neq \mathbf{0}$，对于任意的 $x \in X$，$y \in Y$，有 $p \cdot x \leqslant p \cdot y$ 成立。

证明：设集合 $Z = Y - X$，即

$$Z = \{z \in R^n \mid z = y - x, x \in X, y \in Y\}$$

可以容易地证明集合 Z 是非空的凸集合。另外，由于 $X \cap Y = \varnothing$，所以，$\mathbf{0} \notin Z$。根据定理 7.2 可知，存在向量 $p \in R^n$，$p \neq \mathbf{0}$，对于任意的 $z \in Z$，有 $0 \leqslant p \cdot z$ 成立，即对于任意的 $x \in X$，$y \in Y$，有 $0 \leqslant p \cdot (y-x)$ 成立。本定理获证。 ∎

在本章的最后部分，我们要证明在经济学领域的应用中最为重要的分离定理。在二维空间中，这个定理的特征如图 7.5 所示：与分离超平面正交的向量是非负的。

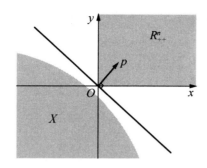

图 7.5　与超平面正交的向量是非负的

定理 7.4：设集合 $X \subset R^n$ 是非空的凸集，如果 $X \cap R^n_{++} = \varnothing$，则存在具有下述性质的向量 $p \in R^n_+$，$p \ne \mathbf{0}$，对于任意的 $x \in X$，有 $p \cdot x \le 0$ 成立。

证明：根据定理 7.3，存在向量 $p \in R^n$，$p \ne \mathbf{0}$，对于任意的 $x \in X$ 和 $y \in R^n_{++}$，有 $p \cdot x \le p \cdot y$ 成立。

现在，设 $x \in X$，将点列 $\{y^k\}$ 定义为

$$y^k = \begin{bmatrix} 1/k \\ 1/k \\ \vdots \\ 1/k \end{bmatrix}$$

对于各 $k = 1, 2, \cdots$，因 $y^k \in R^n_{++}$，故 $p \cdot x \le p \cdot y^k$ 成立。另外，点列 $\{y^k\}$ 收敛于 $\mathbf{0}$，从而在其极限可以得到 $p \cdot x \le 0$。所以，至此证明了，对于任意的 $x \in X$，$p \cdot x \le 0$ 成立。

下面证明 $p \in R^n_+$，采用反证法。假设向量 p 的第一成分 p_1 为负值，即 $p_1 < 0$。

现在，设 $x \in X$，将点列 $\{y^k\}$ 定义为

$$y^k = \begin{bmatrix} k \\ 1/k \\ \vdots \\ 1/k \end{bmatrix}$$

对于各 $k = 1, 2, \cdots$，因 $y^k \in R^n_{++}$，故 $p \cdot x \le p \cdot y^k$ 成立。但明显地，$p \cdot y^k \to -\infty$，是发散的。所以，对于充分大的 k，有 $p \cdot x > p \cdot y^k$ 成立，故出现矛盾。从而，p_1 为负值的假设不成立，$p_1 \ge 0$。

同样地，可以证明向量 p 的所有成分都是非负的，定理获证。∎

练　习

1. 举例说明定理 7.4 中，为了得到定理的结论，条件" $X \subset R^n$ 是非空的凸集"是必要的。

2. 每一个超平面将 R^n 分成两个半空间：处在超平面上及其上方的点的集合为 $H_+=\{x\in R^n|a\cdot x\geqslant b\}$；处在超平面上以及其下方的点的集合为 $H_-=\{x\in R^n|a\cdot x\leqslant b\}$。证明这两个半空间均为闭且凸的。

第八章

一 般 均 衡

在市场经济中，在需求和供给相等处决定价格是一般的规律。一个经济由各种市场构成，所有的产品价格是相互依存的，由达到全部市场均衡的条件决定，这就是瓦尔拉斯的"一般均衡理论"的思考方法。

本章介绍了一般均衡中最简单的模型——"纯粹交换经济"模型，以及包含企业生产活动的"生产经济"模型。在这一部分，我们考虑的经济中存在许多消费者和企业，所有的经济主体都是价格接受者，没有支配价格的能力。在这样的经济中，我们给出"竞争均衡"的定义。随后，本章给出一般化的经济模型，并定义一般化的竞争均衡。

本章还定义了效率的基本概念——"帕累托最优"；介绍了"福利经济学第一基本定理"和比竞争均衡的概念更弱一些的"准均衡"的概念。我们指出帕累托最优就是准均衡，这就是"福利经济学第二基本定理"的主要内容。在证明福利经济学第二基本定理时，本章使用了前文介绍的分离定理。

§8.1 交换经济与生产经济

一、交换经济的竞争均衡

我们考虑一个没有生产的经济，并给出以下定义。

定义 8.1：经济主体均由消费者构成，消费者将其拥有的物品在市场上进行交换，这样的经济被称为"纯粹交换经济"（pure exchange economy）。

在这样的经济中有许多消费者，其总数用 I 来表示。对这些消费者进行编号，其号码从 1 到 I，第 i 号消费者就被称为"消费者 i"。经济中共有 n 种物品，物品的空间设为 R^n，消费者 i 的消费集合设为 X_i，显然地，$X_i \subset R^n$，其偏好用 $\succ_i$ 来表示；另外，设消费者 i 的初期的物品禀赋量为 e_i。经济用 ε_E 来表示，标记如下：

$$\varepsilon_E = \{X_i, \succ_i, e_i, i=1,2,\cdots,I\}$$

设物品的价格为 p，$p \subset R^n$。由于消费者 i 的初期的物品禀赋量为 e_i，故消费者 i 所拥有的物品价值 m_i 应该是

$$m_i = p \cdot e_i$$

应该注意的是，消费者拥有的物品价值相当于其交换物品的约束条件，与前面章节中的消费者收入相同，为了叙述方便，我们就将它称为"收入"。另外，它依赖于价格，是价格的函数。

定义 8.2：在某价格体系下，所有消费者在预算约束下获得最大满足的物品的需求总和，与经济中物品总禀赋量相等的状态被称为"竞争均衡"（competitive equilibrium）。

纯粹交换经济 ε_E 的竞争均衡定义如下。

定义 8.3：设价格 $p \in R^n$ 和消费者 i 的物品消费量 $x_i \in X_i$ 的组合为 $\{p, x_1, x_2, \cdots, x_I\}$。其在满足以下条件时，被称为经济 ε_E 的竞争均衡：

（1）对于消费者 i，满足 $p \cdot x_i \leq p \cdot e_i$，并且如果 $z \succ_i x_i$，则 $p \cdot z > p \cdot e_i$ 成立（在预算约束下，消费者在消费集合上得到最大满足）。

（2）$\sum_{i=1}^{I} x_i = \sum_{i=1}^{I} e_i$（市场出清，即总需求与总供给相等）。

定义 8.4：定义 8.3 中的价格被称为"均衡价格"，我们将消费者的物品配置 $\{x_1, x_2, \cdots, x_I\}$ 称为"均衡配置"。

例 8.1：在由消费者 2 和物品 2 组成的交换经济中，经济的均衡可以由埃奇沃斯（Edgeworth）盒状图来表示。图 8.1 中，消费者 1 所持有的物品量以 O_1 为原点进行度量，消费者 2 所持有的物品量以 O_2 为原点进行度量；盒状图各边的长度是两消费者期初所持物品量的总和；e 点表示两人期初的禀赋量；而均衡点则由 W 表示。均衡价格比由 BB' 的斜率来表示，它同时也表示这两个消费者的预算曲线。

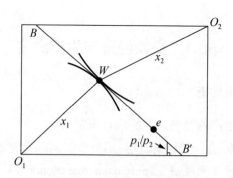

图 8.1 埃奇沃斯盒状图（示例）

二、生产经济的竞争均衡

下面考察进行生产活动的经济。

定义 8.5：包含生产活动的经济就是"生产经济"（production）。

在一个生产经济中，进行生产活动的经济主体是企业。现在要考虑的是，在上文中的交换经济 ε_E 中加入生产。经济中存在许多企业，设它们的总数为 J，对这些企业进行编号，其号码从 1 到 J。第 j 号的企业就称为"企业 j"；企业 j 的生产集合设为 Y_j，$Y_j \subset R^n$；另外，我们假定，企业获得的利润全部分给消费者，并设企业 j 向消费者 i 分配的利润比例为 $\theta_{ij} \geq 0$，可以将 θ_{ij} 理解为消费者 i 占企业 j 的股份率。我们还假定

$$\sum_{i=1}^{I} \theta_{ij} = 1 \quad (j=1,2,\cdots,J)$$

如此设定下的经济，习惯上被称为"阿罗-德布鲁经济"。经济由 I 个消费者（消费者 1，消费者 2，…，消费者 I）以及 J 个企业（企业 1，企业 2，…，企业 J）构成，以记号 ε_P 表示这个经济：

$$\varepsilon_P = \{X_i, \succ_i, e_i, Y_j, \theta_{ij}, i=1,2,\cdots,I, j=1,2,\cdots,J\}$$

在产品价格为 $p \in R^n$ 时，企业 j 选择使利润最大的生产量 $y_j \in Y_j$。此时，在利润 $p \cdot y_j$ 之中，将 $\theta_{ij} p \cdot y_j$ 分给消费者 i，则消费者收入 m_i 就等于期初产品禀赋量 e_i 的价值加上从企业分得的利润：

$$m_i = p \cdot e_i + \sum_{j=1}^{J} \theta_{ij} p \cdot y_j$$

因为企业的利润最大化行为依存于价格，所以消费者收入是价格的函数。在某一价格之下，所有企业达到利润最大化，所有的消费者在预算约束下得到最大的满足。此时，如果需求总量与供给总量相等，经济就处于均衡的状态。下面，给出生产经济 ε_P 中严格的竞争均衡的定义。

定义 8.6：价格 $p \in R^n$、消费者 i 的物品消费量 $x_i \in X_i$ 以及企业 j 的生产量 $y_j \in Y_j$ 的组合 $\{p, x_1, x_2, \cdots, x_I, y_1, y_2, \cdots, y_J\}$ 在满足以下条件时，被称为经济 ε_P 的竞争均衡：

(1) 对于消费者 i，满足 $p \cdot x_i \leqslant p \cdot e_i + \sum_{j=1}^{J} \theta_{ij} p \cdot y_j$，并且如果 $z \succ_i x_i$，则 $p \cdot z > p \cdot e_i + \sum_{j=1}^{J} \theta_{ij} p \cdot y_j$ 成立（在预算约束下，消费者在消费集合上得到最大满足）；

(2) 对于各企业 j 和任意的 $z \in Y_j$，有 $p \cdot y_j \geqslant p \cdot z$ 成立（企业在生产集合上的利润最大化）；

(3) $\sum_{i=1}^{I} x_i = \sum_{j=1}^{J} y_j + \sum_{i=1}^{I} e_i$ （市场出清，即总需求与总供给相等）。

定义 8.7：上述定义中的价格 p 是均衡价格，对消费者的消费分配和企业的生产量的组合 $\{x_1, x_2, \cdots, x_I, y_1, y_2, \cdots, y_J\}$ 为经济 ε_P 的"均衡配置"。

§8.2 一般化的经济模型

为了能够同时考察上一节中所述的交换经济和生产经济，本节将给出包含这两种经济的一般化模型定义。以下结合均衡价格等新概念对供给与需求进行简单的归纳。

一、供给与需求

（一）供给

设经济的产品空间为 R^n，经济的生产集合为 Y，$Y \subset R^n$。应该注意到价格和收入对均衡的重要意义。例如，使得产品的供给量无限大的价格不能达到市场均衡；人们的收入无限大将使得需求无限大，市场也不能达到均衡。人们的收入是从经济生产的产品价值中生成的，故使得经济均衡成立的价格应使得生产的产品总价值有限，所以，均衡价格存在的范围应该是使产品价值有界的范围。这样的思想在第五章中已经叙述过，我们沿用第五章中所用的记号，给出均衡价格存在的范围集合：

$$P = \{p \in R^n \mid 存在数 b > 0，对于任意的 y \in Y，有 p \cdot y \leqslant b\}$$

在生产活动中，企业选择使产品价值最大的生产量，价格 $p \in P$ 时的供给集合为

$$S(p) = \{y \in Y \mid 对于任意的 z \in Y，有 p \cdot z \leqslant p \cdot y\}$$

此时，产品的价值是

$$\pi(p) = p \cdot S(p)$$

$\pi(p)$ 是以价格 p 评价的生产可能产品的最大价值，也是经济全体的财货的总价值。

（二）需求

与上一节相同，将构成经济的消费者的总数设为 I；将消费者 i 的消费集合设为 X_i，$X_i \subset R^n$，其偏好用 $\succ_i$ 来表示；并设函数 $m_i : P \to R$ 表示消费者 i 的收入，是价格的函数；数值 $m_i(p)$ 表示在价格为 p 时消费者 i 的收入。对于任意的 $p \in P$，

$$\pi(p) = \sum_{i=1}^{I} m_i(p) \tag{8.2.1}$$

这个条件要求消费者收入的总和应与整个经济生产的产品总价值相等。消费者在预算约束下需要能够获得最大满足的产品。在价格 $p \in P$ 时，消费者 i 的预算集合如下：
$$B_i(p)=\{x \in X_i \mid p \cdot x \leqslant m_i(p)\}$$
此时的需求集合为
$$D_i(p)=\{x \in B_i(p) \mid 如果 z \succ_i x, 则 p \cdot z > m_i(p)\}$$

二、竞争均衡

（一）定义

上述经济具备以下元素：生产集合 Y、消费者 i 的消费集合 X_i、偏好关系 $\succ_i$ 和收入函数 m_i，故可以将一般化经济表示成
$$\varepsilon = \{Y, X_i, \succ_i, m_i, i=1,2,\cdots,I\}$$
下面给出经济 ε 的竞争均衡定义。

定义 8.7：价格 $p \in R^n$、消费者 i 的消费量 $x_i \in X_i$ 以及生产量 $y \in Y$ 的组合 $\{p, x_1, x_2, \cdots, x_I, y\}$ 满足以下条件时，称经济 ε 达到竞争均衡：

（1）对于消费者 i，有 $x_i \in D_i(p)$，即 $p \cdot x_i \leqslant m_i(p)$，并且如果 $z \succ_i x_i$，则 $p \cdot z > m_i(p)$（在预算约束下，消费者在消费集合上达到最大满足）；

（2）$y \in S(p)$，即对于任意的 $z \in Y$，有 $p \cdot y \geqslant p \cdot z$（企业选择产品价值最大的生产量）；

（3）$\sum_{i=1}^{I} x_i = y$（市场出清，即总需求与总供给相等）。

定义 8.7 是上一节所述的两个定义的一般化形式。它指出了经济处于均衡状态时必须满足的三个条件。其中的条件（1）和（2）反映了几乎所有经济模型都具有的假设，即行为主体都会在自己力所能及的条件下做到最好；条件（3）则要求在均衡价格下由条件（1）和（2）得到的理想消费水平和生产水平能够一致。如果存在过剩需求，那么经济就不会处于均衡状态。例如，如果某种商品在某个价格下存在过剩需求，那么必然有一些消费者达不到理想的消费水平，他们可能会采取提高购买价格的方法，使卖方先卖此商品给他们以满足他们的需求。同理也可以分析存在过剩供给的情况，一部分卖方会发现降低价格有利可图。

图 8.2 描绘的是 $n=2$、$I=2$ 时一般化经济 ε 的均衡，它表现了资源在企业生产和消费者消费中的配置同时达到均衡的情况。

对于每一个价格比例，生产部门会选择一个使得利润达到最大值的产出组合，埃奇沃斯盒状图则描绘了这些产出如何在消费者之间进行配置。在图 8.2 中，消费者 1 持有的物品从 O_1 开始测算，消费者 2 持有的物品从 O_2 开始测算，O_2 点表示均衡配置时的生产量。均衡价格比由 BB' 的斜率表示，直线 BB' 同时也是消费者 1 和消费者 2 的预算约束线。W 是两个消费者都达到满足的状态。TT 与生产集合的边界相交于 O_2，在 O_2 点生产利润达到最大。

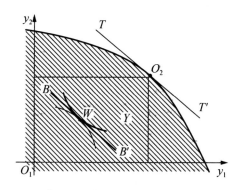

图 8.2　一般化经济的模型

图 8.2 说明了消费者的决策与企业的决策是内在一致的：在现行的价格体系下，消费者的消费总是等于企业的产出。它反映了以下两条均衡的性质：

（1）在现行的价格体系下，生产与消费各自独立地达到最优，所有企业和消费者面对同样的价格体系，所以 BB' 与切线 TT' 的斜率应该相同；

（2）市场出清，即供给等于需求。

（二）交换经济与生产经济的关系

一般化经济 ε 是交换经济 ε_E 和生产经济 ε_P 一般化的产物。我们首先考虑交换经济与一般化经济的关系。在交换经济中，设

$$Y = \sum_{i=1}^{I} e_i + R_-^n, \quad m_i(p) = p \cdot e_i \quad (i=1,2,\cdots,I)$$

这里，$R_-^n = -R_+^n$。图 8.3 描绘了二维空间中这样的可交换范围 Y（相当于生产集合）。此时，$P = R_+^n$，价格 $p \in P$ 时，$\sum_{i=1}^{I} e_i \in S(p)$，从而就有下式成立：

$$\sum_{i=1}^{I} m_i(p) = \sum_{i=1}^{I} p \cdot e_i = p \cdot S(p) = \pi(p) \tag{8.2.2}$$

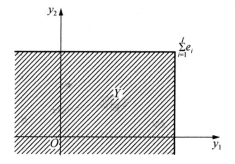

图 8.3　交换经济中的生产集合

（8.2.2）式表示消费者收入的总和与整个经济的物品总价值相等。其他讨论与本节"一、供给与需求"中的内容相同，故可以将 ε_E 变形为一般化经济 ε。下面考虑一般化

经济与生产经济 ε_P 的关系。将生产集合写成

$$Y = \sum_{i=1}^{I} e_i + \sum_{j=1}^{J} Y_j$$

在二维空间中，这个生产集合就如同图 8.2 中的 Y。价格 $p \in P$ 时，将企业 j 的供给集合和利润分别写为

$$S_j(p) = \{ y \in Y_j \mid \text{如果 } z \in Y_j, \text{则 } p \cdot z \leqslant p \cdot y \}$$

$$\pi_j(p) = p \cdot S_j(p)$$

将消费者 i 的收入函数写为

$$m_i(p) = p \cdot e_i + \sum_{j=1}^{J} \theta_{ij} \pi_j(p)$$

此时，利用 $\sum_{i=1}^{I} \theta_{ij} = 1$，($j = 1, 2, \cdots, J$) 就可以得到

$$\begin{aligned}
\sum_{i=1}^{I} m_i(p) &= \sum_{i=1}^{I} \left[p \cdot e_i + \sum_{j=1}^{J} \theta_{ij} \pi_j(p) \right] \\
&= \sum_{i=1}^{I} p \cdot e_i + \sum_{j=1}^{J} \left[\left(\sum_{i=1}^{I} \theta_{ij} \right) \pi_j(p) \right] \\
&= \sum_{i=1}^{I} p \cdot e_i + \sum_{j=1}^{J} \pi_j(p)
\end{aligned}$$

各企业追求利润最大化的行动，使得利润总和达到最大，即为下式：

$$\begin{aligned}
\pi(p) &= p \cdot \sum_{i=1}^{I} e_i + p \cdot \sum_{j=1}^{J} S_j(p) \\
&= p \cdot \sum_{i=1}^{I} e_i + \sum_{j=1}^{J} \pi_j(p) \\
&= \sum_{i=1}^{I} m_i(p)
\end{aligned}$$

也就是式（8.2.2）成立，表示消费者收入总和与整个经济生产的产品总价值及其物品的禀赋量相等。其他讨论亦与本节"一、供给与需求"中的内容相同，故而生产经济 ε_P 也可以变化为一般化经济 ε。

三、总超额需求

（一）总超额需求的概念

设在价格 $p \in P$ 时，消费者 i 的需求量为 $x_i \in D_i(p)$，则 $\sum_{i=1}^{I} x_i$ 为总需求。

定义 8.8：设总供给为 $y \in S(p)$；总需求与总供给的差为 $z = \sum_{i=1}^{I} x_i - y$，称其为"总超额需求"（aggregate excess demand）。

定义 8.9：在价格为 $p \in P$ 时，总超额需求可以由以下定义给出：

$$\varsigma(p) = \sum_{i=1}^{I} D_i(p) - S(p)$$

$$= \{ z \in R^n \mid z = \sum_{i=1}^{I} x_i - y, x_i \in D_i(p), i=1,2,\cdots,I, y \in S(p) \}$$

这里的集合 $\varsigma(p)$ 就被称为"总超额需求集合"。

根据定义 8.7 可知，使得 $\mathbf{0} \in \varsigma(p)$ 的价格 p 就是经济 ε 的均衡价格。

（二）总超额需求的性质

定理 8.1：设所有的消费者 i 的收入函数 m_i 是一阶齐次函数，即对于任意的 $p \in P$ 和 $t > 0$，$m_i(tp) = tm_i(p)$。此时，总超额需求集合是零阶齐次函数，即对于任意的 $p \in P$ 和 $t > 0$，有 $\varsigma(tp) = \varsigma(p)$。

证明：由于每一个消费者 i 的需求集合 $D_i(p)$ 和经济的供给集合 $S(p)$ 是零阶齐次的，故可以容易地得到以上结论。∎

定理 8.2：总超额需求满足弱瓦尔拉斯法则，即对于任意的 $p \in P$，有 $p \cdot \varsigma(p) \leq 0$。

证明：首先，每一消费者 i 的需求量 $x_i \in D_i(p)$ 要满足预算约束：

$$p \cdot x_i \leq m_i(p)$$

对于总供给量 $y \in S(p)$，有

$$p \cdot y - \pi(p) = 0$$

成立。根据式（8.2.2），可以得到

$$\sum_{i=1}^{I} p \cdot x_i - p \cdot y \leq \sum_{i=1}^{I} m_i(p) - \pi(p) = 0$$

所以，对于任意的 $z \in \varsigma(p)$，$p \cdot z \leq 0$。∎

图 8.4 表示的是 $n=2$ 时，价格 p 和总超额需求集合 $\varsigma(p)$ 所处的区域。根据弱瓦尔拉斯法则，集合 $\varsigma(p)$ 位于与价格向量 p 正交并通过原点的直线的左下方阴影区域。

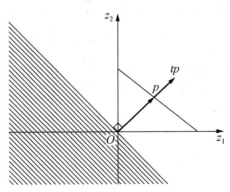

图 8.4 总超额需求集合 $\varsigma(p)$ 所处区域

通过定理 8.2 的证明我们可以知道，如果消费者将所有收入都用于消费，即

$$p \cdot x_i = m_i(p) \quad (i = 1,2,\cdots,I)$$

定理 8.2 的结论应该取等号，即对于任意的 $p \in P$，
$$p \cdot \varsigma(p) = 0$$
表示总超额需求的价值为 0。上式被称为"瓦尔拉斯法则"。根据瓦尔拉斯法则我们可以知道，如果 $z \in \varsigma(p)$，则 $p \cdot z = 0$。在某一个价格 $p > 0$ 之下，$n-1$ 个产品市场实现"市场出清"（总需求等于总供给），也就是过剩需求向量 z 的 $n-1$ 个分量为 0 时，第 n 个产品的过剩需求也是 0，市场出清，即 $z = 0$，所有的产品市场都实现均衡。故而，在面对 n 个市场时，实际只要考虑 $n-1$ 个市场即可。另外，还有一点值得注意：瓦尔拉斯法则考虑的是，预算约束下取得最大效用的产品组合应该落在预算曲线上，与 p 是不是均衡价格无关。

§8.3 福利经济学基本定理

这一节中，我们要定义经济的资源配置的最佳性，并对"在竞争均衡时的配置是最优的"的命题进行证明。

一、局部非饱和性

考虑经济
$$\varepsilon = \{Y, X_i, \succ_i, m_i, i = 1, 2, \cdots, I\}$$

这里，假定消费者偏好可以用效用来代替，即消费者 i 的效用函数由 $U_i : X_i \to R$ 表示，则
$$\succ_i = \{(x, y) \mid U_i(x) > U_i(y)\}$$

从而，如果 $x \succ_i y$，并且仅限于此时，有 $U_i(x) > U_i(y)$。

有了上述准备，现在导入局部非饱和性的概念。

局部非饱和性：每一个消费者 i 对于任意的 $x \in X_i$ 和 $\delta > 0$，都存在 $z \in X_i$，使得
$$U_i(z) > U_i(x)，并且 \|z - x\| < \delta$$

上述局部非饱和性的概念描述的正是图 8.5 所示的情况，图中在 x 点的近旁存在比 x 偏好的 z，当消费量向适当的方向发生微小变化时，消费者的效用就会增加。

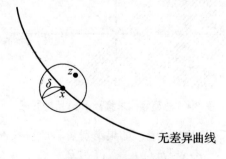

图 8.5　局部非饱和性

二、福利经济学第一基本定理

（一）帕累托最优

定义 8.10：当消费者 i 的产品消费量 $x_i \in X_i$ 和生产量 $y \in Y$ 的组合 $\{x_1, x_2, \cdots, x_I, y\}$ 满足条件

$$\sum_{i=1}^{I} x_i = y$$

时，它就是可实行的，并称其为经济 ε 的一个"配置"。

定义 8.11：设现在有一个配置 $\{x_1, x_2, \cdots, x_I, y\}$，如果满足条件："对于所有消费者 i 都有 $U_i(x_i') \geqslant U_i(x_i)$，并且，至少其中有一个消费者取不等号，即 $U_i(x_i') > U_i(x_i)$"的配置 $\{x_1', x_2', \cdots, x_I', y'\}$ 不存在时，称配置 $\{x_1, x_2, \cdots, x_I, y\}$ 为"帕累托最优"（Pareto optimum）。

帕累托最优的配置在不降低其他消费者的满足程度的条件下，不能提高任何消费者的满足程度。

（二）福利经济学第一基本定理

定理 8.3（福利经济学第一基本定理）：所有消费者的偏好满足局部非饱和性时，在经济 ε 的竞争均衡处的配置是帕累托最优的。

证明：设满足定义 8.7 条件的经济 ε 的均衡为 $\{p, x_1, x_2, \cdots, x_I, y\}$，以下证明使用反证法。

假设配置 $\{x_1, x_2, \cdots, x_I, y\}$ 不是帕累托最优的，根据帕累托最优的概念，存在配置 $\{x_1', x_2', \cdots, x_I', y'\}$，对于所有的消费者 i，有

$$U_i(x_i') \geqslant U_i(x_i)$$

成立，并且至少其中有一个消费者取不等号，即

$$U_i(x_i') > U_i(x_i)$$

假如存在 $p \cdot x_i' < m_i(p)$ 的情况，根据局部非饱和性的条件，如图 8.6（a）所示，存在 $z \in X_i$，使得

$$U_i(z) > U_i(x_i')$$

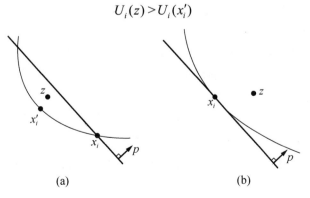

图 8.6　点 z 的位置

并且
$$p \cdot z < m_i(p)$$
成立。根据上述不等式，我们得到
$$U_i(z) > U_i(x_i)$$

所以，这与 x_i 是效用最大化的点（定义 8.7）相矛盾。从而，对于所有消费者 i，应该有
$$p \cdot x_i' \geq m_i(p)$$

另外，根据定义 8.7 的（1），有 $U_i(x_i') > U_i(x_i)$ 成立，并且其中至少有一个消费者对上式取不等号：
$$p \cdot x_i' > m_i(p)$$

对 i 进行加总，根据配置的定义和预算约束，可得
$$p \cdot y' = p \cdot \sum_{i=1}^{I} x_i' > \sum_{i=1}^{I} m_i(p) \geq p \cdot \sum_{i=1}^{I} x_i = p \cdot y$$

但另一方面，根据定义 8.7 的（3），应该有
$$p \cdot y \geq p \cdot y'$$

出现矛盾。故而配置 $\{x_1, x_2, \cdots, x_I, y\}$ 是帕累托最优的。∎

应该注意的是，福利经济学第一基本定理并不要求偏好与技术的凸性假定。若在一个非凸经济中存在均衡（有这样的可能性，因为凸性只是均衡存在的充分条件而非必要条件），则该均衡配置也是帕累托最优的。

福利经济学第一基本定理是亚当·斯密（Adam Smith）的"看不见的手可以将经济导引至有效配置"这一基本原理的数学表述。竞争性均衡将效率配置决策分散化，价格提供激励，在价格和自利心理的指引下，企业和消费者相互独立地采取行动，并最终完成资源的有效配置。

三、福利经济学第二基本定理

（一）准均衡

根据福利经济学第一基本定理，处在竞争均衡的配置是帕累托最优的；但是，它的逆命题不一定是正确的，即不能说帕累托最优的配置就一定是竞争均衡的。事实上，帕累托最优的配置的集合是包含竞争均衡的。以下定义是针对一般化竞争均衡给出的，我们可以通过这个定义明确一般化竞争均衡与帕累托最优之间的关系。

定义 8.12：产品价格 $p \in R^n$、消费者 i 的消费量 $x_i \in X_i$ 和生产量 $y \in Y$ 的组合 $\{p, x_1, x_2, \cdots, x_I, y\}$ 满足以下条件时，称其为经济 ε 的"准均衡"（quasi-equilibrium）：

（1）对于每一消费者 i，如果 $z \succ_i x_i$，则 $p \cdot z \geq p \cdot x_i$ 成立（在消费集合上的消费者得到最大满足）；

（2）对于任意的 $z \in Y$，$p \cdot y \geq p \cdot z$ 成立（企业选择产品价值最大的生产量）；

(3) $\sum_{i=1}^{I} x_i = y$（总需求与总供给相等）。

将定义 8.12 与定义 8.7 进行对比就会发现它们的异同：
(a) 定义 8.7 的（2）和（3）与定义 8.12 的（2）和（3）相同；
(b) 定义 8.7 的（1）和（2）与定义 8.12 的（1）不同。

我们将定义 8.12 的（1）与定义 8.7 的（1）和（2）进行比较，可知竞争均衡就是准均衡。在定义 8.12 的（1）中，不等式 $p \cdot z > p \cdot x_i$ 是被满足的，如果加上条件 $p \cdot x_i \leqslant m_i(p)$，准均衡就成了竞争均衡。也就是说，在准均衡的概念里，在价格为 p 时不能保证消费者 i 的配置 x_i 一定满足预算约束，而这一点在竞争均衡条件下是被满足的。另外，定义 8.12 的（1）是成本最小化的条件，图 8.6（b）就具有这样一种含义：在价格为 p 时，购买 x_i 的成本与至少能得到同等效用的 z 的购买成本相比较，购买 x_i 的成本最小。

在各点 $x \in X_i$ 处，集合
$$P_i(x) = \{ z \in X_i \mid U_i(z) > U_i(x_i') \}$$
被称为消费者 i 的"偏好集合"。对于偏好集合再追加如下条件。

偏好的凸性：对于每一个消费者 i 和任意的 $x \in X_i$，偏好集合 $P_i(x)$ 是凸集。

（二）福利经济学第二基本定理

定理 8.4（福利经济学第二基本定理）：设所有的消费者的偏好满足局部非饱和性，并且，生产集合是凸集时，帕累托最优的配置是准均衡的配置。

证明：假定配置 $\{x_1, x_2, \cdots, x_I, y\}$ 满足帕累托最优。根据配置的定义，准均衡的定义条件（3）自动满足。为了找出满足定义 8.12 的（1）和（2）的价格，定义一个集合 X：
$$X = \sum_{i=1}^{I} P_i(x_i)$$

设 $X \cap Y \neq \varnothing$，则存在 $y' \in X \cap Y$。根据集合 X 的定义，对于各 i，存在点 $x_i' \in P_i(x)$，并且
$$y' = \sum_{i=1}^{I} x_i'$$
这就意味着 $\{x_1', x_2', \cdots, x_I', y'\}$ 是一个配置，而且对于每一个消费者 i 都有
$$U_i(x_i') > U_i(x_i)$$

然而，这样的推断与配置 $\{x_1, x_2, \cdots, x_I, y\}$ 满足帕累托最优的假定矛盾。故而 $X \cap Y = \varnothing$。

根据 X 与 Y 是凸集，由分离定理可知，存在 $p \in R^n$ 并且 $p \neq \mathbf{0}$，对于任意的 $z \in Y$ 和任意的 $z_i \in P_i(x)$，不等式
$$p \cdot z \leqslant p \cdot \sum_{i=1}^{I} z_i \tag{8.3.1}$$
成立。根据局部非饱和性，对于式（8.3.1），点 z_i 可以无限接近点 x_i，在极限处得到

$$p \cdot z \leqslant p \cdot \sum_{i=1}^{I} x_i$$

即根据配置的定义，对于任意的 $z \in Y$，都有

$$p \cdot z \leqslant p \cdot y$$

至此，准均衡定义的条件（2）得以证明。以下进行准均衡定义的条件（1）的证明。

对（8.3.1）式，设 $z = y$，在 $j \neq i$ 时，使得点 z_j 接近 x_j，在极限处可以得到

$$p \cdot y \leqslant p \cdot \sum_{j \neq i} x_j + p \cdot z_i = p \cdot y - p \cdot x_i + p \cdot z_i$$

即

$$p \cdot x_i \leqslant p \cdot z_i$$

从而，如果 $z_i \in P_i(x)$，就有

$$p \cdot z_i \geqslant p \cdot x_i$$

也就是证明了准均衡定义的条件（1）。∎

表面上看，福利经济学第二基本定理没有涉及福利方面的话题，但它很好地说明了市场经济的资源配置机制和二次分配的必要性。在偏好和技术的凸性假定下，这个定理主张：对初始资源禀赋恰当地再分配后，任何资源的有效配置都可以通过价格机制基础上的分散化决策来实现。这一结论是研究公共财政问题的理论基础。公共财政理论指出，通过市场机制和一次性税收（相当于恰当地再分配初始资源禀赋），可以得到任何可行的福利分配。基于此论点，公共行政部门可以通过直接提供某些服务（例如住房、教育、医疗保健、婴儿保健等）来干预市场的运行。而且，这些行为并不一定会损害市场配置机制的效率。在保证市场能够有效利用资源的原则下，制定公共政策的部门应当对收入进行再分配，以确保社会福利达到期望的状态。

另外，福利经济学第二基本定理主张帕累托最优的配置就是准均衡的配置。准均衡要变成竞争均衡，必须在消费者之间进行适当的收入转移，以使预算约束得到满足。但是，即使仅进行收入转移也不见得就能够达到均衡。对此，Arrow（1951）的研究成果[①]中提出了一个著名的反例来说明这个问题。请参考图 8.7。

现在我们考虑一个具有两个消费者和两个物品的纯粹的交换经济。在图 8.7 所示的埃奇沃斯盒状图中，ll' 曲线是两个消费者无差异曲线切点的轨迹，被称为"契约曲线"（contract curve）。在 Arrow（1951）的反例中，这条契约曲线与埃奇沃斯盒状图的横轴相交于 E 点。很显然，E 是帕累托最优的配置。消费者 2 的无差异曲线 $O_1 E u_2$ 在 E 点与横轴相切，于是，消费者 2 的需求为 E 时的收入约束曲线是通过 O_1 的水平直线。将此时的价格向量设为 $\hat{p} = \begin{bmatrix} 0 \\ \hat{p}_2 \end{bmatrix}$，物品①为"自由物品"（free goods）。但在这个收入约束下，

[①] Arrow, K. An Extension of the Basic Theorems of Classical Welfare Economics[M]//Neyman (ed), Proceedings the Second Berkeley Symposium on Mathematical Statics and Probability. Berkeley: University California Press, 1951.

在沿横轴增加物品①的消费的同时，消费者 1 的效用也将按 u_1'，u_2'，…的顺序上升。从而，E 点不是在收入约束下的消费者 1 的需求。因此，帕累托最优的配置 E 不能成为竞争均衡点。因此，这个反例揭示了这样一个事实：在帕累托最优配置上，在消费者 1 对物品②的需求量为 0 的情况下，帕累托最优配置未必就是竞争均衡。但除去阿罗的反例的情况，进行适当的收入转移，准均衡就可以变成竞争均衡。所以，有的教材或文献中也以"通过适当的收入转移，帕累托最优的配置可以达到竞争均衡"为一个更强的命题，来表达福利经济学第二基本定理。

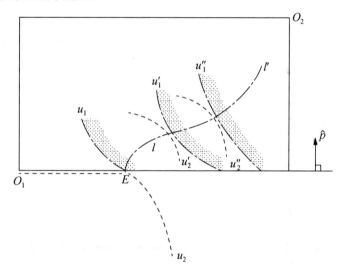

图 8.7 Arrow（1951）的反例

例 8.2：试证明两个消费者、两个物品的交换经济中，在帕累托最优的配置处消费者 2 的边际替代率相等。

证明：所谓帕累托最优的配置，就是不降低其中某人的效用，就不能提升其他人的效用。如果在给定了某一人的效用水平时，为了求出帕累托最优的配置，要求：

$$\max\ u_1(x_{11}, x_{12})$$
$$\text{s.t.}\ u_2(x_{21}, x_{22}) = \overline{u}_2$$
$$\overline{X}_1 = x_{11} + x_{21}$$
$$\overline{X}_2 = x_{12} + x_{22}$$

将 λ_0、λ_1、λ_2 设为拉格朗日乘数，可以定义以下拉格朗日函数：

$$\mathscr{L}(x_{11}, x_{12}, x_{21}, x_{22}) = u_1(x_{11}, x_{12}) + \lambda_0 [u_2(x_{21}, x_{22}) - \overline{u}_2] + \lambda_1(\overline{X}_1 - x_{11} - x_{21})$$
$$+ \lambda_2(\overline{X}_2 - x_{12} - x_{22})$$

求 $\mathscr{L}$ 对各个变量的偏微分，并令其等于 0，得到

$$\frac{\partial \mathscr{L}}{\partial x_{11}} = \frac{\partial u_1}{\partial x_{11}} - \lambda_1 = 0,\quad \frac{\partial \mathscr{L}}{\partial x_{12}} = \frac{\partial u_1}{\partial x_{12}} - \lambda_2 = 0$$

$$\frac{\partial \mathscr{L}}{\partial x_{21}} = \lambda_0 \frac{\partial u_2}{\partial x_{21}} - \lambda_1 = 0, \quad \frac{\partial \mathscr{L}}{\partial x_{22}} = \lambda_0 \frac{\partial u_2}{\partial x_{22}} - \lambda_2 = 0,$$

$$\frac{\partial \mathscr{L}}{\partial \lambda_0} = u_2(x_{21}, x_{22}) - \bar{u}_2 = 0, \quad \frac{\partial \mathscr{L}}{\partial \lambda_1} = \overline{X}_1 - x_{11} - x_{21} = 0,$$

$$\frac{\partial \mathscr{L}}{\partial \lambda_2} = \overline{X}_2 - x_{12} - x_{22} = 0$$

练 习

1. 在两个消费者、两个物品的交换经济中,消费者 1 和消费者 2 的效用函数分别为 $u^1 = (x_1^1 x_2^1)^2$ 和 $u^2 = \ln x_1^2 + \ln x_2^2$;期初禀赋量分别为(2,2)和(7,1)。

(1) 在埃奇沃斯盒状图中描绘契约曲线;

(2) 试求竞争均衡的价格比;

(3) 试求竞争均衡的配置。

2. 请回答以下各问题:

(1) 是否可能存在这样一种帕累托最优的配置:每一个消费者的境况比在非帕累托最优的配置时更差?

(2) 假如 10 个市场中有 8 个市场的过剩需求等于 0,那么,剩下 2 个市场的必然结果是什么?

(3) "假如我们知道一条契约曲线,我们就可以知道任何交易的结果"的说法是否正确?

3. 每千克小麦和大米的价格分别是 p_1 和 p_2;它们的市场需求曲线分别是

$$D_1 = 4 - 10 p_1 + 7 p_2, \quad D_2 = 3 + 7 p_1 - 5 p_2$$

市场供给曲线分别是

$$S_1 = 7 + p_1 - p_2, \quad S_2 = -27 - 7 p_1 + 2 p_2$$

试求:

(1) 均衡价格 (p_1^*, p_2^*);

(2) 对每千克小麦和大米分别向生产者课以 t_1 和 t_2 的税时,新均衡价格 (p_1^{**}, p_2^{**})。

4. 在两个消费者、两个物品的交换经济中,消费者 1 的效用函数为 $u^1 = (x_1^1)^2 x_2^1$,物品的初期禀赋量为 $(\bar{x}_1^1, \bar{x}_2^1)$;消费者 2 的效用函数为 $u^2 = x_1^2 x_2^2$,物品的初期禀赋量为 $(\bar{x}_1^2, \bar{x}_2^2)$。在这样的条件下,试证明:竞争均衡是唯一存在的。

第九章

库恩-塔克条件

我们在第三章中介绍了线性规划问题的求解，其通常是经典最优化问题。但是，从经济学的角度看，在现实经济中往往会遇到许多非线性约束。本章我们将讨论这类问题，并介绍求解非线性规划问题的必要条件：库恩-塔克条件。本章的具体安排如下。

首先，介绍什么是非线性规划问题；其次，定义集合的切锥、法锥和线性化锥，这是证明库恩-塔克条件所必要的理论基础，同时介绍基于切锥的最优性必要条件；最后，针对不等式约束最优化问题在所谓约束规范的假设条件下推导出最具代表意义的最优性必要条件——库恩-塔克条件，以及它在经济学中的应用。

§9.1 非线性规划问题

一、基本概念

线性规划问题的实质是对线性的目标函数求带有线性约束条件的极值。本节我们考虑对非线性目标函数求带有约束条件的极值问题，所谓"凸规划"，就是假定目标函数和约束函数具有凸性，同时假定这些函数可微且其中的变量具有非负性。一般地，凹函数的反函数是凸函数，所以，目标函数和约束函数为凹函数时，也可以类似地求解。目标函数或约束条件中至少有一个是非线性函数的最优化问题被称为"非线性规划问题"，以下的问题（m）就是非线性规划问题的一般形式。

设 U 是 R^n 的子集，目标函数 $f: U \to R$，在 $x \in U$ 处可微，并且约束函数 g_i、h_j 也是定义在 R^n 上的实值函数：$g_i: R^n \to R$，$h_j: R^n \to R$。

$$(m) \quad \begin{aligned} & \min f(x) \\ & \text{s.t.} \begin{cases} g_i(x) \geqslant 0, & i=1,2,\cdots,m \\ h_j(x) = 0, & j=1,2,\cdots,l \end{cases} \end{aligned}$$

与第三章类似，我们引入以下定义。

定义 9.1：满足问题（m）中的解 $x \in R^n$ 被称为"可行解"（或可行点），所有可行点的集合被称为"可行集"（或可行域），记为 S，即

$$S = \{x \mid g_i(x) \geqslant 0, h_j(x) = 0, x \in R^n\}$$

问题(m)就可简记为 $\min\limits_{x \in S} f(x)$。

定义 9.2：对于问题（m），设 $x^* \in S$，如果存在 $\delta > 0$，使得对一切 $x \in S$ 且 $\|x - x^*\| < \delta$，都有 $f(x^*) \leqslant f(x)$，则称局部极小值点 x^* 是 $f(x)$ 在 S 上的"局部最优解"（local optimal solution）。特别地，当 $x \neq x^*$ 时，若 $f(x^*) < f(x)$，则称严格局部极小值点 x^* 是 $f(x)$ 在 S 上的"严格局部最优解"（strict local optimal solution）。

定义 9.3：若存在 $\varepsilon > 0$，使得在开球 $B(\bar{x}, \varepsilon)$ 内不存在 $\bar{x}$ 之外的局部最优解，则称 $\bar{x}$ 为"孤立局部最优解"（isolated local optimal solution）。

虽然多数情况下严格局部最优解均为孤立局部最优解，但下面的例 9.1 说明严格局部最优解并不总是孤立局部最优解。

例 9.1：在问题（m）中，令 $S=R$，并定义函数 $f: R \to R$ 如下：

$$f(x) = \begin{cases} -0.5x + 2^{-2k+1}, & 2^{-2k} < x \leqslant 2^{-2k+1} \text{ 且 } k=0,\pm 1, \pm 2, \cdots \\ 2.5x - 2^{-2k}, & 2^{-2k-1} < x \leqslant 2^{-2k} \text{ 且 } k=0, \pm 1, \pm 2, \cdots \\ -x, & x \leqslant 0 \end{cases}$$

则 $x = 2^{-2k-1}(k=0,\pm 1,\pm 2,\cdots)$ 均为孤立局部最优解；而 $x=0$ 为严格局部最优解，实际上也是下面定义的全局最优解。由于在 $x=0$ 的任何邻域内均存在局部最优解，因此，它不是孤立局部最优解。∎

定义 9.4：对于问题(m)，设$x^*\in S$，对任意的$x\in S$，都有$f(x^*)\leqslant f(x)$，x^*是$f(x)$在S上的全局极小值点，被称为"全局最优解"（global optimal solution）。特别地当$x\neq x^*$时，若$f(x^*)<f(x)$，则x^*是$f(x)$在S上的严格全局极小值点，称为"严格全局最优解"（strict global optimal solution）。

全局最优解必为局部最优解，反之则不然。

二、凸规划

定义 9.5：在问题(m)中，若$f(x)$是凸函数，$g_i(x)$是凹函数，$h_j(x)$是线性函数，目标是求凸函数在凸集上的极小值点，则称这类问题为"凸规划"（convex program）。

凸规划是非线性规划中一种重要的特殊情况。根据凸规划的定义，对于凸规划的局部极小值点就是整体极小值点，且极小值点是凸集。若凸规划的目标函数是严格凸函数，又存在极小值点，则它的极小值点是唯一的。

§9.2 切锥、法锥与线性化锥

本节是完成本章最重要的结论——定理 9.5 的理论基础。

一、切锥和法锥

考虑集合$S\subseteq R^n$中的一点$\bar{x}$。

定义 9.6：若存在集合S中收敛于$\bar{x}$的点列$\{x^k\}$及非负数列$\{\alpha_k\}$，使得点列$\{\alpha_k(x^k-\bar{x})\}$收敛于$y\in R^n$，则称$y$为集合$S$在点$\bar{x}$处的"切向量"（tangent vector）。

定义 9.7：将集合S在点$\bar{x}$处的全体切向量构成的集合记为$T_S(\bar{x})$，称为S在点$\bar{x}$处的"切锥"（tangent cone），即

$$T_S(\bar{x})=\left\{y\in R^n\,\Big|\,\lim_{k\to\infty}\alpha_k(x^k-\bar{x})=y,\lim_{k\to\infty}x^k=\bar{x},x^k\in S,\alpha_k\geqslant 0,k=1,2,\cdots\right\} \quad (9.2.1)$$

切锥$T_S(\bar{x})$在某种意义上可以看成是集合S在点$\bar{x}$处的线性近似（如图9.1所示）。

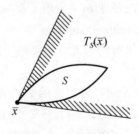

图 9.1　切锥的例子

定理 9.1：对于任意非空集合$S\subseteq R^n$及点$\bar{x}\in S$，$T_S(\bar{x})$为非空闭锥。

证明：由定义 9.7，$T_S(\bar{x})$显然是锥。另外，总有$\mathbf{0}\subseteq T_S(\bar{x})$，因此，$T_S(\bar{x})\neq\varnothing$。欲证明$T_S(\bar{x})$是闭锥，只需证明当$y^l\subseteq T_S(\bar{x})$且$\lim\limits_{l\to\infty}y^l=\bar{y}$时必有$\bar{y}\subseteq T_S(\bar{x})$。事实上，

对任意 l，由于 $y^l \subseteq T_S(\bar{x})$，则由切锥的定义知，存在满足 $\lim_{k\to\infty} x^{l,k} = \bar{x}$ 的点列 $\{x^{l,k}\} \subseteq S$ 以及非负数列 $\{\alpha_{l,k}\}$，使得 $\lim_{k\to\infty} \alpha_{l,k}(x^{l,k} - \bar{x}) = y^l$。因此，对每个 l，均存在 $k(l)$ 满足 $\|\alpha_{l,k(l)}(x^{l,k(l)} - \bar{x}) - y^l\| \leq 1/l$ 及 $\|x^{l,k(l)} - \bar{x}\| \leq 1/l$。令 $x^l = x^{l,k(l)}, \alpha_l = \alpha_{l,k(l)}$，则 $\lim_{k\to\infty} x^l = \bar{x}$ 且 $\lim_{k\to\infty} \alpha_l(x^l - \bar{x}) = \bar{y}$，故 $\bar{y} \subseteq T_S(\bar{x})$ 成立。∎

当 S 为凸集时，切锥可以表示成下面定理中的形式。

定理 9.2：设 $S \subseteq R^n$ 为非空凸集，$\bar{x} \in S$。令

$$\mathrm{cone}[S, \bar{x}] = \{y \in R^n \mid y = \beta(x - \bar{x}), x \in S, \beta > 0\} \subseteq R^n$$

则有

$$T_S(\bar{x}) = \mathrm{cl\,cone}[S, \bar{x}] \tag{9.2.2}$$

证明：首先证明 $T_S(\bar{x}) \subseteq \mathrm{cl\,cone}[S, \bar{x}]$。任取 $y \in T_S(\bar{x})$，则存在点列 $\{x^k\} \subseteq S$ 及非负数列 $\{\alpha_k\}$，使得 $\lim_{k\to\infty} x^k = \bar{x}$ 且 $y = \lim_{k\to\infty} \alpha_k(x^k - \bar{x})$。由 $\mathrm{cone}[S, \bar{x}]$ 的定义知 $\{\alpha_k(x^k - \bar{x})\} \subseteq \mathrm{cone}[S, \bar{x}]$，故 $y \in \mathrm{cl\,cone}[S, \bar{x}]$。

下面证明 $T_S(\bar{x}) \supseteq \mathrm{cl\,cone}[S, \bar{x}]$。由定理 9.1 知，$T_S(\bar{x})$ 为闭集，故只需证明 $y \in \mathrm{cl\,cone}[S, \bar{x}]$ 蕴含 $y \in T_S(\bar{x})$。若 $y \in \mathrm{cl\,cone}[S, \bar{x}]$，则由定义，存在 $x \in S$ 及 $\beta > 0$，使得 $y = \beta(x - \bar{x})$。任取满足 $\gamma_k \to +\infty$ 的正数列 $\{\gamma_k\}$，并定义点列 $\{x^k\}$ 为 $x^k = \bar{x} + (x - \bar{x})/\gamma_k$，则 $\lim_{k\to\infty} x^k = \bar{x}$ 且 $y = \beta\gamma_k(x^k - \bar{x}) (k=1, 2, \cdots)$。由于 S 为凸集，故存在正整数 k_0，使得 $x^k \in S (k \geq k_0)$。于是由切锥的定义可得 $y \in T_S(\bar{x})$。∎

定义 9.8：切锥的极锥 $T_S(\bar{x})^*$ 被称为 S 在 $\bar{x}$ 处的"法锥"(normal cone)，记为 $N_S(\bar{x})$，也即

$$N_S(\bar{x}) = \{z \in R^n \mid \langle z, y\rangle \leq 0, y \in T_S(\bar{x})\} \tag{9.2.3}$$

当 S 为凸集时，由定理 9.2，法锥可以表示为

$$N_S(\bar{x}) = \{z \in R^n \mid \langle z, x - \bar{x}\rangle \leq 0, x \in S\} \tag{9.2.4}$$

属于 $N_S(\bar{x})$ 的向量被称为 S 在 $\bar{x}$ 处的法向量，$N_S(\bar{x})$ 必为非空闭凸锥。下面的定理给出了问题（m）的最基本的最优条件。

定理 9.3：设函数 $f: R^n \to R$ 在 $\bar{x} \in S$ 处可微。若 $\bar{x}$ 为问题（m）的局部最优解，则有

$$-\nabla f(\bar{x}) \in N_S(\bar{x}) \tag{9.2.5}$$

证明：任取 $y \in T_S(\bar{x})$，则由切向量的定义，存在满足 $x^k \in S$ 与 $x^k \to \bar{x}$ 的点列 $\{x^k\}$ 以及非负数列 $\{\alpha^k\}$，使得 $\alpha_k(x^k - \bar{x}) \to y$。由于 f 在 $\bar{x}$ 处可微，故

$$f(x^k) - f(\bar{x}) = \langle \nabla f(\bar{x}), x^k - \bar{x}\rangle + o(\|x^k - \bar{x}\|)\sin^{-1}\theta \tag{9.2.6}$$

若 $\bar{x}$ 为局部最优解，则当 k 充分大时必有 $f(x^k) \geq f(\bar{x})$ 成立，于是由式（9.2.6）可得

$$\langle \nabla f(\overline{x}), \alpha_k(x^k - \overline{x})\rangle + \frac{o(\|x^k - \overline{x}\|)}{\|x^k - \overline{x}\|}\alpha_k \|x^k - \overline{x}\| \geq 0$$

令 $k \to \infty$ 可得

$$\langle \nabla f(x), y\rangle + o\|y\| \geq 0$$

也即 $\langle -\nabla f(\overline{x}), y\rangle \leq 0$。由 $y \in T_S(\overline{x})$ 的任意性可知 $-\nabla f(\overline{x}) \in N_S(\overline{x})$。 ∎

式（9.2.5）的几何意义如图 9.2 所示。下面的例子说明式（9.2.5）是 $\overline{x}$ 为问题（m）的局部最优解的必要条件，而非充分条件。

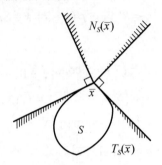

图 9.2　切锥与法锥

例 9.2：在问题（m）中，令 $S = \{x \in R^2 \mid x_1^2 - x_2 = 0\}$，$f(x) = -x_2$，则在点 $\overline{x} = (0,0)^T$ 处有 $T_S(\overline{x}) = \{y = R^2 \mid y_2 = 0\}$，$N_S(\overline{x}) = \{z \in R^2 \mid z_1 = 0\}$。因 $\nabla f(\overline{x}) = (0,-1)^T$，故 $\overline{x}$ 不是该问题的局部最优解。

二、线性化锥

设问题（m）的可行域 S 可以由函数 $g_i : R^n \to R(1=1,\cdots,m)$ 表示为如下形式：

$$S = \{x \in R^n \mid g_i(x) \leq 0, i = 1, \cdots, m\} \tag{9.2.7}$$

此时问题（m）可以写成

$$(M) \quad \begin{aligned} & \min f(x) \\ & \text{s.t. } g_i(x) \leq 0, \ i = 1, \cdots, m \end{aligned}$$

定义 9.9：若可行点 $\overline{x} \in S$ 使得 $g_i(\overline{x}) = 0$，称不等式约束 $g_i(\overline{x}) \geq 0$ 为 $\overline{x}$ 的"有效约束"（active constraint）；若有 $g_i(\overline{x}) > 0$，则称不等式约束 $g_i(x) \geq 0$ 为 $\overline{x}$ 的"非有效约束"。

定义 9.10：称集合 $I(\overline{x}) = \{i \mid g_i(\overline{x}) = 0\}$ 为 $\overline{x}$ 处的"有效约束指标集"（也称有效集），$i = 1, \ldots, m$。

本节为集合 S 在 $\overline{x}$ 处的线性近似定义了切锥 $T_S(\overline{x})$，当 S 可以表示成式（9.2.7）的形式，并且函数 $g_i(\overline{x})$ 均在 $\overline{x}$ 处可微时，还可以考虑如下线性近似：

$$C_S(\overline{x}) = \{y \in R^n \mid \langle \nabla g_i(\overline{x}), y\rangle \leq 0, i \in I(\overline{x})\} \tag{9.2.8}$$

即 $C_S(\overline{x})$ 是由与 $\overline{x}$ 处的有效约束函数的梯度 $\nabla g_i(\overline{x})$（$i \in I(\overline{x})$）的夹角均在 90°以上的向量构成的集合。显然，$C_S(\overline{x})$ 为闭凸多维面。

定义 9.11：称 $C_S(\bar{x})$ 为 S 在 $\bar{x}$ 处的"线性化锥"（linearizing cone）。

切锥 $T_S(\bar{x})$ 可由 S 直接定义，而线性化锥 $C_S(\bar{x})$ 则依附于描述集合 S 的函数；因此，如下面的例子所示，两者未必完全一致。

例 9.3：令 $S = \{x \in R \mid x \leq 0\}$，$\bar{x} = 0$，则有 $T_S(\bar{x}) = C_S(\bar{x}) = \{y \in R \mid y \leq 0\}$。若集合 S 改写成 $S = \{x \in R \mid x^3 \leq 0\}$，则集合 S 的形状不变，因此，$T_S(\bar{x}) = \{y \in R \mid y \leq 0\}$，然而，$C_S(\bar{x}) = R$。

虽然 $T_S(\bar{x}) = C_S(\bar{x})$ 不一定成立，但包含关系 $T_S(\bar{x}) \subseteq C_S(\bar{x})$ 却总是成立的。

定理 9.4：对由式（9.2.7）定义的非空集合 $S \subset R^n$ 及任意一点 $\bar{x} \in S$，恒有 $T_S(\bar{x}) \subseteq C_S(\bar{x})$ 成立。

证明：设 $y \in T_S(\bar{x})$，则由切向量的定义，存在点列 $\{x^k\} \subseteq S$ 及非负数列 $\{\alpha_k\}$ 满足 $x^k \to \bar{x}$ 且 $\alpha_k(x^k - \bar{x}) \to y$。由于 $\{x^k\} \subseteq S$，故对任意 i 均有

$$g_i(x^k) = g_i(\bar{x}) + \langle \nabla g_i(\bar{x}), x^k - \bar{x}\rangle + o(\|x^k - \bar{x}\|) \leq 0, k = 1, 2, \cdots$$

特别地，当 $i \in \Gamma(\bar{x})$ 时有 $g_i(x) = 0$。因此

$$\langle \nabla g_i(\bar{x}), x^k - \bar{x}\rangle + o(\|x^k - \bar{x}\|) \leq 0, k = 1, 2, \cdots$$

上式左侧乘以 α_k，并令 $k \to \infty$ 可得

$$\alpha_k \langle \nabla g_i(\bar{x}), x^k - \bar{x}\rangle + \alpha_k o(\|x^k - \bar{x}\|)$$

$$= \langle \nabla g_i(\bar{x}), x^k - \bar{x}\rangle + \frac{o(\|x^k - \bar{x}\|)}{\|x^k - \bar{x}\|} \|\alpha_k(x^k - \bar{x})\| \to \langle \nabla g_i(\bar{x}), y\rangle$$

综上可得 $\langle \nabla g_i(\bar{x}), y\rangle \leq 0 \ (i \in \Gamma(\bar{x}))$，也即 $y \in C_S(\bar{x})$。 ∎

§9.3 库恩-塔克条件

一、等式与不等式约束的最优性问题

定义 9.12：对于问题 (M)，由

$$L_0(x, \lambda) = \begin{cases} f(x) + \sum_{i=1}^m \lambda_i g_i(x), & \lambda \geqq 0 \\ -\infty, & \lambda \ngeqq 0 \end{cases} \quad (9.3.1)$$

定义的函数 $L_0 : R^{n+m} \to R$ 称为"拉格朗日函数"。

定义 9.13：式（9.3.1）中的向量 $\lambda = (\lambda_1, \cdots, \lambda_m)^T \in R^m$ 被称为"拉格朗日乘子"。

这里，当 $\lambda \ngeqq 0$ 时，$L_0(x, \lambda) = -\infty$。

现在，我们考虑等式约束问题的最优性条件。设 U 是 R^n 的子集，目标函数 $f : U \to R$，在 $x \in U$ 处可微，并且约束函数 h_j 也是定义在 R^n 上的实值函数：$h_j : R^n \to R$。考虑问题：

$$\min f(x)$$

$$\text{s.t.} \quad g_j(x) = 0, \quad j = 1, 2, \cdots, m$$

引入拉格朗日乘子 λ，建立拉格朗日函数：

$$\mathcal{L} = f(x) + \sum_{j=1}^{m} \lambda_j g_j(x) = \mathcal{L}(x_1, x_2, \cdots, x_n; \lambda_1, \lambda_2, \cdots, \lambda_m)$$

上式的极值条件为

$$\frac{\partial \mathcal{L}}{\partial x_i} = 0, \quad i = 1, 2, \cdots, n$$

$$\frac{\partial \mathcal{L}}{\partial \lambda_j} = 0, \quad j = 1, 2, \cdots, m$$

注意到 $\dfrac{\partial \mathcal{L}}{\partial x_i} = \dfrac{\partial f(x)}{\partial x_i} + \lambda_i \dfrac{\partial g(x)}{\partial x_i} = 0$，拉格朗日乘子 $\lambda_i^* = -\dfrac{\partial f(x^*)/\partial x_i}{\partial g_i(x^*)/\partial x_i}$。

下面考虑不等式约束的最优性问题。如前面讨论的消费者选择问题中，给出的预算约束是必须花完所有收入，但更为现实的约束是只要满足支出不超过收入就可以。考虑以下非线性问题：

$$\min f(x)$$
$$\text{s.t.} \quad g_j(x) \geqslant 0 \quad j = 1, 2, \cdots, m.$$

设可行域为

$$S = \{x \in R^n \mid g_i(x) \geqslant 0, i = 1, 2, \cdots n\}$$

对于一个可行点 $\bar{x} \in S$，会出现两种情况：一是有约束条件满足 $g_i(\bar{x}) = 0$，二是有约束函数满足 $g_i(\bar{x}) > 0$。因为第二种情况在 $\bar{x}$ 的某个邻域内仍保持 $g_i(\bar{x}) > 0$ 不变，而第一种情况不能满足该性质，故需要把这两种情况区分开来。

二、库恩-塔克条件

本节最重要的结果便是下面描述问题（m）的最优化必要条件的定理，我们这里略去证明过程，证明过程可以参考相关书籍，例如福岛雅夫所著的《非线性最优化基础》等。

定理 9.5：设 $\bar{x}$ 为问题（M）的局部最优解，并且目标函数 $f: R^n \to R$ 与约束函数 $g_i: R^m \to R (i=1,2,\cdots,m)$ 均在 $\bar{x}$ 处可微。若 $C_S(\bar{x}) \subseteq \mathrm{co} T_S(\bar{x})$，则存在拉格朗日乘子 $\bar{\lambda} \in R^m$ 满足

$$\nabla_x L_0(\bar{x}, \bar{\lambda}) = \nabla f(\bar{x}) + \sum_{i=1}^{m} \bar{\lambda}_i \nabla g_i(\bar{x}) = 0 \quad (9.3.2)$$

$$\bar{\lambda}_i \geqslant 0, \quad g_i(\bar{x}) \leqslant 0, \quad \bar{\lambda}_i g_i(\bar{x}) = 0, \quad i = 1, \cdots, m$$

我们通过下面的例子来加深对定理 9.5 的理解。

例 9.3：考虑问题：

$$\min \quad f(x) = -x_1 - x_2$$
$$\text{s.t.} \quad g_1(x) = x_1^2 - x_2 \leqslant 0$$
$$g_2(x) = -x_1 \leqslant 0$$
$$g_3(x) = x_2 - 1 \leqslant 0$$

这个问题的最优解为 $\bar{x} = (1,1)^T$，有效约束指标集为 $I(\bar{x}) = \{1,3\}$。由于
$$T_S(\bar{x}) = C_S(\bar{x}) = \{y \in R^2 \mid 2y_1 - y_2 \leqslant 0, y_2 \leqslant 0\}$$
故有 $C_S(\bar{x}) \subseteq \mathrm{co}T_S(\bar{x})$。另外，由于
$$\nabla f(\bar{x}) = (-1,-1)^T, \nabla g_1(\bar{x}) = (2,-1)^T, \nabla g_3(\bar{x}) = (0,1)^T$$
取 $\bar{\lambda} = (1/2, 0, 3/2)^T$，即有式（9.3.2）成立（如图 9.3 所示）。

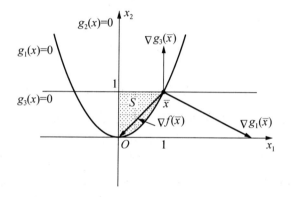

图 9.3　库恩-塔克条件

定义 9.14：式（9.3.2）被称为"库恩-塔克条件"，或者称为"K-T 条件"。该条件是 $\bar{x}$ 为问题(M)的局部最优解的必要条件，但下面的例子说明它并不是充分条件。

例 9.5：考虑问题：

$$\min \quad f(x) = -x_2$$
$$\text{s.t.} \quad g_1(x) = -x_1^2 + x_2 \leqslant 0$$
$$g_2(x) = x_1^2 + x_2^2 - 1 \leqslant 0$$

令 $\bar{x} = (0,0)^T$，则 $I(\bar{x}) = \{1\}$ 且 $T_S(\bar{x}) = C_S(\bar{x}) = \{y \in R^2 \mid y_2 \leqslant 0\}$，因此，$C_S(\bar{x}) \subseteq \mathrm{co}T_S(\bar{x})$ 成立，由于 $\nabla f(\bar{x}) = (0,-1)^T, \nabla g_1(\bar{x}) = (0,1)^T$，若取 $\bar{\lambda} = (1,0)^T$，则式（9.3.2）成立，但 $\bar{x}$ 并不是该问题的局部最优解。∎

库恩-塔克条件说明，在局部最优解 $\bar{x}$ 处，目标函数的梯度 $\nabla f(\bar{x})$ 乘以 -1 后得到的向量包含在由有效约束函数的梯度 $\nabla g_i(\bar{x})$ ($i \in I(\bar{x})$) 所张成的凸多面锥中（如图 9.3 所示）。

定义 9.15：条件 $\bar{\lambda}_i g_i(\bar{x}) = 0$ 表示无效约束对应的拉格朗日乘子 $\bar{\lambda}_i$ 为 0，被称为"互补性条件"（complementarity condition）。

定理 9.5 说明在 $C_S(\bar{x}) \subseteq \mathrm{co}T_S(\bar{x})$ 的假设条件下，库恩-塔克条件是问题（M）的最优性必要条件。

定义 9.16：称假设条件 $C_s(\bar{x}) \subseteq \mathrm{co} T_s(\bar{x})$ 为"约束规范"（constraint qualification）。约束规范是库恩-塔克条件成为最优性必要条件不可或缺的条件。

三、库恩-塔克条件的应用

下面我们介绍库恩-塔克条件在经济学中的应用。

例 9.6：消费者问题：考虑一个两商品(x_1, x_2)的经济，当我们设定消费者的支出不超过上限并且考虑非负性约束时，消费者问题是

$$\max \quad u(x_1, x_2)$$
$$\text{s.t.} \quad p_1 x_1 + p_2 x_2 - m \leq 0, \quad \text{且} \ x_1, x_2 \geq 0$$

拉格朗日函数为

$$\mathcal{L} = u(x_1, x_2) + \lambda(p_1 x_1 + p_2 x_2 - m)$$

库恩-塔克条件如下：

$$\frac{\partial \mathcal{L}}{\partial x_i} = u_i - \lambda^* p_i = 0, \quad x_i \geq 0, \quad x_i^*(u_i - p_i) = 0, \quad i = 1, 2 \tag{9.3.3}$$

$$\frac{\partial \mathcal{L}}{\partial \lambda} = m - p_1 x_1 - p_2 x_2 \geq 0, \quad \lambda^* \geq 0, \quad \lambda(m - p_1 x_1 - p_2 x_2) = 0 \tag{9.3.4}$$

我们只需要考虑在最优解处至少有一种商品的需求为正的情形。那么，根据式（9.3.3），我们看到，如果 $x_i^* > 0$，它的边际效用 u_i 为正，那么我们必有 $\lambda^* > 0$。根据式（9.3.4），预算约束的等号必须成立。在消费者理论中，我们通常假定 $u_i > 0$，即非饱和性假设。因此，我们有理由认为预算约束为等式，而不是弱不等式。下面，假设 $x_1^* > 0$，$x_2^* > 0$，那么式（9.3.3）变为 $u_i = \lambda^* p_i$，$i = 1, 2$。由此可得如下条件：

$$\frac{u_1}{u_2} = \frac{p_1}{p_2}$$

这是无差异曲线与预算线相切的条件，如图9.4（a）所示。不过，还有两种情况需要考虑，一种情况是商品的最优需求为0。考虑如下情形：$x_1^* > 0$，$x_2^* = 0$。由式（9.3.4），我们有 $x_1^* = m/p_1$，而式（9.3.3）则意味着

$$u_1 = \lambda^* p_1, \quad u_2 \leq \lambda^* p_2$$

即

$$\frac{u_1}{u_2} \geq \frac{p_1}{p_2}$$

该解如图9.4（b）所示。由于沿着预算线，无差异曲线处处都比预算线陡峭，所以不存在内点相切解。根据上述条件，在角点解处，无差异曲线斜率的绝对值要么等于0，要么大于预算线斜率的绝对值。读者应该能够导出 $x_1^* = 0$，$x_2^* > 0$ 时的相应条件，并且画出图形。

另一种情况是通常的教科书对消费者问题的处理中，两种商品的需求都为正。不过，如果我们考虑一个拥有许多而不止两种商品的世界，那么显然，角点解是常见的情形，因为没有哪个消费者会消费存在的每一种商品。对这一均衡的直觉解释如下：在图9.4（b）的点$(x_1^*, 0)$处，消费者可以用1单位 x_1 交换 p_1/p_2 单位 x_2，但是，消费者需要

u_1/u_2 单位商品 x_2 才能保持原来的效用水平，如果 $u_1/u_2 \geqslant p_1/p_2$，消费者是不会进行这项交易的。

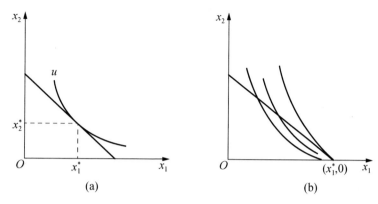

图 9.4 消费者问题的可行解

例 9.7：（成本最小化问题）厂商的成本最小化问题如下：

$$\min \quad C = wL + rK$$
$$\text{s.t.} \quad y - f(L, K) \leqslant 0, \quad L \geqslant 0, \quad K \geqslant 0$$

由于最小化一个函数等价于最大化它的相反数，所以可以通过设定 $-(wL+rK)$ 为最大化的目标函数来表述这一问题。

拉格朗日函数为

$$\mathcal{L} = -(wL + rK) + \lambda(p_1 x_1 + p_2 x_2 - m)$$

库恩-塔克条件为

(1) $\dfrac{\partial \mathcal{L}}{\partial L} = -w + \lambda^* f_L(L^*, K^*) \leqslant 0, \quad L^* \geqslant 0; \quad L^*(\lambda^* f_L - w) = 0$

(2) $\dfrac{\partial \mathcal{L}}{\partial K} = -r + \lambda^* f_K(L^*, K^*) \leqslant 0, \quad K^* \geqslant 0; \quad K^*(\lambda^* f_K - r) = 0$

(3) $\dfrac{\partial \mathcal{L}}{\partial \lambda} = y - f(L^*, K^*) \geqslant 0, \quad \lambda^* \geqslant 0; \quad \lambda^*[f(L^*, K^*) - y] = 0$

如果两种投入要素在生产过程中是必需的，我们感兴趣的就是两种要素严格为正的内点解。因此，上述库恩-塔克条件的前两个条件的等号必须成立。由于投入要素的价格 w 和 r 都是正的，因此 λ^* 必须为正。根据条件（3），我们可知约束一定是紧的。这告诉我们，厂商不会进行无效生产：如果 $y < f(L^*, K^*)$，那么相同的投入要素可以创造更多产出，这意味着生产的无效性。如果约束是紧的，那么相同的要素不可能创造更多产出。

在本例中，最优值与我们前面利用标准的拉格朗日法求得的完全相同。库恩-塔克条件的优势在于它清楚说明了求得解的条件，也方便了更一般情形的分析。

练 习

1. 考虑问题：

$$\max\ x_1+x_2$$
$$\text{s.t.}\ -(x_1^2+x_2^2)\geqslant 0,\ 且\ x_1,x_2\geqslant 0$$

试利用库恩-塔克条件求解。求解过程中会出现什么问题？为什么？

2. 在成本最小化问题中，下面的假定会带来什么后果：
（a）只用劳动进行生产是可能的；
（b）一种投入要素的价格为 0。

3. 求解下面的问题：

$$\max\ u=(x_1+a)x_2^b$$
$$\text{s.t.}\ -(x_1^2+x_2^2)\geqslant 0,\ p_1x_1+p_2x_2-m\leqslant 0,\ 且\ x_1,x_2\geqslant 0$$

其中，$a,b\geqslant 0$，并讨论该解的经济意义。

4. 求解下列问题：
（a）$\max\ y=3x_1+2x_2$ s.t. $4x_1+2x_2\leqslant 10$，且 $x_1,x_2\geqslant 0$
（b）$\max\ y=8x_1+2x_2$ s.t. $4x_1+2x_2\leqslant 10$，且 $x_1,x_2\geqslant 0$
（c）$\max\ y=10x_1+2x_2$ s.t. $4x_1+2x_2\leqslant 10$，且 $x_1,x_2\geqslant 0$

5. 求解下面的成本最小化问题：

$\min\ wL+rK+vR$ s.t. $R^a(L+bK)^c-y\geqslant 0$，且 $R,L,K\geqslant 0$

其中 R 为原材料，L 为劳动，K 为资本，$a,b,c>0$，$a+c<1$，并解释该问题中的生产函数。

第十章

不动点定理

与分离定理相同,不动点定理也是数学专业的知识。但它在经济学中有着极为重要的应用,尤其在竞争均衡存在性的证明上,不动点定理有不可代替的作用。除了证明竞争均衡的存在性,不动点定理在其他经济学领域中也有许多应用,所以,在数理经济学课程中不动点定理是必不可少的部分。

不动点定理的内容极为简洁明了,但要证明它却不容易。现在,从初等方法到高等的拓扑学方法,有许多种证明不动点定理的方法,但都已经超出本书读者群——经济、管理学的本科生或硕士低年级学生所具备的基础知识的范围,故在此只对定理的内容进行介绍,省去证明部分。这样做虽然并不会对读者以后的经济学学习造成困难,但如果读者对相关证明的过程有兴趣,可以查阅 Border, K. C. Fixed Point Theorems with Applications to Economics and Game Theory[M]. Cambridge, Eng: Cambridge University Press 的有关论述。近年,还有一些文献是从特殊的情况给出不动点定理证明的,例如:①斯塔尔. 一般均衡理论[M]. 鲁昌,许永国,译. 上海:上海财经大学出版社,2003;②福恩特. 经济数学方法与模型[M]. 朱保华,钱晓明,译. 上海:上海财经大学出版社,2003.

在本章的开始部分,我们首先介绍与连续函数理论有关的、不动点定理的基础部分——布劳威尔不动点定理。然后,定义将连续函数一般化的"闭对应",解说角谷不动点定理,这个定理是闭对应的不动点定理。另外,还要解说将函数概念一般化的关系——上半连续性及下半连续性的概念,并解说上半连续性与闭的性质的关系以及上半连续性与选择定理的关系。本书省略选择定理的证明过程,但将证明根据选择定理导出的其他不动点定理。

第十章 不动点定理

§10.1 布劳威尔不动点

一、不动点

定义 10.1：设集合 $X \subset R^n$，从集合 X 到自身的一个映射为 $f: X \to X$。对于点 $x^* \in X$，$f(x^*) = x^*$ 成立时，称 x^* 为函数 f 的"不动点"（fixed point）。

以下的定理被称为"布劳威尔（Brouwer）不动点定理"。

定理 10.1（布劳威尔不动点定理）：集合 $X \subset R^n$ 是一个非空的紧的凸集，$f: X \to X$，如果函数 f 是连续的，则存在不动点，即存在点 $x^* \in X$，使 $f(x^*) = x^*$ 成立。

图 10.1 描述的是 $X = [a,b]$ 的一维空间中布劳威尔不动点定理的情况，即 f 是从一个闭区间 $[a,b]$ 到同一个闭区间的连续映射，此时，布劳威尔不动点定理保证 f 的图形将在 $[a,b] \times [a,b]$ 内至少穿过 45°线 1 次。在图 10.1 所示的例子中，f 穿过 45°线 3 次。

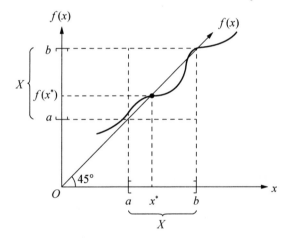

图 10.1 布劳威尔不动点

当涉及的函数定义在维数大于 1 的集合上时，就很难进行几何考察了。

二、角谷不动点定理

（一）对应

设有两个集合 $X \subset R^n$ 和 $Y \subset R^m$，集合 Y 的幂集合（由 Y 的所有子集合组成的集合）用 2^Y 表示，$2^Y = \{U \mid U \subset Y\}$。设映射 $F: X \to 2^Y$，为了简单地表示这个关系，可以写成：$F: X \to Y$。

定义 10.2：对于上述关系 $F: X \to Y$，如果任意的 $x \in X$ 都有 $F(x) \neq \varnothing$，就称关系 $F: X \to Y$ 为"对应"（correspondence）。

关系 $F: X \to Y$ 的图像可以由

$$G(F) = \{(x,y) \in X \times Y \mid y \in F(x)\}$$

定义。$G(F)$ 在 $X \times Y$ 上是闭的时，关系 $F: X \to Y$ 就被称为"闭"（closed）的。另外，对于所有的 $x \in X$，$F(x)$ 满足凸性时，被称为"凸值"（convex-valued）。

下面的定理被称为"角谷（Kakutani）不动点定理"。

（二）角谷不动点定理

定理 10.2（角谷不动点定理）：集合 $X \subset R^n$ 是非空的紧的凸集。如果对应 $F: X \to X$ 闭而且凸，则存在不动点，即存在点 $x^* \in X$，$x^* \in F(x^*)$ 成立。

图 10.2 是 $X = [0,1]$ 时描绘的角谷不动点定理的情况。与布劳威尔不动点相同，角谷不动点定理也主张关系 F 的图像与 45°线相交。

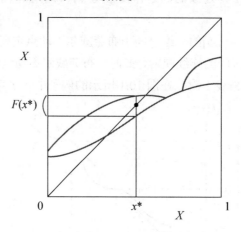

图 10.2　角谷不动点定理

三、关系的上半连续性

设有两个集合 $X \subset R^n$ 和 $Y \subset R^m$，对于这两个集合定义关系 $F: X \to Y$。在点 $x^0 \in X$ 处，如果 $F(x^0) \neq 0$，并且点列 $\{x^k\}$ 收敛于 x^0，点列 $\{y^k\}$ 对于任意的 $k=1,2,\cdots$ 都有 $y^k \in F(x^k)$，则点 y^k 和集合 $F(x^0)$ 之间的距离必然收敛于 0。

定义 10.3：如果用数式表达点 y^k 和集合 $F(x^0)$ 之间的距离，就有

$$d(y^k, F(x^0)) = \inf\{d(y^k, y) \mid y \in F(x^0)\}$$

于是设

$$\lim_{k \to \infty} d(y^k, F(x^0)) = 0$$

此时，称关系 F 在点 x^0 处"上半连续"（upper semi-continuous）。并且，关系 $F: X \to Y$ 在任意点 $x \in X$ 都上半连续时，称关系 F 是上半连续的。

图 10.3 是上半连续的例子。当我们从 x^0 向左移动时，关系 F 突然变的很小，即便如此，上半连续性保证了在点 x^0 的近旁 $F(x)$ 不会在 x^0 处突然变小。如果关系 F 是函数，这就是函数的连续性。故函数的连续性与关系的上半连续性是等价的。

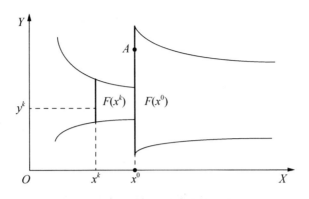

图 10.3　上半连续的关系

定义 10.4：在关系 $F: X \to Y$ 中，如果对于所有的点 $x \in X$，$F(x)$ 在 Y 上是闭集合，则关系 $F: X \to Y$ 被称为"闭值"。

以下两个定理，阐述了关系的"闭"与"上半连续"的关系。

定理 10.3：如果关系 $F: X \to Y$ 是上半连续的并且是闭值，那么，它是闭的。

证明：设在关系 F 的图形内部运动的点列 $\{(x^k, y^k)\}$ 收敛于点 $(x^0, y^0) \in X \times Y$。对于各 $k = 1, 2, \cdots$，因 $y^k \in F(x^k)$，故根据关系 $F: X \to Y$ 的上半连续性，可以得知，点 y^k 和集合 $F(x^0)$ 的距离收敛于 0。从而，点 y^0 和集合 $F(x^0)$ 的距离为 0。又因集合 $F(x^0)$ 是闭集合，这就意味着 $y^0 \in F(x^0)$。即点 (x^0, y^0) 落在关系 F 的图形上。根据点列 $\{(x^k, y^k)\}$ 的任意性，可以得到关系 F 是闭的结论。　∎

定理 10.4：设关系 $F: X \to Y$ 具有闭的性质，如果集合 Y 是紧集，则它是上半连续的。

证明：设点 $x^0 \in X$，$F(x^0) \neq 0$，点列 $\{x^k\}$ 收敛于点 x^0；对于点列 $\{y^k\}$ 和各 $k = 1, 2, \cdots$，点 $y^k \in F(x^k)$。

用反证法。假设点 y^k 与集合 $F(x^0)$ 的距离不收敛于 0。在这样的情形下，存在点列 $\{y^k\}$ 的子点列与集合 $F(x^0)$ 的距离大于某一定值。根据集合 Y 的紧集性质，可以选择子点列收敛于 $y^0 \in Y$，此时，$y^0 \notin F(x^0)$。

另一方面，与这样的子点列相对应，考虑点列 $\{(x^k, y^k)\}$，它应收敛于 (x^0, y^0)。从而，对应于关系 F 的闭性质，(x^0, y^0) 在关系 F 的图形上，即 $y^0 \in F(x^0)$，出现矛盾。也就是点 y^k 与集合 $F(x^0)$ 的距离收敛于 0。　∎

在角谷不动点定理中，因为假定关系 $F: X \to X$ 的值域上存在紧集 X，根据定理 10.4，关系 $F: X \to X$ 的闭的性质就意味着上半连续性，所以，如果关系是函数，那么，具有闭的性质就意味着函数具有连续性。因此，也可以认为，角谷不动点定理是将布劳威尔不动点定理一般化的定理。但是，在一般情况下，某关系即使具有闭的性质也不能保证就一定是上半连续的，请参考图 10.4。

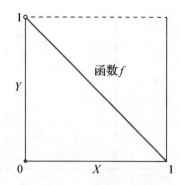

图 10.4 f 是闭的，但并非上半连续的

如图 10-4 所示，$X=[0,1]$，$Y=[0,1]$，定义如下函数 $f(x)$：

$$f(x)=\begin{cases} 0, & x=0\text{时} \\ 1-x, & 0<x\leqslant 1\text{时} \end{cases}$$

这个函数是闭的，但它不是连续函数，因而也不是上半连续的。

§10.2 不动点定理的应用——选择定理

一、下半连续

设对于两个集合 $X\subset R^n$，$Y\subset R^m$，定义了关系 $F:X\to Y$。

定义 10.5：在 $x^0\in X$ 处，如果点列 $\{x^k\}$ 收敛于 x^0，并且 $y^0\in F(x^0)$，则设在收敛于 y^0 的点列 $\{y^k\}$ 中，对于充分大的 k，一定存在 $y^k\in F(x^k)$，此时称关系 $F:X\to Y$ 在点 x^0 处"下半连续"（lower semi-continuous），如果关系 $F:X\to Y$ 在任意 $x\in X$ 处下半连续，则称关系 F 是下半连续的。

图 10.5 描述了下半连续的关系。当我们从 x^0 向左移动时，$F(x)$ 将会"爆炸"，即突然变得很大。下半连续保证了在点 x^0 的近旁，$F(x)$ 不会在 x^0 处突然变大。图 10.3 表示的关系不是下半连续的，例如，在 A 点，就找不到满足下半连续条件的点列 $\{y^k\}$。而图 10.5 表示的关系不是上半连续的，例如，对于收敛于 B 点的图形内的点列，不能满足上半连续的条件。

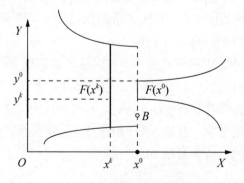

图 10.5 下半连续的关系

第十章 不动点定理

定义 10.6：如果关系 $F:X \to Y$ 是上半连续的，又是下半连续的，关系 F 就被称为 "连续的"（continuous）。

二、选择定理

下面的定理被称为"选择定理"。

定理 10.5（选择定理）：如果关系 $F:X \to Y$ 为凸值，并且下半连续，则存在函数 $f:X \to Y$，在所有的 $x \in X$ 处，$f(x) \in F(x)$。

定理中的连续函数 f，被称为关系 F 的"连续选择"（continuous selection）。使用选择定理，可以证明以下不动点定理。

定理 10.6：设集合 $X \subset R^n$ 是非空的凸紧集。如果关系 $F:X \to Y$ 是凸值，并且是下半连续的，在点 $x^* \in X$ 处，$x^* \in F(x^*)$ 或者 $F(x^*) = \varnothing$。

证明：定义集合 $U \subset R^n$：
$$U = \{x \in X \mid F(x) \neq \varnothing\}$$

将关系 F 的定义域限定于集合 U，于是，根据定理 10.5，存在连续函数 $f:U \to X$，在所有的 $x \in U$ 处，有 $f(x) \in F(x)$ 成立。此时，定义一个对应 $G:X \to X$：
$$G(x) = \begin{cases} f(x), & x \in U \text{时} \\ X_i, & x \in X \setminus U \text{时} \end{cases}$$

首先证明集合 U 在 X 上是开的，即集合 $X \setminus U$ 是闭的。

设集合 $X \setminus U$ 内的点列 $\{x^k\}$ 收敛于 x^0，由于 $x^k \in X \setminus U$，故根据集合 U 的定义，有
$$F(x^k) = \varnothing$$
成立。如果假设 $F(x^k) \neq \varnothing$，根据关系 F 的下半连续性，对于充分大的 k，存在点 $y^k \in F(x^k)$，故产生矛盾。所以有
$$F(x^k) = \varnothing$$
也就是 $x^0 \in X \setminus U$。因此，可以判断出集合 $X \setminus U$ 是闭的。

其次，证明对应 G 是闭映射。

设 G 的图形内的点列 (x^k, y^k) 收敛于点 $(x^0, y^0) \in X \times Y$。此时，对于各 k，有 $y^k \in G(x^k)$。如果 $x^0 \in X \setminus U$，则
$$G(x^0) = X$$
成立，故显然地有 $y^0 \in G(x^0)$。

另外，如果 $x^0 \in U$，集合 U 在 X 上是开的，故对于充分大的 k，有点 $x^k \in U$，故
$$y^k = f(x^k)$$
成立。从而
$$y^0 = f(x^0)$$
成立，即 $y^0 \in G(x^0)$。所以，无论如何，点 (x^0, y^0) 属于对应 G 的图形，因此，对应 G 是闭的。

因为对应 G 是凸值，根据角谷不动点定理，存在点 $x^* \in G(x^*)$。根据对应 G 的定义，如果 $x^* \in U$，则

$$x^* = f(x^*) \in F(x^*)$$

成立。如果 $x^* \in X \setminus U$，则

$$F(x^*) = \varnothing$$

成立，本定理获证。∎

下面的定理是选择定理的一个特殊情况。

定理 10.7：对于各 $i = 1, 2, \cdots, m$，集合 $X_i \subset R^n$ 是凸集合，并且是非空的紧集，设 $X = X_1 \times X_2 \times \cdots \times X_m$。如果关系 $F_i : X \to X_i$ 是凸值和下半连续的，则在点 $x^* = (x_1^*, x_2^*, \cdots, x_m^*) \in X$ 处，对于各 i，有 $x_i^* \in F_i(x^*)$，或者 $F_i(x^*) = \varnothing$。

证明：定义集合 $U_i \subset R^n$ 为

$$U_i = \{ x \in X \mid F_i(x) \neq \varnothing \}$$

与定理 10.6 的证明过程相似，可以得知集合 U_i 在 X 上是开的，即集合 $X \setminus U_i$ 是闭的。

将映射 F_i 的定义域限定于集合 U_i，根据选择定理可知，存在连续函数 $f_i : U_i \to X_i$，在所有的 $x \in U_i$ 处，有 $f_i(x) \in F_i(x)$ 成立。此时，定义对应 $G_i : X \to X_i$：

$$G_i(x) = \begin{cases} f_i(x), & x \in U_i \text{ 时} \\ X_i, & x \in X \setminus U_i \text{ 时} \end{cases}$$

与定理 10.6 的证明过程相似，可以证明对应 G_i 是闭映射。另外，明显地对应 G_i 是凸值。

定义对应 $G : X \to X$：

$$G(x) = G_1(x) \times G_2(x) \times \cdots \times G_m(x)$$

因各对应 G_i 是闭的，所以，对应 G 也是闭的；各对应 G_i 是凸值，故对应 G 也是凸值。从而，根据角谷不动点定理，存在 x^*，使得 $x^* \in G(x^*)$。

根据对应 G 的定义，如果 $x^* \in U_i$，就有

$$x_i^* = f_i(x^*) \in F_i(x^*)$$

如果 $x^* \in X \setminus U_i$，就有

$$F_i(x^*) = \varnothing$$

成立，定理获证。∎

练 习

1. 应用布劳威尔不动点定理表明 $\cos(x) - x - \dfrac{1}{2} = 0$ 在 $0 \leqslant x \leqslant \dfrac{\pi}{4}$ 的区间上有一个解。

2. 设 $f(x) = x^2$，并且 $S = (0,1)$。试证明：函数 f 不存在不动点。

21世纪经济与管理规划教材

经济学系列

第十一章

竞争均衡的存在性与稳定性

本章前两节的目的是证明本书第八章所述的经济中竞争均衡的存在性,证明的对象是一般化的经济模型,故而也包含了纯交换经济和生产经济这两种特殊情况。

人们对均衡的直觉是"表示消费者行为的需求曲线和表示生产者行为的供给曲线相交的情况"。所以,要存在均衡,就要求需求曲线和供给曲线是连续的。保证消费者行为的连续性的是偏好的连续性和凸性;而生产者行为的连续性则由生产集合的闭性得到。所以,本章就从消费者的需求关系(需求函数)和企业的供给关系(供给函数)以及利润函数的连续性的证明开始。

经济主体行为的连续性和均衡的存在性,都要求经济是有界的。而经济中存在均衡的数学条件是经济的集合具有连续性、凸性和有界性。另外,前文介绍的不动点定理将在本章得到应用。

本章的第三节和第四节主要讨论竞争均衡的稳定性。

市场是决定价格的场所。在市场中需求量大于供给量时价格上升,反之价格下降。这样的价格调整过程决定了需求与供给将趋于均衡的价格。这就是被称为"瓦尔拉斯的摸索过程"的市场价格的调整机能。但是,这样的价格调整是不是能够稳定达到均衡,即均衡的稳定性存在问题,是本章要讨论的另一主要内容。

在论述的顺序上,第一,以所有市场的"总超额需求函数"来表示经济,解说作为总超额需求函数的性质的"粗替代性",即各商品价格的上升都会增加其他商品的过剩需求;并揭示满足粗替代性条件的经济里均衡是唯一存在的。

第二,揭示以根据总超额需求函数组成的微分方程式来表示的价格调整过程。证明总超额需求函数满足粗替代性时调整过程是稳定的定理。在证明中,要用到总超额需求函数的微分——雅可比矩阵是"对角成分优占矩阵"的性质。在证明的方法上,采用"李雅普诺夫方法"。

第十一章 竞争均衡的存在性与稳定性

§11.1 需求和供给的连续性

一、偏好映射

映射可以表示消费者的偏好。设某消费者的消费集合为 $X \subset R^n$，偏好关系为 $\succ \subset X \times X$。对于各点 $x \in X$，偏好集合 $P(x) = \{y \in X \mid y \succ x\}$ 表示比点 x 偏好的点的集合。另外，集合 X 的幂集合以 2^X 标记，"偏好映射"可以如下定义。

定义 11.1：如果上述集合定义的映射用记号 $P: X \to 2^X$ 来表示，这样的映射被称为"偏好映射"。

偏好关系 $\succ$ 与映射 P 的图形相同，即
$$\succ = \{(y, x) \in X \times X \mid y \in P(x)\}$$

反之，也可以根据偏好映射 P 来定义偏好关系 $\succ$。因此，可以将偏好关系 $\succ$ 和偏好映射 P 视为等同。

定义 11.2：偏好关系 $\succ$ 满足下面的条件时，称关系 $\succ$ 是"连续的"。

连续性条件：对于各点 $x \in X$，集合 $\{y \in X \mid y \succ x\}$ 和 $\{y \in X \mid x \succ y\}$ 在 X 上是开的。

连续性条件意味着：产品的消费量变化很小时，消费者的满足程度几乎不变化。如图 11.1，$y \succ x$ 成立时，如果点 z 充分接近点 y，连续性的条件意味着 $z \succ x$；反之，$x \succ y'$ 成立时，点 z' 充分地接近点 y'，连续性就意味着 $x \succ z'$。如果偏好关系是连续的，那么消费者对消费量附近的点都有同样的评价。

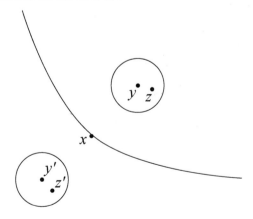

图 11.1 偏好的连续性

偏好映射 P 具有以下两条性质：

开值性：偏好映射 $P: X \to 2^X$ 是"开值"（open-valued），即对于所有的点 $x \in X$，集合 $P(x)$ 在 X 上是开集合。

下半连续性：偏好映射 $P: X \to 2^X$ 是下半连续的，即如果 $y^0 \in P(x^0)$，集合 X 内的点列 $\{x^k\}$ 收敛于 x^0，则在收敛于点 y^0 的点列 $\{y^k\}$ 中，对于充分大的 k，存在点列

$\{y^k\} \in P(x^k)$。

以上两个条件是关于偏好关系的连续性的条件。实际上有下面的定理成立。

定理 11.1：如果偏好关系 $\succ$ 是连续的，则其对应的偏好映射 $P:X \to 2^X$ 是开值和下半连续的。

证明：对于任意 $x \in X$，因为
$$P(x) = \{y \in X \mid y \succ x\}$$
在 X 上是开集合，故映射 P 是开值。现在设 $y^0 \in P(x^0)$，集合 X 内的点列 $\{x^k\}$ 收敛于 x^0。由于 $y^0 \succ x^0$，所以对于充分大的 k，有
$$y^0 \succ x^k$$
成立，因此，对于充分大的 k 有 $y^k \in P(x^k)$，故映射 P 是下半连续的。∎

这个定理的逆命题不一定成立。实际上，$y^0 \in P(x^0)$ 并且 $y^0 \in \text{bd}\, X$ 时，可以容易地找到点 x^0 不是集合 $\{x \in X \mid y^0 \succ x\}$ 内点的例子。

二、需求集合的非空性

设价格 $p \in R^n$，收入 $m \in R$，消费者的预算集合和需求集合分别定义为
$$B(p,m) = \{x \in X \mid p \cdot x \leq m\}$$
$$D(p,m) = \{x \in B(p,m) \mid P(x) \cap B(p,m) = \varnothing\}$$
价格 p 和收入 m 的组合集合定义如下：
$$Q = \{(p,m) \in R^n_{++} \times R \mid \text{对于} x \in X,\ p \cdot x < m\}$$
假定消费集合 X 满足以下三条基本性质。

凸性：集合 X 是凸集合。

闭性：集合 X 是闭集合。

下有界性：存在 $b \in R^n$，对于任意的 $x \in X$，有 $b \leq x$。

在这些条件下，对于预算集合有以下定理成立。

定理 11.2：设消费集合 X 是闭、凸并且下有界的，对于任意的 $(p,m) \in Q$，预算集合 $B(p,m)$ 是非空的紧集，并且是凸的。

证明：显然地，预算集合是非空、凸、有界、闭的集合。∎

定理 11.3：设消费集合 X 是凸集合，偏好映射 $P:X \to 2^X$ 是开值，对于 $(p,m) \in Q$ 和 $x \in B(p,m)$，如果
$$P(x) \cap \{y \mid p \cdot y < m\} = \varnothing$$
则 $x \in D(p,m)$。

证明：使用反证法。假设 $x \notin D(p,m)$，于是存在点 x' 满足 $x' \in P(x)$ 并且 $p \cdot x' \leq m$。另外，由于 $(p,m) \in Q$，故对于点 $x^0 \in X$，有
$$p \cdot x^0 < m$$
成立。因消费集合 X 是凸的且 $P(x)$ 是开的，故在点 x' 和 x^0 的连线上，存在使得 $z \in P(x)$ 并且满足 $p \cdot z < m$ 的点 z（可参考图 11.2）。这与假设矛盾。定理得证。∎

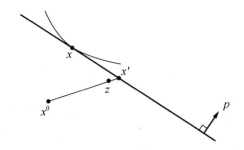

图 11.2 向量 z 的存在

根据偏好关系 $\succ$ 的非反射性和凸性条件，在偏好映射 $P:X\to 2^X$ 上有以下性质：

非反射性：对于所有的点 $x\in X$，$x\notin P(x)$。

凸性：偏好关系 $P:X\to 2^X$ 是凸值，即对于所有的点 $x\in X$，集合 $P(x)$ 是凸集合。

定理 11.4：设消费集合 X 是下有界的凸闭集合，偏好映射 $P:X\to 2^X$ 具有非反射性、凸值、开值、下半连续的性质。此时，对于所有的 $(p,m)\in Q$，需求集合 $D(p,m)$ 是非空的。

证明：根据消费集合 X 的凸性，预算集合 $B(p,m)$ 是凸集合。这里，设 $Z=B(p,m)$，对于各点 $x\in Z$，定义映射 $F:Z\to 2^X$

$$F(x)=P(x)\cap\{y\mid p\cdot y<m\}$$

以下证明映射 $F:Z\to 2^X$ 是下半连续的。

设点列 $\{x^k\}$ 收敛于 x^0，$y^0\in F(x^0)$。根据映射 F 的定义，有

$$y^0\in P(x^0)$$

和

$$p\cdot y^0<m$$

成立。由于映射 $P:X\to 2^X$ 是下半连续的，故存在收敛于 y^0 的点列 $\{y^k\}$，对于充分大的 k，有 $y^k\in P(x^k)$ 成立。另外，由于点列 $\{y^k\}$ 收敛于点 y^0，对于充分大的 k，有

$$p\cdot y^k<m$$

成立。从而，对于充分大的 k，$y^k\in F(x^k)$。至此，证明了映射 F 是下半连续的。

由于映射 $P:X\to 2^X$ 是凸值，所以，映射 $F:Z\to 2^X$ 也是凸值。从而，根据不动点定理存在点 $x^*\in Z$，满足

$$x^*\in F(x^*)$$

或者

$$F(x^*)=\varnothing$$

如果 $x^*\in F(x^*)$，则 $x^*\in P(x^*)$，这与映射 P 的非反射性相矛盾。所以，只有

$$F(x^*)=\varnothing$$

即

$$P(x^*)\cap\{y\mid p\cdot y<m\}=\varnothing$$

根据定理 11.3，$x^*\in D(p,m)$。定理得证。∎

三、需求函数的连续性

定义 11.3：定义如下映射：
$$(p,m) \in Q \to D(p,m) \subset X$$

这个映射用 $D: Q \to 2^X$ 标记,称之为"需求关系"(demand relation)。

至此,我们已经揭示了需求关系 D 是对应的条件,也就是对于各 $(p,m) \in Q$,需求集合 $D(p,m)$ 是非空的。根据定理 11.4,消费集合 X 是凸、闭和下方有界的;偏好映射 $P: X \to 2^X$ 具有非反射性、凸值、开值、下半连续的性质,此时的需求关系是对应。

下面,我们要证明需求关系 D 的连续性。

定理 11.5：设消费集合是闭凸集合,偏好映射 $P: X \to 2^X$ 是开值、下半连续的。此时,需求关系 $D: Q \to 2^X$ 是闭的。

证明：设点列 $\{(p^k, m^k)\}$ 收敛于 $(p^0, m^0) \in Q$,点列 $\{x^k\}$ 收敛于 x^0,对于各 k,$x^k \in D(p^k, m^k)$。

由于对于各 k,
$$x^k \in X, \quad p^k \cdot x^k \leq m^k$$

成立。故在其极限处亦有
$$x^0 \in X, \quad p^0 \cdot x^0 \leq m^0$$

成立,也就是 $x^0 \in B(p^0, m^0)$。

假设,对于点 y^0,有 $y^0 \in P(x^0)$,$p^0 \cdot x^0 < m^0$。根据映射 P 的下半连续性,存在收敛于点 y^0 的点列 $\{y^k\}$,对于充分大的 k,$y^k \in P(x^k)$ 成立。另外,对于充分大的 k,有
$$p^k \cdot x^k < m^k$$

成立。但是,这与 $x^k \in D(p^k, m^k)$ 相矛盾。这就意味着
$$P(x^0) \cap \{y \mid p^0 \cdot y < m^0\} = \varnothing$$

成立,根据定理 11.3,$x^0 \in D(p^0, m^0)$。 ∎

定理 11.6：设消费集合 X 是闭、凸并且下有界的,偏好映射 $P: X \to 2^X$ 是开值、下半连续的。此时,需求关系 $D: Q \to 2^X$ 是上半连续的。

证明：对于点 $(p^k, m^k) \in Q$,取包含点 (p^0, m^0) 近旁的紧集 $K \subset Q$。由于 $p^0 \in R_{++}$ 且消费集合 X 是下有界的,对于所有的点 $(p,m) \in K$,可以很容易地知道预算集合 $B(p,m)$ 包含在一个有界的集合中。因此,在点 (p^0, m^0) 的近旁,需求关系 D 的值域是紧集。故而,根据定理 11.5 和定理 10.4,可以得出需求关系 D 是上半连续的。本定理获证。 ∎

在关系是函数的情况下,上半连续性就意味着连续性。由定理 11.6,立即便可获得下面的定理,这里省略证明过程。

定理 11.7：在与定理 11.6 的前提相同的情况下,如果需求关系 $D: Q \to 2^X$ 是函数,则它是连续的。

四、供给函数的连续性

设某企业的生产集合为 $Y \subset R^n$，假定生产集合有以下性质。

闭性：集合 Y 是闭集合。

设价格集合为
$$P = \{ p \in R^n \mid \text{存在实数 } b，\text{如果 } y \in Y，\text{则 } p \cdot y \leqslant b \}$$

集合 P 的内部以 $\text{int } P$ 表示。当价格 $p \in P$ 时，企业利润和供给集合定义如下。
$$\pi(p) = \sup\{ p \cdot y \mid y \in Y \}, \quad S(p) = \{ y \in Y \mid p \cdot y = \pi(p) \}$$

此时，如下定义一个映射：
$$p \in \text{int } P \to S(p) \subset Y$$

这个映射用 $S: \text{int } P \to 2^Y$ 标记，称之为"供给关系"（supply relation）。

定理 11.8：对于任意的点 $z^0 \in Y$ 与紧集 $K \subset \text{int } P$，集合
$$\{ y \in Y \mid p \in K, p \cdot y \geqslant p \cdot z^0 \}$$
是有界的。

证明：用反证法证明。

假设存在点列 $\{y^k\}$ 和 $\{p^k\}$，对于各 k，有
$$y^k \in Y, \quad p^k \in K, \quad p^k \cdot y^k \geqslant p \cdot z^0$$

成立，并且，点列 $\{y^k\}$ 不是有界的。选择子点列，使得 $\|y^k\| \to +\infty$，p^k 收敛于 $p^0 \in K$。

进而，由于点列 $\left\{\dfrac{y^k}{\|y^k\|}\right\}$ 在单位圆上运动，选择子点列，可以假设 $\dfrac{y^k}{\|y^k\|}$ 收敛于 $\overline{y}$。此时，因对于各 k，有

$$p^k \cdot \frac{y^k}{\|y^k\|} \geqslant p^k \cdot \frac{z^0}{\|y^k\|}$$

成立，故在极限处可以得到
$$p^0 \cdot \overline{y} \geqslant 0$$

从而，由于 $p^0 \in \text{int } P$，存在正数 $\varepsilon > 0$，对接近 p^0 的适当的点 $p^* \in \text{int } P$，有
$$p^* \cdot \overline{y} \geqslant \varepsilon$$

成立。而 $\dfrac{y^k}{\|y^k\|}$ 收敛于 $\overline{y}$，对于充分大的 k，有

$$p^k \cdot \frac{y^k}{\|y^k\|} \geqslant \varepsilon$$

成立，故而有
$$p^* \cdot y^k \geqslant \varepsilon \|y^k\|$$

成立，即 $p^* \cdot y^k \to +\infty$。这样的结论与 $p^* \in \text{int } P$ 矛盾。故定理得证。∎

通过以下映射

$$p \in \text{int}\, P \to \pi(p) \in R$$

定义一个函数 $\pi : \text{int}\, P \to R$，称这个函数为"利润函数"。

定理 11.9：设生产集合 Y 是非空的闭集合，对于所有的 $p \in \text{int}\, P$，供给集合 $S(p)$ 是非空的。

证明：设点 $z^0 \in Y$ 和 $p^0 \in \text{int}\, P$，并定义一个集合 Y'：

$$Y' = \{ y \in Y \mid p^0 \cdot y \geqslant p^0 \cdot z^0 \}$$

根据定理 11.8，可以知道这个集合是有界的。从而，根据集合 P 的定义可知，对于各 k，存在 $y^k \in Y'$ 并且使得 $p^0 \cdot y^k$ 收敛于 $\pi(p^0)$ 的点列 $\{ y^k \}$。因点列 $\{ y^k \}$ 是有界的，选择子点列，可以使其收敛于某点 y^0。故在极限处得到

$$y^0 \in Y,\quad p^0 \cdot y^0 = \pi(p^0)$$

即 $y^0 \in S(p^0)$。

定理 11.10：设生产集合 Y 是闭集合。此时，供给关系 $S : P \to 2^Y$ 是闭的。

证明：设点列 $\{ p^k \} \in P$ 收敛于 p^0，点列 $\{ y^k \} \in Y$ 收敛于 y^0，对于各 k 有 $y^k \in S(p^k)$。并设，$z \in Y$。因为对于各 k，有

$$y^k \in Y,\quad p^k \cdot y^k \geqslant p^k \cdot z$$

成立。所以在极限处亦有

$$y^0 \in Y,\quad p^0 \cdot y^0 \geqslant p^0 \cdot z$$

成立。根据点 z 的任意性，可以得出 $y^0 \in S(p^0)$。故而，供给关系 S 是闭的，定理得证。

定理 11.11：设生产集合 Y 是闭集合，供给关系 $S : \text{int}\, P \to 2^Y$ 是上半连续的。

证明：设 $p^0 \in \text{int}\, P$，并且 $z^0 \in S(p^0)$。取包含点 p^0 近旁的紧集 $K \subset \text{int}\, P$。

根据定理 11.8，对于点 $z^0 \in Y$ 和紧集 $K \subset \text{int}\, P$，有集合

$$\{ y \in Y \mid p \in K,\ p \cdot y \geqslant p \cdot z^0 \}$$

是有界集合，因此，在点 p^0 的近旁，供给关系 S 的值域是紧集。故由定理 11.10 可知，供给关系 S 在点 p^0 处是上半连续的。而点 p^0 是任意的，所以供给关系 S 是上半连续的。

在关系是函数的情况下，上半连续性意味着连续性，故而由定理 11.11 可以立即得到以下定理（省略证明）。

定理 11.12：在与定理 11.11 相同的前提下，如果供给关系是函数，则函数是连续的。

定理 11.13：设生产集合 Y 是非空的闭集合，则利润函数 $\pi : \text{int}\, P \to R$ 是连续的。

证明：设点列 $\{ p^k \}$ 收敛于点 $p^0 \in \text{int}\, P$。根据定理 11.9，对于各 k，存在 $y^k \in S(p^k)$，使得

$$p^k \cdot y^k = \pi(p^k)$$

成立。如同定理 11.11 的证明过程中揭示的那样，在点 p^0 的近旁，供给关系 S 的值域是紧集，所以点列是有界的。

假设 $\pi(p^k)$ 收敛于 $\pi(p^0)$，从点列 $\{y^k\}$ 中选择适当的部分，使得其收敛于 y^0。另外，可以设

$$\lim_{k\to\infty}\pi(p^k)=\lim_{k\to\infty}p^k\cdot y^k=p^0\cdot y^0\neq\pi(p^0)$$

但是，根据定理 11.10，关系 S 是闭的，所以 $y^0\in S(p^0)$，也就是

$$p^0\cdot y^0=\pi(p^0)$$

故出现矛盾。故而，$\pi(p^k)$ 收敛于 $\pi(p^0)$。 ∎

§11.2 均衡的存在性

一、模型

本节对于一般均衡模型给出均衡存在性的证明。首先，对证明的对象进行再梳理。在第八章中给出的一般化经济以下面的 ε 来标记：

$$\varepsilon=\{Y,X_i,P_i,m_i,i=1,2,\cdots,I\}$$

也就是经济里有 n 种物品，故物品空间为 R^n；经济的生产可能集合 $Y\subset R^n$；构成经济的消费者总数为 I；消费者 i 的消费集合 $X_i\subset R^n$；消费者的偏好映射以 $P_i:X_i\to 2^{X_i}$ 表示。以上是本章使用的一般化经济与第八章标记的不同之处。

物品的价格集合如下：

$$P=\{p\in R^n\mid 存在实数 b>0，对于任意的 y\in Y，有 p\cdot y\leqslant b\}$$

消费者 i 的收入是定义在 P 上的函数 m_i，其值 $m_i(p)$ 为当价格为 $p\in P$ 时的消费者 i 的收入。价格为 $p\in P$ 时的供给集合和产品的价值分别为

$$S(p)=\{y\in Y\mid 对于任意的 z\in Y，有 p\cdot z\leqslant p\cdot y\}$$

$$\pi(p)=p\cdot S(p)$$

对于任意的 $p\in P$，设下式成立：

$$\pi(p)=\sum_{i=1}^{I}m_i(p) \tag{11.2.1}$$

下面对经济的均衡进行定义。

定义 11.4：若价格 $p\in R^n$、消费者 i 的物品消费量 $x_i\in X_i$ 及生产量 $y\in Y$ 的组合 $\{p,x_1,x_2,\cdots,x_I,y\}$ 满足以下条件，则称为经济 ε 的竞争均衡：

（1）对于消费者 i，有 $p\cdot x_i\leqslant m_i(p)$；如果 $z\in P_i$，则 $p\cdot z>m_i(p)$ 成立。

（2）$y\in S(p)$，即对于任意的 $z\in Y$，有 $p\cdot y\geqslant p\cdot z$。

（3）$\sum_{i=1}^{I}x_i=y$。

证明均衡存在必需的条件如下。

假定 11.1：设经济 ε 满足以下条件：

（1）生产集合 Y 非空、闭、凸，并且 $Y\supset R^n_-$，这里 $R^n_-=-R^n_+$，集合 $Y\cap R^n_+$ 有界。

（2）各消费者 i 的消费集合 X_i 是非空、闭、凸的，并且下有界。

（3）各消费者 i 的偏好映射 $P_i: X_i \to 2^{X_i}$ 满足非反射、非空、开值、凸值的性质，并且是下半连续的。

（4）各消费者 i 的收入函数 $m_i: P \to R$ 是连续的。另外，对于所有的 $p \in P$ 和 $p \neq \mathbf{0}$，存在 $x \in X_i$ 使得 $m_i(p) > p \cdot x$ 成立。

条件（1）的 $Y \supset R_-^n$ 是自由处置的假设，$Y \cap R_+^n$ 的有界性是为了将生产约束在有限范围内。条件（3）的偏好映射 $P_i: X_i \to 2^{X_i}$ 的非空性意味着偏好的非饱和性。条件（4）意味着不论在什么样的价格条件下，消费者都有充分的收入，即消费集合内的预算曲线的下方，存在可以购买的点，也即所谓的"便宜点假设"成立。

二、价格范围

下面设定寻求均衡价格的范围。因消费集合下方有界，对于任意的 $x_i \in X_i$（$i=1,2,\cdots,I$），存在非正向量 $e \in R^n$，使得 $e < \sum_{i=1}^{I} x_i$ 成立，即存在向量 $e \in R^n$，使得

$$e < \sum_{i=1}^{I} x_i, \quad e \leq \mathbf{0} \tag{11.2.2}$$

成立。

定义集合 Y^*：

$$Y^* = \{ y \in Y \mid e \leq y \}$$

将价格限定在下面的集合中：

$$P' = \{ p \in P \mid \text{对于 } y \in Y^*, \ p \cdot y = \pi(p) \text{ 成立} \}$$

图 11.3 描绘了集合 Y^* 和 P' 的关系。

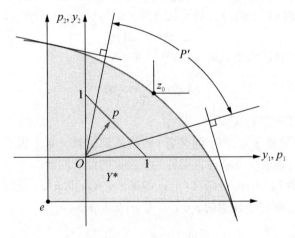

图 11.3　价格的范围

定理 11.14：集合 P' 为非空并且是闭的。

证明：因集合 $Y \cap R_+^n$ 是有界的，容易找到从原点出发的向正方向延伸的向量，使得

$$Y \cap \{ y \in R_+^n \mid z_0 < y \} = \varnothing$$

成立的点 $z_0 \in Y^*$。从而，根据分离定理，存在 $p^0 \in R_+^n$ 和 $p \neq \mathbf{0}$，对于任意的 $y \in Y$，有

$$p^0 \cdot y \leqslant p^0 \cdot z^0$$
成立,即 $p^0 \in P'$,集合 P' 是非空的。

下面证明集合 P' 是闭的。

设点列 $\{p^k\} \in P'$ 收敛于 p^0。由 P' 的定义可知,存在使得
$$p^k \cdot y^k = \pi(p^k)$$
成立的点列 $\{y^k\} \in Y$。根据集合 Y^* 的紧集性,可以假设点列 $\{y^k\}$ 收敛于某一点 $y^0 \in Y$。根据式(11.2.1)和式(11.2.2)可知 π 是连续的。故在极限处
$$p^0 \cdot y^0 = \pi(p^0)$$
成立,因此 $p^0 \in P'$,故集合 P' 是闭的。定理得证。 ∎

定义集合 Δ:
$$\Delta = \{p \in R_+^n \mid \sum_{i=1}^n p_i = 1\}$$
根据假定 11.1 中条件(1)的 $Y \supset R_-^n$,有 $P \subset R_+^n$;进而将价格限定在以下集合中:
$$\Delta' = P' \cap \Delta$$
并定义集合 Δ^*:
$$\Delta^* = \mathrm{co}\,\Delta'$$
可知,Δ^* 是非空、凸的紧集。另外,由定理 6.3 可知,集合 P 是凸集合,故 $\Delta^* \subset P$。

三、适用于不动点定理的映射

对于各 $i = 1,2,\cdots,I$,如下定义关系 $F_i : \Delta^* \times X_i \to X_i$
$$F_i(p,x) = \begin{cases} \{y \in X_i \mid p \cdot y < m_i(p)\} & p \cdot x > m_i(p) \text{时} \\ \{y \in X_i \mid p \cdot y < m_i(p)\} \cap P_i(x) & p \cdot x \leqslant m_i(p) \text{时} \end{cases}$$

在图 11.4 中,$p \cdot x \leqslant m_i(p)$ 时的集合 $F_i(p,x)$ 是用阴影部分来表示的。

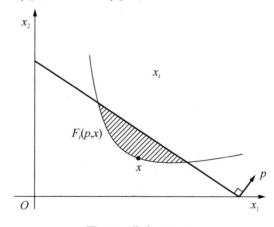

图 11.4 集合 $F_i(p,x)$

定理 11.15:对于各 $i = 1,2,\cdots,I$,关系 F_i 是凸值和下半连续的。

证明:关系 F_i 是凸值的证明,只需由集合 $\{y \in X_i \mid p \cdot y < m_i(p)\}$ 和 $P_i(x)$ 的凸性

便可获知。

以下证明关系 F_i 是下半连续的。

设点列 $\{(p^k, x^k)\}$ 收敛于 $(p^0, x^0) \in \Delta^* \times X_i$，$y^0 \in F_i(p^0, x^0)$。根据 $F_i(p^0, x^0)$ 的定义，有

$$p^0 \cdot y^0 < m_i(p^0) \tag{11.2.3}$$

成立。如果 $p^0 \cdot y^0 > m_i(p^0)$，对于充分大的所有的 k，有

$$p^k \cdot y^k > m(p^k)$$

成立，所以，

$$F_i(p^k, x^k) = \{y \in X_i \mid p^k \cdot y < m_i(p^k)\}$$

成立。另外，根据式（11.2.3），对于充分大的所有的 k，有

$$p^k \cdot y^0 < m_i(p^k)$$

从而有

$$y^0 \in F_i(p^k, x^k)$$

成立。故而，当点列 $\{y^k\}$ 置于 $y^k = y^0$ 时，有 $y^k \in F_i(p^k, x^k)$，从而可知关系 F_i 是下半连续的。

设 $p^0 \cdot y^0 \leqslant m_i(p^0)$。在这种情况下，根据 $F_i(p^0, x^0)$ 的定义，有

$$y^0 \in P_i(x^0)$$

成立。从而，由于关系 P_i 是下半连续的，存在收敛于点 y^0 的点列 $\{y^k\}$，对于充分大的所有的 k，有

$$y^k \in P_i(x^k)$$

成立。另外，根据式（11.2.3），对于充分大的所有的 k，有

$$y^k < m_i(p^k)$$

故而对于充分大的所有的 k，有

$$p^k \cdot y^k < m_i(p^k)$$

成立。从而，在 $p^0 \cdot y^0 \leqslant m_i(p^0)$ 的情况下，我们也证明了关系 F_i 同样具有下半连续性，定理获证。∎

如下定义一个关系 $F_0 : R^n \to \Delta^*$：

$$F_0(y) = \{p \in \Delta^* \mid p \cdot y > \pi(p)\}$$

图 11.5 描绘了 $p \in F_0(y)$ 时向量 p 与 y 的关系。

定理 11.16：关系 F_0 是凸值和下半连续的。

证明：根据引理 5.5，利润函数 π 是凸函数，故容易证明关系 F_0 是凸值。另外，根据利润函数 π 的连续性可以容易地证明关系 F_0 的下半连续性。∎

如下定义关系 $F : \Delta^* \times X_1 \times X_2 \times \cdots \times X_I \to \Delta^* \times X_1 \times X_2 \times \cdots \times X_I$：

$$F(p, x_1, x_2, \cdots, x_I) = F_0\left(\sum_{i=1}^{I} x_i\right) \times F_1(p, x_1) \times F_2(p, x_2) \times \cdots \times F_I(p, x_I)$$

在这里，我们先做以下假定，其理由将在以后的叙述中说明。

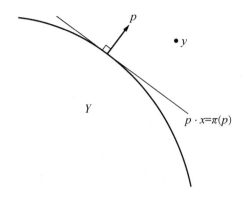

图 11.5 向量 p 与 y 的关系

假定 11.2：对于各 $i=1,2,\cdots,I$，消费集合 X_i 是上有界的。

定理 11.17：在 $(p,x_1,x_2,\cdots,x_I) \in \Delta^* \times X_1 \times X_2 \times \cdots \times X_I$ 上，$F_0\left(\sum_{i=1}^{I} x_i\right) = \varnothing$，$F_1(p,x_1)=\varnothing$，$F_2(p,x_2)=\varnothing$，$\cdots$，$F_I(p,x_I)=\varnothing$ 成立。

证明：可以将关系 $F_0,F_1,F_2,\cdots,F_I$ 视为定义在 $\Delta^* \times X_1 \times X_2 \times \cdots \times X_I$ 上的关系。另外，根据定理 11.15 和定理 11.16，它们都是凸值和下半连续的。从而，根据不动点定理可知，对于点 $(p,x_1,x_2,\cdots,x_I) \in \Delta^* \times X_1 \times X_2 \times \cdots \times X_I$，以下各式成立：

$$p \in F_0\left(\sum_{i=1}^{I} x_i\right), \text{ 或者 } F_0\left(\sum_{i=1}^{I} x_i\right) = \varnothing \tag{11.2.4}$$

$$x_i \in F_i(p,x_i), \text{ 或者 } F_i(p,x_i) = \varnothing \quad (i=1,2,\cdots,I) \tag{11.2.5}$$

对于各 $i=1,2,\cdots,I$，根据关系 $F_i(p,x_i)$ 的定义，可知 $x_i \notin F_i(p,x_i)$，故由式（11.2.5），一定有

$$F_i(p,x_i) = \varnothing$$

另外，根据假定 11.2，因 $\{y \in X_i \mid p \cdot y < m_i(p)\} \neq \varnothing$，根据关系 $F_i(p,x_i)$ 的定义，有

$$p \cdot x_i \leqslant m_i(p)$$

成立。对于各 $i=1,2,\cdots,I$，对上式两边求和，就有：

$$p \cdot \sum_{i=1}^{I} x_i \leqslant \sum_{i=1}^{I} m_i(p) = \pi(p)$$

根据关系 $F_0\left(\sum_{i=1}^{I} x_i\right)$ 的定义，有 $p \notin F_0\left(\sum_{i=1}^{I} x_i\right)$。从而，根据式（11.2.4），我们可知：

$$F_0\left(\sum_{i=1}^{I} x_i\right) = \varnothing \text{。} \blacksquare$$

假定 11.3：消费量 $x_i \in X_i (i=1,2,\cdots,I)$ 和生产量 $y \in Y$ 的组合 $\{x_1,x_2,\cdots,x_I,y\}$ 满足 $\sum_{i=1}^{I} x_i = y$，在各 $i=1,2,\cdots,I$ 处，对于任意的 $\delta > 0$，存在点 $z \in X_i$，有 $z \in P_i(x_i)$，并且 $\|z - x_i\| < \delta$ 成立。

有了上面的准备，就可以证明下面的定理。

定理 11.18：经济 ε 存在竞争均衡。

证明：将 $\{p, x_1, x_2, \cdots, x_I\}$ 作为满足定理 11.7 的组合，并且，设 $y = \sum_{i=1}^{I} x_i$。此时，我们要证明组合 $\{p, x_1, x_2, \cdots, x_I, y\}$ 是竞争均衡。

根据式（11.2.2）定义的 e，有 $e < y$。如果假设 $y \notin Y$，根据分离定理，有
$$F_0(y) \neq \varnothing$$
成立，这与 $F_0\left(\sum_{i=1}^{I} x_i\right) = \varnothing$ 相矛盾。所以，$y \in Y$。而由假定 11.1 的条件(4)和 $F_i(p, x_i) = \varnothing$，有
$$p \cdot x_i \leq m_i(p), \quad P_i(x_i) \cap \{z_i \in X_i \mid p \cdot z < m_i(p)\} = \varnothing \tag{11.2.6}$$

根据假定 11.3，有
$$p \cdot x_i = m_i(p)$$

所以，
$$p \cdot y = p \cdot \sum_{i=1}^{I} x_i = \sum_{i=1}^{I} m_i(p) = \pi(p)$$

竞争均衡的定义 11.4 的（2）成立。进而，根据式（11.2.6）和映射 P_i 的开值性，与定理 11.3 的证明相同，可以得到均衡条件（1）（假定 11.1）成立。∎

四、经济的有界性

基于假定 11.1 和假定 11.2，我们对上面的竞争均衡存在性进行了证明。下面，我们就要说明这样的假定并不影响竞争均衡存在的一般性。

由假定 11.1 的条件（1）的集合 $Y \cap R_+^n$ 的有界性，可以知道集合 Y^* 是上有界的，即对于任意的 $y \in Y^*$，存在向量 $f \in R^n$，使得 $y < f$ 成立。因而，可实行的消费量也是上有界的，即存在向量 $r \in R^n$，在消费者 i 的物品消费量 $x_i \in X_i$ 和生产量 $y \in Y$ 的组合 $\{x_1, x_2, \cdots, x_I, y\}$ 上，如果
$$\sum_{i=1}^{I} x_i = y$$
则
$$x_i < r \quad (i = 1, 2, \cdots, I) \tag{11.2.7}$$
成立。从而，在寻找均衡时，从均衡的条件（3）（假定 11.1），可以将消费者的消费集合限定于以下集合：
$$X_i^* = \{x_i \in X_i \mid x \leq r\}$$

这就是使用假定 11.1 的理由。

对于假定 11.1 的条件（4），有以下定理成立：

定理 11.19：如果向量 r 充分大，对于任意的 $p \in \Delta^*$，有
$$\{x_i \in X_i \mid p \cdot x < m_i(p)\} \neq \varnothing$$

成立。

证明：用反证法。

假设对于任意大的向量 r^k，存在 $p^k \in \Delta^*$，集合
$$\{x_i \in X_i \mid p^k \cdot x < m_i(p^k),\ x \leqq r^k\}$$
是空集。因集合 Δ^* 是紧集，故不失一般性，可以假定点列 $\{p^k\}$ 收敛于点 $p^0 \in \Delta^*$。根据假定 11.1 的条件（4），存在点 $x^0 \in X_i$，使得
$$p^0 \cdot x^0 < m_i(p^0)$$
成立。从而，对于所有的充分大的 k，有
$$p^k \cdot x^0 < m_i(p^k)$$
成立。而对于所有的充分大的 k，有
$$x^0 < r^k$$
成立，这与上述的集合是空集的前提矛盾。■

用下式定义各消费者 i 的偏好映射 $P_i: X_i \to 2^{X_i}$ 变化到映射 $P_i^*: X_i \to 2^{X_i}$：
$$P_i^*(x) = \{w \in X_i \mid w = tz + (1-t)x,\ z \in P_i(x),\ 0 < t \leqq 1,\ w < r\}$$
在图 11.6 中，集合 $P_i^*(x)$ 就是阴影部分。

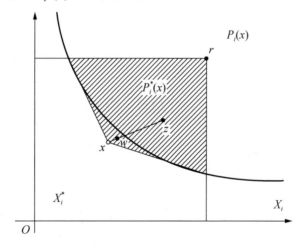

图 11.6　偏好映射的变更

现在，我们就来确认由映射 P_i^* 替代映射 P_i 后，自假定 11.2 起至此的各定理的证明有没有受到影响。很显然，映射 P_i^* 是非反射、凸值、下半连续的；映射 P_i^* 的非空性却不一定是成立的，但是映射 P_i 的非空性在相关定理的证明中都没有用到，所以不需要这一条性质。另外，根据式（11.2.7），映射 P_i 的非空性意味着映射 P_i^* 满足假定 11.3。

其实，映射 P_i^* 的开值性也不一定成立。但是，开值性条件一直到定理 11.18 的证明中的式（11.2.6）为止都没有使用到，所以，式（11.2.6）对于映射 P_i^* 也是成立的。于是，可以得到
$$p \cdot x_i < m_i(p),\ P_i^*(x) \cap \{z \in X_i \mid p \cdot z < m_i(p)\} = \varnothing$$

以下，我们就来推导式（11.2.6）。

根据式（11.2.7），因
$$x_i < r$$

如果 $w \in P_i^*(x) \cap \{z \in X_i \mid p \cdot z < m_i(p)\}$，则存在实数 t 满足 $0 < t \leq 1$，使得
$$tz + (1-t)x_i < r, \quad p \cdot (tw + (1-t)x_i) < m_i(p)$$

成立。即
$$P_i^*(x) \cap \{z \in X_i \mid p \cdot z < m_i(p)\} = \varnothing$$

成立，从而得到式（11.2.6）。

综上所述，在假定 11.2 和假定 11.3 前提下的证明都是可行的。

§11.3 市场均衡

一、超额需求

设经济中有 n 种物品，第 i 种物品的价格为 p_i，所有价格都为正值。第 i 种物品的市场需求和供给的差，也就是超额需求量依存于价格，以
$$z_i = f_i(p_1, p_2, \cdots, p_n) \qquad (i = 1, 2, \cdots, n) \tag{11.3.1}$$
表示。函数 f_i 是定义在 R_{++}^n 上的实数值函数。

定义 11.5：物品价格以向量 p 表示，总超额需求量以向量 $f(p)$ 来表示，即
$$p = \begin{bmatrix} p_1 \\ p_2 \\ \vdots \\ p_n \end{bmatrix}, \quad f(p) = \begin{bmatrix} f_1(p) \\ f_2(p) \\ \vdots \\ f_n(p) \end{bmatrix} = \begin{bmatrix} f_1(p_1, p_2, \cdots, p_n) \\ f_2(p_1, p_2, \cdots, p_n) \\ \vdots \\ f_n(p_1, p_2, \cdots, p_n) \end{bmatrix}$$

则函数 $f : R_{++}^n \to R^n$ 被称为"超额需求函数"。

我们在第八章中揭示了超额需求函数所具备的以下性质。

零阶齐次性：对于任意的价格 $p \in R_{++}^n$ 和数 $\lambda > 0$，有 $f(\lambda p) = f(p)$ 成立。

瓦尔拉斯法则：对于任意的价格 $p \in R_{++}^n$，有 $p \cdot f(p) = 0$ 成立。

经济在均衡时要求在所有的市场上供需相等，也就是处于
$$f_i(p_1, p_2, \cdots, p_n) = 0 \qquad (i = 1, 2, \cdots, n) \tag{11.3.2}$$
的状态。根据瓦尔拉斯法则，如果这里的 n 个方程中的 $n-1$ 个是成立的，则剩下的方程也成立。从而，均衡价格就是同时满足上述的 $n-1$ 个方程的价格。

但是，n 个价格 $p_1, p_2, \cdots, p_n$ 却不能由上述的 $n-1$ 个方程来决定。这是因为超额需求函数是零阶齐次函数，所以为了决定绝对价格水平，设第一个物品为"价值尺度物品"（numeraire），故可假定 $p_1 = 1$。将价格向量长度的调节称为"价格的标准化"（normalization）。此时，均衡价格可以由式（11.3.2）的任意 $n-1$ 个方程和标准化条件 $p_1 = 1$ 共 n 个方程决定。

正如上面说明的那样，n 个均衡价格由 n 个方程决定。从数学意义上讲，n 个方程

能够决定 n 个未知数,但是,方程的个数与未知数个数相等时,不一定有解。事实上,方程的个数与未知数个数相等,仅仅是有解的必要条件而非充分条件。

二、均衡价格的唯一性

对于总超额需求函数 f 做以下假定。

替代性:如果 $p,q \in R_{++}^n$,$p_j = q_j$,$p \le q$,则
$$f_j(p) < f_j(q)$$

这里,记号"$p \le q$"意味着对于所有的 i,有
$$p_i \leqslant q_i$$
并且至少对于一个 i,有
$$p_i < q_i$$
成立。上面的假定意味着对于任何物品,其他物品的价格上升时,该物品的超额需求量都会增加。换言之,价格的交叉效果为正。包含收入效果的替代效果为正。从而,所有的物品都是"替代品"(substitutes)。

根据超额需求函数的零阶齐次性,可以对价格进行标准化。故而,所有价格均表现为以下定义的集合中的元素:
$$S = \{ p \in R_{++}^n \mid \|p\| = 1 \}$$
如图 11.7 所示,集合 S 是以原点为圆心、半径为 1 的圆周与第一象限的公共部分。

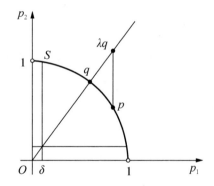

图 11.7　价格的集合

定理 11.20:总超额需求函数 $f: R_{++}^n \to R^n$ 满足粗替代性时,如果均衡价格存在,则其是唯一的,即在集合 S 内使得 $f(p)=0$ 的价格 p 只有一个。

证明:用反证法证明。

假设 $p,q \in S$,$p \ne q$,$f(p) = \mathbf{0}$,$f(q) = \mathbf{0}$。设价格比例 $\dfrac{p_i}{q_i}$ 中最大的是
$$\frac{p_j}{q_j} = \lambda$$
即

$$\frac{p_i}{q_i} \leq \lambda = \frac{p_j}{q_j}$$

另外，由于 $p \neq q$，至少对于一个 i，严格不等号 < 是成立的，故而可以得到

$$p_j = \lambda q_j, \quad p \leq \lambda q$$

根据替代性的假定，有

$$0 = f_j(p) < f_j(\lambda q)$$

成立。另外，根据零阶齐次条件，

$$f_j(\lambda q) = f_j(q) = 0$$

与上式矛盾。■

§11.4 稳 定 性

一、摸索过程

定义 11.6：如果市场处于超额需求的状态，价格就会上升；处于超额供给的状态，价格就会下降。在市场上，这样的价格调整过程被称为"瓦尔拉斯的摸索过程"。

瓦尔拉斯认为，即便初始价格不是均衡价格，如果根据这样的调整，最终也可以达到均衡价格，那么均衡就是稳定的。瓦尔拉斯的摸索过程可以由以下微分方程来表示：

$$\frac{\mathrm{d}p_i}{\mathrm{d}t} = f_i(p_1, p_2, \cdots, p_n) \quad (i = 1, 2, \cdots, n) \tag{11.4.1}$$

这里，变量 t 为时间。在这个过程中，如果第 i 个物品的超额需求量是正值，第 i 个物品价格的变分 $\frac{\mathrm{d}p_i}{\mathrm{d}t}$ 就是正的，则价格 p_i 上升；反之，超额需求量为负，则价格下降。

设物品价格的变分以向量 $\dot{p}$ 表示，即

$$\dot{p} = \begin{bmatrix} \dfrac{\mathrm{d}p_1}{\mathrm{d}t} \\ \dfrac{\mathrm{d}p_2}{\mathrm{d}t} \\ \vdots \\ \dfrac{\mathrm{d}p_n}{\mathrm{d}t} \end{bmatrix}$$

则上面的微分方程可以写成

$$\dot{p} = f(p) \tag{11.4.2}$$

这里，作为总超额需求函数的基本性质，假定以下两个条件成立。

境界条件：存在数 $\delta > 0$，如果 $p \in S$，$p_i \leq \delta$，则 $f_i(p) > 0$。

连续可微性：总超额需求函数 $f : R_{++}^n \to R^n$ 是连续可微的。

所谓境界条件，就是某一物品的价格趋向于 0 时，该物品的需求量增加，市场处于

超额需求的状态。从而，价格集合S的境界附近不存在均衡价格。而连续可微性的条件则是纯数学上的要求。

在以下的讨论中，我们假定微分方程（11.4.2）的解存在，这个解可以用以下函数表示：
$$p:[0,\infty)\to R^n$$
区间$[0,\infty)$表示时间空间，在时刻$t\in[0,\infty)$的价格表示为$p(t)$。设初期值$p(0)\in S$，$p_i(0)>\delta$ ($i=1,2,\cdots,n$)。

微分方程（11.4.2）的解对于时间t是连续的，并且是连续可微的。

定理 11.21：在所有时刻t，$p(t)\in S$，$p_i(t)>\delta$ ($i=1,2,\cdots,n$)成立。

证明：根据式（11.4.2）和瓦尔拉斯法则，可以得到
$$\frac{\mathrm{d}(\|p(t)\|^2)}{\mathrm{d}t}=\frac{\mathrm{d}(p(t)\cdot p(t))}{\mathrm{d}t}=2p(t)\cdot\dot{p}(t)=2p(t)\cdot f(p(t))=0$$
从而，
$$\|p(t)\|=\|p(0)\|=1$$
进而，如果$p_i(t)\leqslant\delta$，则由境界条件，有
$$\dot{p}_i(t)=f_i(p(t))>0$$
成立。从而由初期条件，对于所有的时刻t，有
$$p_i(t)>\delta$$
成立。 ∎

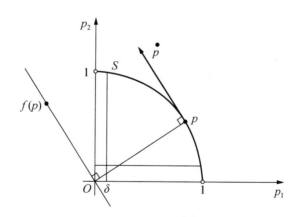

图 11.8 价格的调整

如图 11.8 所示，根据瓦尔拉斯法则，价格的运动方向$\dot{p}$与超额需求量$f(p)$相等的、属于集合S的p点处的切线方向相同，价格在集合S内移动。

二、对角占优矩阵

定义 11.7：设矩阵$A=[a_{ij}]$为k阶正方矩阵。存在向量$b\in R_{++}^k$，当
$$b_j|a_{jj}|>\sum_{i\neq j}b_i|a_{ij}|\quad(j=1,2,\cdots,k)$$

时，矩阵 A 被称为"对角占优矩阵"（dominant diagonal）。

设矩阵 A 和以向量 b 的成分做成的对角矩阵 B 如下：

$$A = \begin{bmatrix} a_{11} & a_{12} & \cdots & a_{1k} \\ a_{21} & a_{22} & \cdots & a_{2k} \\ \vdots & \vdots & & \vdots \\ a_{k1} & a_{k2} & \cdots & a_{kk} \end{bmatrix}, \quad B = \begin{bmatrix} b_1 & 0 & \cdots & 0 \\ 0 & b_2 & \cdots & 0 \\ \vdots & \vdots & & \vdots \\ 0 & 0 & \cdots & b_k \end{bmatrix}$$

考虑下面的矩阵：

$$BA = \begin{bmatrix} b_1 a_{11} & b_1 a_{12} & \cdots & b_1 a_{1k} \\ b_2 a_{21} & b_2 a_{22} & \cdots & b_2 a_{2k} \\ \vdots & \vdots & & \vdots \\ b_k a_{k1} & b_k a_{k2} & \cdots & b_k a_{kk} \end{bmatrix}$$

当矩阵 A 是对角占优矩阵时，在矩阵 BA 的各列中，对角线上元素的绝对值比其他成分绝对值的和大。

定理 11.22：当 k 阶正方矩阵 $A = [a_{ij}]$ 为对角占优矩阵时，$|A| \neq 0$。

证明：当矩阵 A 为对角占优矩阵时，对于向量 $b \in R_{++}^n$，如下定义对角矩阵 B 和矩阵 $C = [c_{ij}]$：

$$B = \begin{bmatrix} b_1 & 0 & \cdots & 0 \\ 0 & b_2 & \cdots & 0 \\ \vdots & \vdots & & \vdots \\ 0 & 0 & \cdots & b_k \end{bmatrix}, \quad C = BA = \begin{bmatrix} b_1 a_{11} & b_1 a_{12} & \cdots & b_1 a_{1k} \\ b_2 a_{21} & b_2 a_{22} & \cdots & b_2 a_{2k} \\ \vdots & \vdots & & \vdots \\ b_k a_{k1} & b_k a_{k2} & \cdots & b_k a_{kk} \end{bmatrix}$$

因为矩阵 A 是对角占优矩阵，故

$$|c_{jj}| = b_j |a_{jj}| > \sum_{i \neq j} b_i |a_{ij}| = \sum_{i \neq j} |c_{ij}| \tag{11.4.3}$$

假设 $|A| = 0$，有

$$|C| = |B||A| = 0$$

成立。矩阵 C 是非正则的，行向量是线性相关的。从而，存在 $q \in R^k$，$q \neq \mathbf{0}$，使得

$$q^\mathrm{T} C = 0$$

即

$$-q_j c_{jj} = \sum_{i \neq j} q_i c_{ij} \quad (j = 1, 2, \cdots, k)$$

成立。对该式取绝对值，对于使得 $|q_j|$ 的值为最大的 j，有下式成立：

$$|q_j||c_{jj}| \leq \sum_{i \neq j} |q_i||c_{ij}| \leq |q_j| \sum_{i \neq j} |c_{ij}|$$

从而，根据式（11.4.3），有

$$|q_j| = 0$$

成立。这与 $q \neq \mathbf{0}$ 相矛盾，故 $|A| \neq 0$。∎

定理 11.23：设 k 阶正方矩阵 A 为对角占优矩阵，如果矩阵 A 的对角成分全部为正（负）值，则矩阵 A 为正（负）定的。

证明：对于数 $s \in [0,1]$，矩阵 $A(s)$ 定义如下：

$$A(s) = \begin{bmatrix} a_{11} & 0 & \cdots & 0 \\ 0 & a_{22} & \cdots & 0 \\ \vdots & \vdots & & \vdots \\ 0 & 0 & \cdots & a_{kk} \end{bmatrix} + s \begin{bmatrix} 0 & a_{12} & \cdots & a_{1k} \\ a_{21} & 0 & \cdots & a_{2k} \\ \vdots & \vdots & & \vdots \\ a_{k1} & a_{k2} & \cdots & 0 \end{bmatrix}$$

$A(1) = A$；另外，明显有 $|A(0)| \neq 0$。

因矩阵 A 是对角占优矩阵，所以矩阵 $A(s)$ 也是对角占优矩阵。根据定理 11.15，有下式成立：

$$|A(s)| \neq 0$$

$|A(s)|$ 对于 s 是连续的，所以，$|A(s)|$ 与 $|A(0)|$ 有相同的符号。进而，因为 $A(s)$ 的任意主子式也是对角占优矩阵，所以 $A(s)$ 的任意主子式不为 0。根据同样的推论，$A(s)$ 的任意主子式与其对应的 $A(0)$ 的主子式具有相同的符号。

如果 $A(0)$ 的对角元素均为正值，则 $A(0)$ 的任意主子式为正值，从而，$A(s)$ 的任意主子式为正值。有这样性质的矩阵是正定的。

另外，如果 $A(0)$ 的对角成分均为负值，那么 $-A$ 是正定的，则 A 为负定。∎

三、替代性与对角占优矩阵

以 ∂f 为总超额需求函数 $f : R_{++}^n \to R^n$ 的微分，即

$$\partial f(p) = \begin{bmatrix} f_{11}(p) & f_{12}(p) & \cdots & f_{1n}(p) \\ f_{21}(p) & f_{22}(p) & \cdots & f_{2n}(p) \\ \vdots & \vdots & & \vdots \\ f_{n1}(p) & f_{n2}(p) & \cdots & f_{nn}(p) \end{bmatrix}$$

另外，作为替代条件，给出以下假定条件。

替代性：$i \neq j$ 时，$f_{ij}(p) > 0$，即矩阵 $\partial f(p)$ 的非对角成分均为正值。

在价格 p 下，定义总超额需求为正的物品的集合如下：

$$\Lambda(p) = \{ i \mid f_i(p) > 0 \}$$

此时，除去不属于微分 ∂f 的 $\Lambda(p)$ 的行和列，得到的主子式以下式定义：

$$D(p) = \left[f_{ij}(p) \right]_{i \in \Lambda(p), j \in \Lambda(p)}$$

定理 11.24：矩阵 $D(p)$ 是负定的，即对于任意的 $z \neq 0$，$z^T D(p) z < 0$。

证明：因为总超额需求函数 $f : R_{++}^n \to R^n$ 是零次齐次的，对于各 j 和任意的实数 $\lambda > 0$，

$$f_j(\lambda p) = f_j(p)$$

成立。对 λ 求微分，并且令 $\lambda = 1$，便可以得到

$$\sum_{i=1}^{n} p_i f_{ji}(p) = 0 \quad (j = 1, 2, \cdots, n)$$

根据替代性的条件，可以得到
$$f_{jj}(p) < 0$$
进而，对于各 $j \in \Lambda(p)$，
$$\sum_{i \in \Lambda(p)} p_i f_{ji}(p) = -\sum_{i \notin \Lambda(p)} p_i f_{ji}(p) < 0$$
成立。从而，矩阵 $D(p)$ 的转置矩阵 $D(p)^T$ 是对角占优矩阵。

就瓦尔拉斯法则 $p \cdot f(p) = 0$ 对 p_j 进行微分，便得到
$$f_j(p) + \sum_{i=1}^{n} p_i f_{ij}(p) = 0 \quad (j = 1, 2, \cdots, n)$$
对于各 $j \in \Lambda(p)$，由粗替代性可以得到
$$\sum_{i \in \Lambda(p)} p_i f_{ij}(p) = -f_j(p) - \sum_{i \notin \Lambda(p)} p_i f_{ij}(p) < 0$$
所以，矩阵 $D(p)$ 也是对角占优矩阵。

矩阵 $D(p) + D(p)^T$ 是对角占优矩阵且为对称的，其对角线元素皆为负数，故根据定理 11.23，为负定的。从而，对于任意的 $z \neq 0$，有
$$z^T [D(p) + D(p)^T] z = z^T D(p) z + z^T D(p)^T z$$
$$= 2 z^T D(p) z < 0$$
成立，定理获证。∎

四、李雅普诺夫方法

定义函数 $V: S \to R$ 如下：
$$V(p) = \sum_{i=1}^{n} [\max(f_i(p), 0)]^2 \quad (11.4.4)$$
实际上，函数 V 可以定义为
$$V(p) = \sum_{i \in \Lambda(p)} f_i^2(p) \quad (11.4.5)$$
对式（11.4.5），如果 $\dot{p} = f(p) = 0$，则显然地 $V(p) = 0$。反之，如果 $V(p) = 0$，则
$$f(p) \leqslant 0$$
成立。根据瓦尔拉斯法则，$p \cdot f(p) = 0$ 且 $p > 0$，有
$$f(p) = \dot{p} = 0$$
从而，$\dot{p} = 0$ 的充分必要条件是
$$V(p) = 0$$

定义 11.8：对于微分方程体系 $\dot{p} = f(p)$，具有这样性质的函数 V 被称为"李雅普诺夫函数"。

定理 11.25：$V(p(t))$ 关于时间 t 可微，并且
$$\frac{\mathrm{d}V(p(t))}{\mathrm{d}t} = 2 \left(\sum_{i \in \Lambda(p(t))} \sum_{j=1}^{n} f_i(p(t)) f_{ij}(p(t)) f_j(p(t)) \right) < 0$$
成立。

证明：函数 $y = [\max(x,0)]^2$ 可微，其微分是
$$y' = \max(2x, 0)$$

总超额需求函数 f 也是可微的，故 $V(p(t))$ 关于 $p(t)$ 可微。从而，根据式（11.4.4）和式（11.4.5），有

$$\frac{\mathrm{d}V(p(t))}{\mathrm{d}t} = \sum_{i=1}^{n} \max(2f_i(p(t)), 0) \sum_{j=1}^{n} f_{ij}(p(t)) \frac{\mathrm{d}p_i}{\mathrm{d}t}$$

$$= \sum_{i \in \Lambda(p(t))} 2f_i(p(t)) \sum_{j=1}^{n} f_i(p(t)) f_{ij}(p(t)) f_j(p(t))$$

$$= 2\left(\sum_{i \in \Lambda(p(t))} \sum_{j=1}^{n} f_i(p(t)) f_{ij}(p(t)) f_j(p(t)) \right)$$

如果 $i \in \Lambda(p)$ 并且 $j \notin \Lambda(p)$，则
$$f_i(p) > 0$$
并且
$$f_j(p) \leqslant 0$$
根据粗替代性的假定，有以下不等式成立
$$f_{ij}(p) > 0$$
从而，
$$\sum_{i \in \Lambda(p(t))} \sum_{j \notin \Lambda(p(t))} f_i(p(t)) f_{ij}(p(t)) f_j(p(t)) \leqslant 0$$

根据定理 11.24，$D(p) = \left[f_{ij}(p) \right]_{i \in \Lambda(p), j \in \Lambda(p)}$ 是负定的，所以，
$$\sum_{i \in \Lambda(p(t))} \sum_{j \notin \Lambda(p(t))} f_i(p(t)) f_{ij}(p(t)) f_j(p(t)) < 0$$

从而本定理获证。∎

下面的命题是本节的重点。

命题 11.1：存在均衡价格 p^*，有 $\lim_{t \to +\infty} p(t) = p^*$ 成立。

证明：定义价格集合：
$$S_\delta = \{ p \in S \mid p_i \geqslant \delta, \ i = 1, 2, \cdots, n \}$$

集合 S_δ 是紧集。根据定理 11.21，在所有的时刻 t，$p(t) \in S_\delta$。对于实数 $\varepsilon > 0$，定义价格集合如下：
$$U_\varepsilon = \{ p \in S_\delta \mid V(p) < \varepsilon \}$$

根据定理 11.25，如果 $t < t'$，则有
$$V(p(t)) > V(p(t'))$$

成立。假定对于某一正数 $\varepsilon > 0$，在所有的时刻 t，$V(p(t)) \geqslant \varepsilon$。这个假定意味着调整路径在集合 U_ε 之外，价格 $p(t) \in S_\delta \setminus U_\varepsilon$。集合 $S_\delta \setminus U_\varepsilon$ 是紧集，根据定理 11.17，$\dfrac{\mathrm{d}V(p(t))}{\mathrm{d}t}$ 关于 $p(t)$ 是连续的。从而，存在数 $\lambda > 0$，使得

$$\frac{\mathrm{d}V(p(t))}{\mathrm{d}t} \leqslant -\lambda$$

据此，我们有

$$V(p(t)) = V(p(0)) + \int_0^t \frac{\mathrm{d}V(p(t))}{\mathrm{d}t}\mathrm{d}t \leqslant V(p(0)) - \lambda t$$

对于充分大的时刻 t，有

$$V(p(t)) < \varepsilon$$

成立，这与上述假定矛盾。从而，$V(p(t))$ 收敛于 0。

设表示时刻的点列 $t_k \to +\infty$，点列 $\{p(t_k)\}$ 是紧集 S_δ 内的点列，取适当的子点列可以使其收敛，设其极限为 p^*。而 $V(p(t_k))$ 收敛于 0，所以，由函数 V 的连续性，有

$$V(p^*) = 0$$

从而，有

$$f(p^*) = 0$$

p^* 就是均衡价格。根据定理 11.1，p^* 具有唯一性。从而，不存在收敛于非 p^* 点的点列 $\{p(t_k)\}$，即 $p(t)$ 收敛于 p^*。∎

练　习

1. 对于总超额需求函数 f，设瓦尔拉斯的摸索过程遵循以下规则：
$$p = [Df(p)]^{-1} f(p)$$
试证明：$V(p) = -f(p)f(p)$ 是该动态系统的一个李雅普诺夫函数。

2. 消费者 1 和 2 的效用函数分别为 $u^1 = \sqrt{x_1^1 x_2^1}$ 和 $u^2 = x_1^2 \sqrt{x_2^2}$；消费者 1 和 2 的初期禀赋量分别为（0,1）和（1,0）。试求：

（1）超额需求函数；

（2）均衡相对价格；

（3）均衡需求量。

第十二章

经 济 的 核

  在前面的章节中,我们对经济主体在市场上交易商品的行为进行了说明,介绍了在供需均衡时决定价格的市场均衡机制。但是,作为经济主体的消费者不一定在单一的价格下进行经济活动——消费者可以自由地与他人进行交易。埃奇沃斯对这样的一般状况中的全部交易进行了分析,对埃奇沃斯契约曲线的概念进行了推广,这就是本章的中心内容——"核"。埃奇沃斯所建立的这一理论在现代博弈理论中有重要应用。明确交换经济中核与竞争均衡的关系是本章的学习目的之一。

  首先,我们在交换经济中定义"核配置"的概念,即在竞争均衡处的配置就是核配置。同时,由于核配置是帕累托最优的,故可以导出福利经济学第一基本定理。其次,定义消费者数量翻番的"复制经济"的概念,揭示"经济变大,核就缩小"的规律。另外,我们还要证明在核配置之下,"对同类型的人分配等量物品"的核的同等待遇性质。最后,我们还要证明极限定理,即经济变大,就可以导出"在极限处核配置与竞争均衡的配置是一致的"的结果。

第十二章 经济的核

§12.1 交换经济的核

一、经济模型

首先,定义被称为经济的"配置"的概念。以下,我们考虑一个第八章中已经说明过的没有生产的交换经济 ε_E,经济唯一的活动就是交易初始禀赋资源。很显然,这是一种特殊情形,然而,它却非常有助于分析问题,并便于将各种结论推广到具有线性生产函数的经济中去。设经济 ε_E 由 I 位消费者构成,以

$$\varepsilon_E = \{X_i, \succ_i, e_i \mid i = 1, 2, \cdots, I\}$$

表示。消费者 i 的消费集合 X_i 是 n 维欧几里得空间 R^n 的子空间,偏好集合 $\succ_i$ 是消费集合 X_i 上的二元关系。消费者 i 的初期禀赋量是向量 $e_i \in R^n_+$。对于消费者 i 的偏好关系 $\succ_i$,我们给出如下定义。

定义 12.1:(偏好·无差异关系 $\succsim_i$):对于两点 $x, y \in X_i$,"非 $y \succ_i x$"可以用 $x \succsim_i y$ 标记。

定义 12.2:(无差异关系 $\sim_i$):对于两点 $x, y \in X_i$,"$x \succsim_i y$ 且 $y \succsim_i x$"可以用 $x \sim_i y$ 标记。

定义 12.3:各个消费者 i 的物品消费量以 $x_i \in X_i$ 标记,它们的组合 $\{x_1, x_2, \cdots, x_I\}$ 满足以下条件时,被称为经济 ε_E 的"配置":

$$\sum_{i=1}^{I} x_i = \sum_{i=1}^{I} e_i \tag{12.1.1}$$

二、竞争均衡

在某价格体系之下,所有消费者对于物品的需求是在预算约束下获得最大满足,如果此时的总需求与经济中存在的物品总禀赋量相等,就达到竞争均衡。根据定义 8.1,在经济 ε_E 的竞争均衡处的配置可以如下定义。

定义 12.4:经济 ε_E 的某一个配置 $\{x_1, x_2, \cdots, x_I\}$ 在价格向量 $p \in R^n$ 满足以下条件时,被称为经济 ε_E 的"竞争均衡配置":

对于所有的消费者 i,有

(1) $p \cdot x_i \leqslant p \cdot e_i$;

(2) 如果 $y \succ_i x$,则 $p \cdot y > p \cdot e_i$。

经济 ε_E 的所有的竞争均衡配置集合记为 W,定义 12.4 的条件(1)意味着各消费者 i 得到的物品量 x_i 在价格 p 下满足预算约束;条件(2)则意味着在满足预算约束的条件下,没有比 x_i 更偏好的。图 12.1 描绘的是消费者 i 的状况,图中 AA' 是无差异曲线,BB' 则是预算曲线。

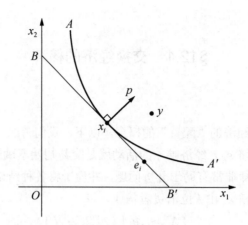

图 12.1 消费者 i 的状况

三、帕累托最优配置

下面我们对帕累托最优配置进行定义。

定义 12.5：对于经济 ε_E 的某一个配置 $\{x_1, x_2, \cdots, x_I\}$，不存在满足以下条件的其他配置，这一配置就被称为"帕累托最优配置"：

（1）对于所有的消费者 i，$y_i \succsim_i x_i$ 成立；

（2）至少有一消费者 i，$y_i \succ_i x_i$ 成立。

福利经济学第一基本定理认为竞争均衡是帕累托最优的，在以下讨论中我们还会再次接触到对它的证明。

四、经济的核

所有消费者的集合用 A 表示，即 $A = \{1, 2, \cdots, I\}$。

定义 12.6：若集合 G 是集合 A 的非空子集合，即 $G \neq \varnothing$ 且 $G \subset A$，则将集合 G 称为"联合"（coalition）。

定义 12.7：对于经济 ε_E 的某一个配置 $\{x_1, x_2, \cdots, x_I\}$ 和某个联合 G，以下条件成立时，认为联合 G "改善"了配置 $\{x_1, x_2, \cdots, x_I\}$：

对于各 i，存在 $y_i \in X_i$，使得

（1）对于所有的消费者 $i \in G$，有 $y_i \succsim_i x_i$；

（2）至少有一消费者 i，有 $y_i \succ_i x_i$；

（3）$\sum\limits_{i \in G} y_i = \sum\limits_{i \in G} e_i$。

在以上的定义中，条件（1）和（2）表示属于联合 G 的各消费者 i 接受新分配的物品 y_i 时，谁的效用也没有受到损失，至少还有一个消费者的效用水平提高了；条件（3）的经济意义是，这样的物品分配，可以由属于联合 G 的消费者最初的禀赋量实现。从而，当定义 12.7 的条件成立时，配置 $\{x_1, x_2, \cdots, x_I\}$ 将会被属于联合 G 的消费者拒绝。

定义 12.8：任何联合都不能改善的配置，被称为"核配置"；所有的核配置的集合被称为经济 ε_E 的"核"，用 "ℓ" 标记。

定理 12.1：任意核配置都是帕累托最优的。

证明：由于核配置不能被任何联合改善，因而也不能被所有消费者参与的联合 A 改善。从而，根据定义 12.5 的帕累托最优配置的定义，其配置是帕累托最优的。∎

为了证明竞争均衡配置是核配置，需要假设消费者的偏好关系具有局部非饱和性。

假定 12.1：对于消费者 i，如果有 $y_i \underset{\sim_i}{\succ} x_i$ 成立，则对于任意的 $\delta>0$，存在点 $z \in X_i$ 使得 $d(y,z)<\delta$，并且 $z \succ_i x$。

这个假定的思想是，少许改变物品的消费量，就能够提高消费者的满足程度，在几何图形中表现为无差异曲线没有宽度。

定理 12.2：在假定 12.1 的前提下，所有的竞争均衡配置是核配置，即 $W \subset \ell$。

证明：设配置 $\{x_1, x_2, \cdots, x_I\}$ 是竞争均衡配置，根据定义 12.4，存在适当的价格向量 $p \in R^n$，对于所有的消费者 i，

$$\text{“如果 } y \succ_i x_i \text{，则 } p \cdot y > p \cdot e_i \text{”} \tag{12.1.2}$$

成立。

假设配置 $\{x_1, x_2, \cdots, x_I\}$ 不是核配置。根据定义 12.7 和定义 12.8，存在某一个联合 G 可以改善配置 $\{x_1, x_2, \cdots, x_I\}$，即对于各 i，存在 $y_i \in X_i$，以下条件成立：

$$\text{对于所有的 } i \in G, \text{ 有 } y_i \underset{\sim_i}{\succ} x_i \tag{12.1.3}$$

$$\text{存在 } i \in G, \text{ 使得 } y_i \succ_i x_i \tag{12.1.4}$$

$$\sum_{i \in G} y_i = \sum_{i \in G} e_i \tag{12.1.5}$$

根据假定 12.1 与式（12.1.3），在各 $i \in G$，如图 12.2 所示，对于任意的 $\varepsilon>0$，存在点 $z \in X_i$，使得 $d(y_i,z)<\varepsilon$，并且 $z \succ_i x$。根据式（12.1.2），有

$$p \cdot z > p \cdot e_i$$

当 ε 趋向于 0 时，z 无限接近 y_i，在极限处有

$$p \cdot y_i \geqslant p \cdot e_i$$

从而，上面的不等式对于所有的 $i \in G$ 成立。另外，根据式（12.1.2）和式（12.1.4），存在 $i \in G$，上式对于严格不等号 > 成立。故而有

$$p \cdot \sum_{i \in G} y_i > p \cdot \sum_{i \in G} e_i$$

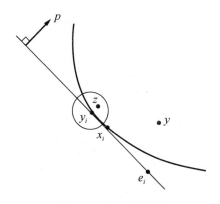

图 12.2　点 z 的存在

这个结果与式（12.1.5）矛盾。∎

作为这个定理的推论，可以得到福利经济学第一基本定理。

定理 12.3：所有的竞争均衡配置是帕累托最优的。

证明：根据定理 12.2，竞争均衡配置是核配置，由定理 12.1 可知，它是帕累托最优的。∎

§12.2　复　制　经　济

一、复制经济

为了分析经济里的核配置与竞争均衡的关系，我们扩大经济 ε_E。具体方法是在经济 ε_E 的基础上，加入数个相同的经济，即经济 ε_E 加上经济 ε_E 得到二重的经济；如果在这个的基础上再加上经济 ε_E，就得到三重的经济……

定义 12.9：r 重经济被称为"r 重复制经济"，标记为 ε_E^r。特别地，当 $r=1$ 时，$\varepsilon_E^1 = \varepsilon_E$。

原来的经济 ε_E 中有 I 个消费者，r 重复制经济 ε_E^r 中就有 $I \times r$ 个消费者。复制经济 ε_E^r 有 I 种类型的消费者，每种类型里有相同偏好关系和初期禀赋的消费者 r 人。所有消费者的集合以 A^r 标记，定义为

$$A^r = \{(i,j) \mid i=1,2,\cdots,I;\ j=1,2,\cdots,r\}$$

其中，i 表示消费者的类型，j 则是类型中的序号。消费者 (i,j) 的消费集合记为 X_{ij}，偏好关系记为 $\succ_{ij}$，初期的禀赋记为 e_{ij}，于是有

$$\succ_{ij} = \succ_i,\quad e_{ij} = e_i,\quad X_{ij} = X_i$$

另外，相对于偏好关系 $\succ_{ij}$ 的偏好·无差异关系记为 $\underset{\sim}{\succ}_{ij}$，无差异关系记为 $\sim_{ij}$。

二、均衡配置与核配置

与上一节相同，我们要定义复制经济 ε_E^r 里的核配置和竞争均衡配置。

定义 12.10：在复制经济 ε_E^r 里，分配给消费者 (i,j) 的物品的数量记为 $x_{ij} \in X_{ij}$，给全部消费者分配物品的配置方法记为

$$\{x_{ij} \mid i=1,2,\cdots,I;\ j=1,2,\cdots,r\}$$

称其为复制经济 ε_E^r 的"配置"。这里，作为实施的前提条件，配置满足以下条件：

$$\sum_{i=1}^{I}\sum_{j=1}^{r} x_{ij} = r \sum_{i=1}^{I} e_i \tag{12.2.1}$$

定义 12.11：集合 G 是集合 A^r 的非空子集合时，称集合 G 为复制经济 ε_E^r 的"联合"。

定义 12.12：对于复制经济 ε_E^r 的配置 $\{x_{ij} \mid i=1,2,\cdots,I;\ j=1,2,\cdots,r\}$ 和联合 G，在下面的条件成立时，称联合 G "改善"了配置 $\{x_{ij} \mid i=1,2,\cdots,I;\ j=1,2,\cdots,r\}$：

对于各 $(i,j) \in G$，存在 $y_{ij} \in X_{ij}$，使得

（1）对于所有的消费者 $(i,j) \in G$，有 $y_{ij} \succsim_{ij} x_{ij}$；

（2）至少有一个消费者 $(i,j) \in G$，有 $y_{ij} \succ_{ij} x_{ij}$；

（3）$\sum_{(i,j) \in G} y_{ij} = \sum_{(i,j) \in G} e_{ij}$。

定义 12.13：若所有的联合都不能改善经济 ε_E^r 的配置，则称此配置为经济 ε_E^r 的"核配置"。经济 ε_E^r 的所有核配置的集合被称为"复制经济 ε_E^r 的核"，记为 ℓ^r。

三、核的基本性质

为了分析经济 ε_E^r 的核的基本性质，对于各类型 $i \in A$ 的偏好关系 $\succ_i$，给出以下假定。

假定 12.2：偏好关系 $\succ_i$ 是非反射的，并且是传递的。

假定 12.3：设三个点 $x, y, z \in X_i$，对于偏好关系 $\succ_i$ 有 $y \succ_i x$，$z \succ_i x$。这里，$x \neq y$，并且 $x \neq z$。此时，对于任意满足 $0 < \theta < 1$ 的数 θ，有

$$\theta y + (1-\theta) z \succ_i x$$

成立。

假定 12.2 表明消费者偏好不具备反射性，消费者偏好是合理的；假定 12.3 意味着消费集合 X_i 是凸的，如图 12.3 所示，无差异曲线是严格凸的曲线。

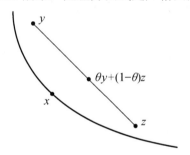

图 12.3　严格凸的无差异曲线

定理 12.4：当给出消费集合 X_i 内的任意有限个点时，在这些点中存在偏好关系 $\succ_i$ 最下位的点；即在任意的 r 个点 $x_1, x_2, \cdots, x_r$ 中存在某一点，不失一般性，设此点为 x_1，有

$$x_j \succsim_i x_1 \quad (j=2,3,\cdots,r)$$

成立。

证明：从 r 个点中的任意点 x 出发，如果存在处于偏好关系 $\succ_i$ 下位的点 x'，即如果存在使得 $x \succ_i x'$ 成立的点 x'，则向点 x' 移动。反复操作这个步骤。根据假定 12.2，偏好关系 $\succ_i$ 是非反射的、传递的，故不会退回到以前选过的点。另外，因为是在有限个点中移动，所以最终会停止在其中的某一点，被选择的点就是偏好关系 $\succ_i$ 最下位的点。定理得证。∎

定理 12.5：设 r 个点 $x_1, x_2, \cdots, x_r \in X_i$，对于偏好关系 $\succ_i$，x_1 是最下位的，另外，在点 $x_1, x_2, \cdots, x_r$ 中包含不同的点。此时，

$$\frac{1}{r}\sum_{j=1}^{r} x_j \succ_i x_1$$

成立。

证明：通过替换序号，不失一般性，可以得到 $x_1 \neq x_2$。如下定义点 $z_k (k=1,2,\cdots,r)$：

$$z_k = \frac{1}{k}\sum_{j=1}^{k} x_j$$

此时，可以容易地确认以下等式成立：

$$z_1 = x_1, \quad z_k = \left(1-\frac{1}{k}\right) z_{k-1} + \frac{1}{k} x_k$$

因为 $x_1 \neq x_2$ 并且 $x_2 \underset{\sim_i}{\succ} x_1$，根据假定 12.3（令 $x=z=x_1$，$y=x_2$，$\theta=\frac{1}{2}$），有下式：

$$z_2 = \frac{1}{2}(x_1 + x_2) \succ_i x_1$$

成立。同时，根据非反射性的假定有 $x_1 \neq x_2$ 和 $x_3 \underset{\sim_i}{\succ} x_1$，再根据假定 12.3（令 $x=x_1$，$y=x_3$，$\theta=\frac{2}{3}$），有

$$z_3 = \frac{1}{3}(x_1 + x_2 + x_3) = \frac{2}{3} z_2 + \frac{1}{3} x_3 \succ_i x_1$$

成立。

图 12.4 描绘的是点 z_1、z_2、z_3 的位置。如此重复上述过程，最终可以得到

$$z_r \succ_i x_1$$

从而定理获证。∎

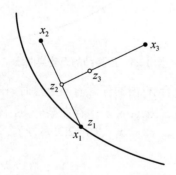

图 12.4 点 z_1、z_2、z_3 的位置

定理 12.6：在假定 12.2 和假定 12.3 的前提下，如果配置 $\{x_{ij} \mid i=1,2,\cdots,I; j=1,2,\cdots,r\}$ 是核配置，则相同类型的消费者获得相同量的物品分配；即对于所有类型 $i \in A$，有

$$x_{i1} = x_{i2} = \cdots = x_{ir}$$

成立。

证明：设配置 $\{x_{ij} \mid i=1,2,\cdots,I; j=1,2,\cdots,r\}$ 是核配置。根据定理 12.5，类型 i 的消

费者接受的配置 $x_{i1},x_{i2},\cdots,x_{ir}$ 中对于偏好关系 $\succ_i$ 而言，其顺序有最下位，不失一般性，设为各类型 i 中的第 1 号消费者，即假设消费者 $(i,1)$ 接受最下位的配置。如果用数式表示，则可以用下式表达：

$$x_{ij} \succsim_i x_{i1} \quad (j=2,3,\cdots,r)$$

各类型中接受最下位配置的消费者所组成的联合设为 G，即 G 是由如下 I 个消费者组成的联合：

$$G = \{(1,1),(2,1),\cdots,(I,1)\}$$

分配给联合 G 中的消费者 $(i,1)$ 的物品为

$$y_{i1} = \frac{1}{r}\sum_{j=1}^{r} x_{ij}$$

此时，根据配置的条件，即（12.1.1），有

$$\sum_{i=1}^{I} y_{i1} = \sum_{i=1}^{I}\left(\frac{1}{r}\sum_{j=1}^{r} x_{ij}\right) = \frac{1}{r}\sum_{i=1}^{I}\sum_{j=1}^{r} x_{ij} = \sum_{i=1}^{I} e_i = \sum_{i=1}^{I} e_{i1}$$

成立。

此时，对于满足 $x_{i1}=x_{i2}=\cdots=x_{ir}$ 的类型 i 的消费者 $(i,1)$，有

$$y_{i1} = x_{i1} \sim_i x_{i1}$$

如果假设存在不满足 $x_{i1}=x_{i2}=\cdots=x_{ir}$ 的类型 i，对于消费者 $(i,1)$，根据定理 12.5，有

$$y_{i1} = \frac{1}{r}\sum_{j=1}^{r} x_{ij} \succ_i x_{i1}$$

成立。在这样的情况下，根据定义 12.12，存在联合 G 改善配置 $\{x_{ij} \mid i=1,2,\cdots,I; j=1,2,\cdots,r\}$ 的情况，从而产生矛盾。所以，对所有的类型 $i \in A$，必然有 $x_{i1}=x_{i2}=\cdots=x_{ir}$ 成立。∎

根据上面的定理，在核配置中相同类型的消费者必然得到相同的配置，即核配置具有"同等待遇"的性质。根据这个性质，在表达复制经济 ε_E^r 的核配置时，不需要将分配给所有的消费者的配置量都表示出来，只需将分配给各类型的消费者的分配量表示出来。从而，核 ℓ^r 可以看成以下集合：

$$\{\{x_1, x_2,\cdots, x_I\} \mid 对于配置 \{x_{ij} \mid i=1,2,\cdots,I; j=1,2,\cdots,r\} \in \ell^r 有 x_i = x_{ij} (i=1,2,\cdots,I)\}$$

四、复制经济的竞争均衡配置

（一）定义

下面定义复制经济 ε_E^r 的竞争均衡配置。

定义 12.14：复制经济 ε_E^r 的某一配置 $\{x_{ij} \mid i=1,2,\cdots,I; j=1,2,\cdots,r\}$ 对于价格向量 $p \in R^n$ 具备以下性质时，将其称为经济 ε_E^r 的"竞争均衡配置"：

对于各 $(i,j) \in A^r$，有

（1）$p \cdot x_{ij} \leqslant p \cdot e_{ij}$；

（2）如果 $y \succ_{ij} x_{ij}$，则 $p \cdot y > p \cdot e_{ij}$。

（二）竞争均衡配置的性质

ε_E^r 的竞争均衡配置的集合以 W^r 表示。

定理 12.7：在假定 12.3 的前提下，如果配置 $\{x_{ij} \mid i=1,2,\cdots,I; j=1,2,\cdots,r\}$ 是竞争均衡配置，则相同类型的消费者分得相同数量的物品，即对于所有的类型 $i \in A$，有

$$x_{i1} = x_{i2} = \cdots = x_{ir}$$

成立。

证明：用反证法。

假设对于某一个类型 $i \in A$，$x_{i1} = x_{i2} = \cdots = x_{ir}$ 不成立。通过替换序号，不失一般性，可以得到 $x_{11} \neq x_{12}$。根据定义 12.12 的（1），对于均衡价格 $p \in R^n$，有

$$p \cdot x_{11} \leqslant p \cdot e_{11} = p \cdot e_1, \qquad p \cdot x_{12} \leqslant p \cdot e_{12} = p \cdot e_1$$

消费者 (1,1) 或消费者 (1,2) 都有可能购买 x_{11} 和 x_{12} 中的物品，根据定义 12.12 的（2），有

$$x_{11} \succsim_{11} x_{12}, \quad x_{12} \succsim_{12} x_{11}$$

即

$$x_{11} \sim_{11} x_{12}$$

根据假定 12.3（令 $x = z = x_{11}$，$y = x_{12}$），对于任意的 $0 < \theta < 1$，有

$$\theta x_{11} + (1-\theta) x_{12} \succ_{11} x_{11}$$

成立。同时，从上述两个不等式出发，可以得到

$$p \cdot (\theta x_{11} + (1-\theta) x_{12}) \leqslant p \cdot (\theta e_{11} + (1-\theta) e_{12}) = p \cdot e_{11}$$

即对于消费者 (1,1) 而言，可以购买比 x_{11} 偏好的 $\theta x_{11} + (1-\theta) x_{12}$。图 12.5 描绘了 x_{11}、x_{12}、$\theta x_{11} + (1-\theta) x_{12}$ 三个点的位置。

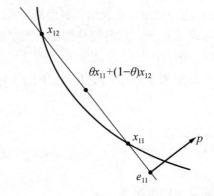

图 12.5　x_{11}、x_{12}、$\theta x_{11} + (1-\theta) x_{12}$ 三个点的位置关系

这与消费者 (1,1) 在价格 p 的条件下，接受竞争均衡配置的前提条件相矛盾。定理得证。∎

定理 12.7 表明在竞争均衡处，相同类型的消费者处于相同的状况。由此，可以自然

地得到这样的结论：具有相同偏好和初期禀赋的消费者在共同的价格下将采取相同的行动。

根据命题 12.7，在表示竞争均衡配置时，与核配置的情况相同，只要表示出分配给各类型消费者的配置量即可。从而，竞争均衡的集合 W^r 可以被视为以下集合：

$\{\{x_1, x_2, \cdots, x_I\} \mid$ 对于配置 $\{x_{ij} \mid i=1,2,\cdots,I; j=1,2,\cdots,r\} \in W^r$ 有 $x_i = x_{i1}$ $(i=1,2,\cdots,I)\}$

定理 12.8：在假定 12.1 至假定 12.3 的前提下，复制经济 ε_E^r 里所有的竞争均衡配置是核配置，即 $W^r \subset \ell^r$ 成立。

证明：证明过程与上一节的定理 12.2 相同，这里省略具体过程。 ∎

§12.3 极 限 定 理

一、经济变大对核和均衡配置的影响

在本节中，我们要证明经济变大时，核和竞争均衡配置的集合是一致的。为此，我们要先明确经济变大对核和竞争均衡配置的集合所产生的影响。

定理 12.9：对于所有的 r，$\ell^{r+1} \subset \ell^r$ 成立。

证明：r 重复制经济 ε_E^r 被持有某一个配置的联合 G 改善时，因为有 $G \subset A^r \subset A^{r+1}$，所以 $r+1$ 重复制经济 ε_E^{r+1} 也可以被联合 G 改善。也就是说，如果在 r 重复制经济 ε_E^r 中配置不是核配置，则在 $r+1$ 重复制经济 ε_E^{r+1} 中该配置也不是核配置。从而，定理成立。 ∎

定理 12.10：对于所有的 r，$W^{r+1} = W^r$ 成立。

证明：在 r 重复制经济 ε_E^r 中实现竞争均衡的价格之下，即使是在 $r+1$ 重复制经济 ε_E^{r+1} 中，偏好和初期禀赋量相同的消费者也将采取相同的行动，故相同的配置就是竞争均衡。从而，本定理成立。 ∎

定理 12.9 揭示出随着经济的变大核却缩小的规律；而定理 12.10 揭示出竞争均衡配置的集合是不变的，它与经济的大小相独立。根据定理 12.10，任意 r 重复制经济的竞争均衡配置的集合，可以用 $r=1$ 的经济 ε_E 的竞争均衡配置的集合 W 来表示。从而，根据定理 12.8 和定理 12.9，可以得到以下关系：

$$W \subset \cdots \subset \ell^{r+1} \subset \ell^r \subset \cdots \subset \ell$$

即

$$W \subset \bigcap_{r=1}^{\infty} \ell^r$$

成立。

二、德布鲁-斯卡夫的极限定理

在以上的包含关系中，逆包含的关系也成立，这就是"德布鲁-斯卡夫的极限定理"（Debreu-Scarf's limit theorem）。

对于各类型 $i \in A$ 的偏好关系和初期禀赋，我们给出以下假定。

假定 12.4：

（1）对于任意的 $x \in X_i$，集合 $\{y \in X_i \mid y \succ_i x\}$ 在 X 上是开的；

（2）$e_i \in \text{int}\, X_i$。

例如，消费者的消费集合是非负象限 R_+^n 时，上述假定的（1）意味着：表示消费者偏好的无差异曲线可以与坐标轴相交；若集合 $\{y \in R_+^n \mid y \succ_i x\}$ 在空间全体上是开的，则无差异曲线与坐标轴不相交。另外，假定 12.4 的（2）还意味着消费者初期持有所有物品。

定理 12.11：如果 $\{x_1, x_2, \cdots, x_I\} \in \bigcap\limits_{r=1}^{\infty} \ell^r$，则存在价格向量 $p \in R^n$，$p \neq \mathbf{0}$，对于各 $i = 1, 2, \cdots, I$，有

"如果 $y \succ_i x_i$，则 $p \cdot y \geqslant p \cdot e_i$"

成立。

证明：可知对于所有的 r，有 $\{x_1, x_2, \cdots, x_I\} \in \ell^r$。对于各 i（$i=1,2,\cdots,I$），定义集合 Ψ_i：

$$\Psi_i = \{y \in X_i \mid y \succ_i x_i\} - e_i$$

根据假定 12.1 和假定 12.3，集合 Ψ_i 是非空凸集合。图 12.6 描绘的是点 x_i、e_i 和集合 Ψ_i 之间的关系。进而，定义如下集合 Ψ：

$$\Psi = \text{co}(\bigcup_{i=1}^{I} \Psi_i)$$

显然地，集合 Ψ 是非空凸集合。此时，我们要证明集合 Ψ 不包含空间 R^n 的原点。

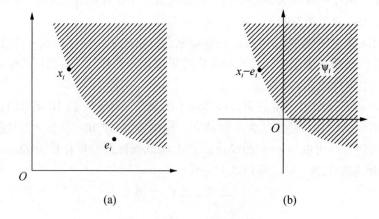

图 12.6　点 x_i、e_i 和集合 Ψ_i

假设 $\mathbf{0} \in \Psi$。因为 Ψ_i 是凸集合，对于各 $i=1,2,\cdots,I$，存在 $z_i \in \Psi_i$ 和实数 $\alpha_i \geqslant 0$，具有以下性质：

$$\sum_{i=1}^{I} \alpha_i = 1, \quad \sum_{i=1}^{I} \alpha_i z_i = 0 \tag{12.3.1}$$

我们令 $y_i = z_i + e_i$，根据 Ψ_i 的定义可知

$$y_i \succ_i x_i \tag{12.3.2}$$

成立。现在，我们考虑以下集合所包含的消费者类型：

$$B = \{i \mid \alpha_i > 0\}$$

对于各 $i \in B$ 和正整数 k，定义如下正整数：
$$r_i(k) = \min\{j \mid j \text{ 是整数}, k\alpha_i \leq j\}$$

根据上述定义，显然有
$$0 < \frac{k\alpha_i}{r_i(k)} \leq 1, \quad \lim_{k \to \infty} \frac{k\alpha_i}{r_i(k)} = 1 \tag{12.3.3}$$

我们设
$$y_i^k = \frac{k\alpha_i}{r_i(k)} z_i + e_i \tag{12.3.4}$$

在假定 12.4 的前提下，根据式（12.3.2）和式（12.3.3），如果取充分大的 k，则有
$$y_i^k \succ_i x_i \tag{12.3.5}$$

成立。进而定义如下整数 r：
$$r \geq \max\{r_i(k) \mid i \in B\}$$

考虑 r 重复制经济。将按人数 $r_i(k)$ 聚集的各类型 $i \in B$ 的消费者联合设为 G，则 G 可以表示为
$$G = \{(i,j) \mid i \in B, 1 \leq j \leq r_i(k)\}$$

将物品 y_i^k 分配给各消费者 $(i,j) \in G$，根据式（12.3.1）和式（12.3.4），有
$$\sum_{i \in B} r_i(k) y_i^n = \sum_{i \in B} k\alpha_i z_i + \sum_{i \in B} r_i(k) e_i = \sum_{i \in B} r_i(k) e_i \tag{12.3.6}$$

从而，式（12.3.5）和式（12.3.6）意味着在 r 重复制经济中，联合 G 改善配置 $\{x_1, x_2, \cdots, x_I\}$，产生矛盾。故而，原点不在 Ψ 之中。

根据分离定理，存在某一个价格向量 $p \in R^n$，对于所有的 $z \in \Psi$，有
$$0 \leq p \cdot z$$

成立。因为 $\Psi_i \subset \Psi$，所以，如果 $z \in \Psi_i$，则
$$0 \leq p \cdot z$$

成立。也就是说，根据 Ψ_i 的定义，如果 $y \succ_i x_i$，则
$$0 \leq p \cdot (y - e_i)$$

成立，也就是本定理成立。∎

定理 12.12：在假定 12.1 至假定 12.4 的前提下，属于任意 r 重复制经济 ε_E^r 的核 ℓ^r 的配置集合与竞争均衡的集合一致。也就是说，
$$W = \bigcap_{r=1}^{\infty} \ell^r$$

成立。

证明：我们已经证明了
$$W \subset \bigcap_{r=1}^{\infty} \ell^r$$

如果我们能够证明逆向包含也成立，就完成了本定理的证明。如果 $\{x_1, x_2, \cdots, x_I\} \in$

$\bigcap_{r=1}^{\infty} \ell^r$，根据定理 12.11，价格向量 $p \in R^n$，$p \neq \mathbf{0}$，对于各 $i = 1, 2, \cdots, I$，有

$$\text{如果 } y \succ_i x_i，\text{则 } p \cdot y \geqslant p \cdot e_i \tag{12.3.7}$$

成立。根据假定 12.1 和假定 12.2，存在使得

$$y \succ_i x_i$$

成立的点 y 可以无限接近 x_i，所以，当点 y 接近 x_i 的极限时，可以获得

$$p \cdot x \geqslant p \cdot e_i$$

另外，根据配置的定义，有

$$\sum_{i=1}^{I} x_i = \sum_{i=1}^{I} e_i$$

故上面的不等式不能取严格的不等号 $>$，即对于所有的 i，

$$p \cdot x_i = p \cdot e_i$$

成立。从而，至此我们证明了竞争均衡的定义 12.4 以及定义 12.12 的条件（1）。以下，我们来证明竞争均衡的定义 12.4 的条件（2）以及定义 12.12 的条件（2）和（3）。

假设使

$$y_0 \succ_i x_i$$

成立的 y_0 满足下式：

$$p \cdot y_0 \leqslant p \cdot e_i$$

根据假定 12.4 的（2），存在点 $z_0 \in X_i$，使得下式成立：

$$p \cdot z_0 < p \cdot e_i$$

从而，对于任意的 $0 < \theta < 1$，有

$$\theta y_0 + (1 - \theta) z_0 < p \cdot e_i$$

进而，根据假定 12.4 的（1），当 θ 充分接近 1 时，有

$$\theta y_0 + (1 - \theta) z_0 \succ_i x_i$$

成立。这与式（12.3.7）相矛盾。从而，使得 $y \succ_i x_i$ 成立的点 y，必满足下式：

$$p \cdot y > p \cdot e_i$$

定理获证。∎

练　习

1．设两个消费者有着相同的严格凸的偏好和相同的禀赋。描述经济的核并把它从埃奇沃斯盒状图中描述出来。

2．设经济是连续、严格凸偏好的，试证明：其竞争均衡配置具有同等待遇的性质。

3．设有相同的严格凹效用函数的 n 个经济单位，w 为初始的商品束。试证明：此时均等分配为一个帕累托最优配置。

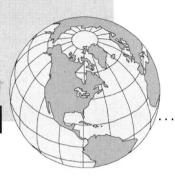

第十三章

不 确 定 性

在此之前，我们讨论的内容都是信息完备的竞争市场的理论，本章将对不确定性的市场均衡进行解说。不确定性是指事先并不知道会出现何种状态。例如，在现有的技术条件下，地震、火山和海啸等灾难性自然现象就是事前不能准确预知的。人们为了妥善应对未来，往往会事先在市场上采取一些行动。本章将介绍不确定性状态下经济主体的行为和市场均衡。

首先，本章将说明期望效用是在不确定状态中的消费者自然行动的基准；证明从与不确定性有关的消费者的理性偏好出发，能够导出作为效用指标的期望效用。其次，本章将对"有条件的商品市场"均衡进行说明；进而对存在证券的经济进行介绍，对在全部状态下能自由转移收入的"完全市场"中的合理期望均衡进行说明。最后，本章将重点对"不完全市场"进行介绍：虽然在收入转移不完全的"不完全市场"中无法实现帕累托最优配置，但即使在不存在不确定性的经济中，人们的期望也会使得非效率配置——"太阳黑子均衡"出现。

§13.1 期望效用

一、预期

我们考察存在不确定性时的消费者行为。设消费者处于不确定情况下，可能有 S 种情况发生，分别用 $1,2,3,\cdots,S$ 来表示，这些情况被称为"状态"(state)，且消费者在事先无法知道这些状态中的哪个会出现。例如，将天气作为状态，就有"晴""阴""雨" 3 种状态，在天气状态不能完全准确预报的情况下，明天或后天会出现这其中的哪一种状态是不确定的。

设消费者的消费集合为 $X \in R^n$，在各状态 $s(s=1,2,\cdots,S)$ 下，消费者能获得商品的量设为 $x_s \in X$，并称实现了的 x_s 为"结果"(consequence)。在本节中，将各状态 s 对应的结果 x_s 设为一定的。

设状态 s 发生的概率为 π_s，根据概率的定义有

$$\pi_s \geq 0 \quad (s=1,2,\cdots,S), \quad \sum_{s=1}^{S} \pi_s = 1$$

定义 13.1：消费者面对的不确定状态可以用各种状态发生的概率组合

$$\pi = (\pi_1, \pi_2, \cdots, \pi_S)$$

来表示，称其为"预期"(prospect)，或称为"彩票"(lottery)。

所有的预期的集合为

$$\Pi = \{\pi = (\pi_1, \pi_2, \cdots, \pi_S) \mid \pi_s \geq 0, \sum_{s=1}^{S} \pi_s = 1\}$$

预期集合是定义在结果集合 $\{x_1, x_2, \cdots, x_S\}$ 上的概率分布的集合。

对于两个预期 $\pi, \pi' \in \Pi$ 和满足 $0 \leq a \leq 1$ 的数 a，定义凸组合 $a\pi + (1-a)\pi'$：

$$a\pi + (1-a)\pi' = (a\pi_1 + (1-a)\pi'_1, \cdots, a\pi_S + (1-a)\pi'_S)$$

凸组合 $a\pi + (1-a)\pi'$ 可以解释为"以概率 a 实现预期 π，以概率 $1-a$ 实现预期 π'"。这时，可以很容易地揭示出预期集合 Π 有以下性质，这里省去证明。

定理 13.1：对于任意的 $\pi, \rho \in \Pi$ 及满足 $0 \leq a \leq 1$，$0 \leq b \leq 1$ 的数 a、b，有以下关系成立：

（1）$a\pi + (1-a)\rho \in \Pi$；
（2）$1\pi + 0\rho = \pi$；
（3）$a\pi + (1-a)\rho = (1-a)\rho + a\pi$；
（4）$b[a\pi + (1-a)\rho] + (1-b)\rho = (ab)\pi + (1-ab)\rho$。

定理 13.1 的（1）意味着预期的凸组合是预期；（2）意味着概率为 1 的预期 π 是必然实现的预期；（3）和（4）则意味着对于凸组合的演算，交换率和分配率是成立的。

二、期望效用

与结果有关的消费者效用函数用 $u: X \to R$ 标记，其表示各个结果 $x \in X$ 实现时消费

者的效用水平为 $u(x)$。对于各预期 $\pi = (\pi_1, \pi_2, \cdots, \pi_S)$，定义

$$Eu(\pi) = \sum_{s=1}^{S} \pi_s u(x_s) \tag{13.1.1}$$

$Eu(\pi)$ 是各状态 s 下实现的结果 x_s 所得到的效用水平 $u(x_s)$ 乘以概率后取加权平均得出的。

定义 13.2：$Eu(\pi)$ 是预期 π 的效用期望值，称之为"期望效用"（expected utility）。对于期望效用，我们可以将其视为由 Π 到 R 的映射，即函数 $Eu:\Pi \to R$。

定理 13.2：对于两个预期 $\pi, \pi' \in \Pi$ 及满足 $0 \leq a \leq 1$ 的数 a，下式成立：

$$Eu(a\pi + (1-a)\pi') = aEu(\pi) + (1-a)Eu(\pi')$$

证明：因为 $\pi, \pi' \in \Pi$，$0 \leq a \leq 1$，则

$$Eu(a\pi + (1-a)\pi') = \sum_{s=1}^{S} \left[a\pi_s + (1-a)\pi'_s \right] u(x_s)$$
$$= a\sum_{s=1}^{S} \pi_s u(x_s) + (1-a)\sum_{s=1}^{S} \pi'_s u(x_s)$$
$$= aEu(\pi) + (1-a)Eu(\pi')$$

定理获证。∎

定理 13.2 表明两个预期的凸组合的期望效用等于这两个预期的期望效用的代数和。

定义 13.3：当函数 $Eu:\Pi \to R$ 有定理 13.2 所述的性质时，其被称为"线性的"（linear）。

三、期望效用假说

在不确定状态下，设想消费者为取得最大的期望效用而采取行动，这就是"期望效用假说"。下面我们以期望效用假说为消费者行动的基准，以期望效用表示在不确定状况下消费者满足度的大小。

设在预期 $\pi = (\pi_1, \pi_2, \cdots, \pi_S)$ 处，有 $\pi_s = 1$，则

$$Eu(\pi) = u(x_s)$$

这就是说，预期状态 s 发生的概率为 1，意味着消费者可以确定地获得结果 x_s。这时，期望效用与结果 x_s 的效用 $u(x_s)$ 相等。因此，期望效用是包含确定情况下的消费者效用的一般性指标。

定理 13.3：如果 $Eu(\pi) = Eu(\pi')$，对于任意的 $\rho \in \Pi$ 和满足 $0 \leq a \leq 1$ 的 a，有下式成立：

$$Eu(a\pi + (1-a)\rho) = Eu(a\pi' + (1-a)\rho)$$

证明：根据定理 13.2，可以得到

$$Eu(a\pi + (1-a)\rho) = aEu(\pi) + (1-a)Eu(\rho)$$
$$= aEu(\pi') + (1-a)Eu(\rho)$$
$$= Eu(a\pi' + (1-a)\rho)$$

本定理获证。∎

定理 13.3 表明对于以期望效用为指标的消费者而言，给出相同满足度的两个预期，它们分别和同一个任意的预期所组成的两个凸组合是无差异的。

定理 13.4：已知 $Eu(\pi) > Eu(\rho)$，$0 \leq a \leq 1$，$0 \leq b \leq 1$。这时，
$$Eu(a\pi + (1-a)\rho) > Eu(b\pi + (1-b)\rho)$$
成立的充分必要条件是
$$a > b$$

证明：根据定理 13.2，有
$$Eu(a\pi + (1-a)\rho) - Eu(b\pi + (1-b)\rho)$$
$$= aEu(\pi) + (1-a)Eu(\rho) - bEu(\pi) - (1-b)Eu(\rho)$$
$$= (a-b)(Eu(\pi) - Eu(\rho))$$

因为 $Eu(\pi) > Eu(\rho)$，根据上式，当 $a > b$ 时，有
$$Eu(a\pi + (1-a)\rho) > Eu(b\pi + (1-b)\rho)$$
类似地，也能够证明充分条件成立，故定理得证。∎

定理 13.4 表明，对于较高满足度的预期加上较大权重的凸组合，就能给以期望效用为指标的消费者带来较大的满足。

以上讨论表示了以期望效用为不确定状况下的消费者偏好指标所满足的几个自然条件。

§13.2 效用指标的存在

一、假定和公理

本节在较为一般的设定下，证明期望效用是不确定状况下消费者的行动基准。

我们将消费者关心的不确定的选择对象称为"预期"。这和上一节定义的预期是完全相同的，但在本节中，全部预期的集合用 $\Im$ 标记。对于任意两个预期 $\mu, \lambda \in \Im$ 和满足 $0 \leq a \leq 1$ 的任意实数 a，定义凸组合：
$$a\mu + (1-a)\lambda$$

如果将实数 a 解释为概率，则上面的凸组合就可以解释为"分别以概率 a 和 $1-a$ 实现预期 μ、λ 的不确定状况的预期"。

对于预期的集合 $\Im$ 的基本性质，给出以下假定。

假定 13.1：对于任意的 $\mu, \lambda \in \Im$ 和满足 $0 \leq a \leq 1$，$0 \leq b \leq 1$ 的实数 a、b，以下关系成立：

（1）$a\mu + (1-a)\lambda \in \Im$；

（2）$1\mu + 0\lambda = \mu$；

（3）$a\mu + (1-a)\lambda = (1-a)\lambda + a\mu$；

（4）$b[a\mu + (1-a)\lambda] + (1-b)\lambda = (ab)\mu + (1-ab)\lambda$。

假定 13.1 对应上一节的与预期集合 Π 的性质有关的定理 13.1。

定理 13.5：在假定 13.1 的前提下，对于任意的 $\mu, \lambda \in \Im$ 和满足 $0 \leq a \leq 1$，$0 \leq b \leq 1$，$0 \leq c \leq 1$ 的实数 a、b、c，有下式成立：

$$b[a\mu+(1-a)\lambda]+(1-b)[c\mu+(1-c)\lambda]$$
$$=[ba+(1-b)c]\mu+[1-ba-(1-b)c]\lambda$$

证明：当 $c=0$ 时，根据假定 13.1 的（1）、（2）、（3），上式可以变形为
$$b[a\mu+(1-a)\lambda]+(1-b)\lambda=ba\mu+(1-ba)\lambda$$
回归到假定 13.1 的（4）。

当 $0<c\leq 1$ 时，根据假定 13.1 的（3），不失一般性，可以假设 $a\leq c$，令 $d=\dfrac{a}{c}$，则有
$$0\leq d\leq 1$$
反复使用假定 13.1 的（3）和（4），便可以得到
$$b[a\mu+(1-a)\lambda]+(1-b)[c\mu+(1-c)\lambda]$$
$$=b[cd\mu+(1-cd)\lambda]+(1-b)[c\mu+(1-c)\lambda]$$
$$（用（4））=b[d[c\mu+(1-c)\lambda]+(1-d)\lambda]+(1-b)[c\mu+(1-c)\lambda]$$
$$（用（3））=b[(1-d)\lambda+d[c\mu+(1-c)\lambda]]+(1-b)[c\mu+(1-c)\lambda]$$
$$（用（4））=b(1-d)\lambda+[1-b(1-d)][c\mu+(1-c)\lambda]$$
$$（用（3））=[1-b(1-d)][c\mu+(1-c)\lambda]+b(1-d)\lambda$$
$$（用（4））=c(bd+1-b)\mu+[1-c(bd+1-b)]\lambda$$
$$=[ba+(1-b)c]\mu+[1-ba-(1-b)c]\lambda$$
本定理获证。∎

消费者根据自己的偏好大小对预期编号，这样的序号以记号 $\succsim$ 表示，这是在预期集合 $\mathfrak{I}$ 上定义的二项关系，即 $\succsim \subset \mathfrak{I}\times\mathfrak{I}$。

对于两个预期 $\mu,\lambda\in\mathfrak{I}$，当 $(\mu,\lambda)\in\succsim$ 时，以 $\mu\succsim\lambda$ 标记；对于消费者则解释为"μ 比 λ 偏好，或者 μ 和 λ 无差异"。另外，如果 $\nu\succsim\mu$，并且 $\mu\succsim\lambda$，则可写成
$$\nu\succsim\mu\succsim\lambda$$

对于二项关系 $\succsim$ 和 $\sim$ 分别进行如下定义：

当 $\mu\succsim\lambda$ 并且 $\lambda\succsim\mu$ 时，μ 和 λ 的关系以 $\mu\sim\lambda$ 标记；当 $\mu\succsim\lambda$，且 $\lambda\succsim\mu$ 不成立时，μ 和 λ 的关系以 $\mu\succ\lambda$ 标记。$\mu\sim\lambda$ 可以解释为"μ 和 λ 无差异"；$\mu\succ\lambda$ 可以解释为"μ 比 λ 偏好"。作为有关消费者顺序的理性条件，对顺序 $\succsim$ 给出如下假定：

假定 13.2：顺序 $\succsim$ 有以下性质：

（1）反射性（reflexivity）：对于任意的 $\mu\in\mathfrak{I}$，$\mu\succsim\mu$ 成立；

（2）完备性（completeness）：对于任意的 $\mu,\lambda\in\mathfrak{I}$，如果 $\mu\neq\lambda$，则 $\mu\succsim\lambda$ 和 $\lambda\succsim\mu$ 中至少有一个成立；

（3）传递性（transitivity）：如果 $\nu\succsim\mu\succsim\lambda$，则 $\nu\succsim\lambda$ 成立。

假设以下三个公理成立。

公理 13.1：如果 $\mu\sim\mu'$，对于任意的 $\lambda\in\mathfrak{I}$ 和满足 $0\leq a\leq 1$ 的实数 a，下式成立：

$$a\mu+(1-a)\lambda \sim a\mu'+(1-a)\lambda$$

公理 13.2：设 $\mu \succ \lambda$，$0 \leqslant a \leqslant 1$，$0 \leqslant b \leqslant 1$。这时，
$$a\mu+(1-a)\lambda \succ b\mu+(1-b)\lambda$$

成立的充分必要条件为
$$a > b$$

公理 13.3：如果 $\nu \succsim \mu \succsim \lambda$，则存在满足 $0 \leqslant a \leqslant 1$ 的实数 a，使下式成立：
$$\mu \sim a\nu+(1-a)\lambda$$

公理 13.1 和公理 13.2 分别对应关于期望效用的定理 13.3 和定理 13.4；公理 13.1 又被称为"独立性公理"（independence axiom）。

二、效用指标的构建

下面证明：当消费者的顺序满足以上的假定和公理时，消费者偏好可以用期望效用表示。

对于满足 $\nu \succ \lambda$ 的两个元素 $\nu, \lambda \in \Im$，如下定义集合 $D_{\nu\lambda}$：
$$D_{\nu\lambda} = \{\mu \in \Im \mid \nu \succsim \mu \succsim \lambda\} \tag{13.2.1}$$

定理 13.6：设 $\nu, \lambda \in \Im$，对于任意满足 $\nu \succ \lambda$ 的 ν 和 λ，存在具有以下性质的函数 $f_{\nu\lambda}: D_{\nu\lambda} \to [0,1]$：

（1）对于任意的 $\mu \in D_{\nu\lambda}$，$\mu \sim f_{\nu\lambda}(\mu)\nu + [1-f_{\nu\lambda}(\mu)]\lambda$ 成立；

（2）设 $\mu, \mu' \in D_{\nu\lambda}$，使得 $f_{\nu\lambda}(\mu) > f_{\nu\lambda}(\mu')$ 成立的充分必要条件为 $\mu \succ \mu'$；

（3）函数 $f_{\nu\lambda}: D_{\nu\lambda} \to [0,1]$ 为线性的，即对于任意的 $\mu, \mu' \in D_{\nu\lambda}$ 和满足 $0 \leqslant a \leqslant 1$ 的实数 a，下式成立：
$$f_{\nu\lambda}(a\mu+(1-a)\mu') = af_{\nu\lambda}(\mu) + (1-a)f_{\nu\lambda}(\mu')$$

证明：通过公理 13.3，可以很容易地得出结论：对于各个 $\mu \in D_{\nu\lambda}$，存在具有本定理（1）的性质的函数 $f_{\nu\lambda}(\mu)$，它的唯一性可以由公理 13.2 得出。另外，根据公理 13.2，本定理（2）的性质也可以很容易地得出。

设 $\mu, \mu' \in D_{\nu\lambda}$ 和 $0 \leqslant a \leqslant 1$，根据本定理的（1），得到
$$\mu \sim f_{\nu\lambda}(\mu)\nu + [1-f_{\nu\lambda}(\mu)]\lambda$$
$$\mu' \sim f_{\nu\lambda}(\mu')\nu + [1-f_{\nu\lambda}(\mu')]\lambda$$

在这里，两次应用公理 13.1，就能得到
$$a\mu+(1-a)\mu' \sim a[f_{\nu\lambda}(\mu)\nu + [1-f_{\nu\lambda}(\mu)]\lambda] + (1-a)\mu',$$
$$a\mu+(1-a)\mu' \sim a[f_{\nu\lambda}(\mu)\nu + [1-f_{\nu\lambda}(\mu)]\lambda] + (1-a)[f_{\nu\lambda}(\mu')\nu + [1-f_{\nu\lambda}(\mu')]\lambda]$$

根据定理 13.5，得到
$$a[f_{\nu\lambda}(\mu)\nu + [1-f_{\nu\lambda}(\mu)]\lambda] + (1-a)[f_{\nu\lambda}(\mu')\nu + [1-f_{\nu\lambda}(\mu')]\lambda]$$
$$=[af_{\nu\lambda}(\mu)+(1-a)f_{\nu\lambda}(\mu')]\nu + [1-af_{\nu\lambda}(\mu)-(1-a)f_{\nu\lambda}(\mu')]\lambda$$

因此，
$$a\mu+(1-a)\mu' \sim [af_{\nu\lambda}(\mu)+(1-a)f_{\nu\lambda}(\mu')]\nu + [1-af_{\nu\lambda}(\mu)-(1-a)f_{\nu\lambda}(\mu')]\lambda$$

成立。这意味着根据本定理的（1），有

$$f_{\nu\lambda}(a\mu+(1-a)\mu')=af_{\nu\lambda}(\mu)+(1-a)f_{\nu\lambda}(\mu')$$

本定理获证。∎

这个定理揭示了当 $\nu \succsim \mu \succsim \lambda$ 时，元素 μ 的位置如图 13.1 所示，可以根据线性函数 $f_{\nu\lambda}$ 的值来表现。

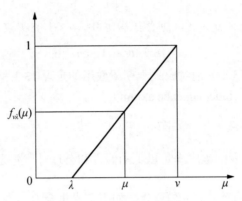

图 13.1 元素 μ 的位置

设对于两个元素 $\alpha,\beta \in \mathfrak{I}$，有 $\alpha \succ \beta$ 成立。选择使得 $\alpha,\beta \in D_{\nu\lambda}$ 的两个元素 $\nu,\lambda \in \mathfrak{I}$，根据定理 13.6，对于各 $\mu \in D_{\nu\pi}$，函数 $F_{\nu\lambda}:D_{\nu\lambda} \to R$ 可以用下式定义：

$$F_{\nu\lambda}(\mu)=\frac{f_{\nu\lambda}(\mu)-f_{\nu\lambda}(\beta)}{f_{\nu\lambda}(\alpha)-f_{\nu\lambda}(\beta)} \qquad (13.2.2)$$

定理 13.7：函数值 $F_{\nu\lambda}(\mu)$ 不依存于元素 ν 和 λ，即如果选择 ν、λ、ν'、λ'，使得 $\alpha,\beta \in D_{\nu\lambda}$ 并且 $\alpha,\beta \in D_{\nu'\lambda'}$，则对于任意的 $\mu \in D_{\nu\lambda} \cap D_{\nu'\lambda'}$，有

$$F_{\nu\lambda}(\mu)=F_{\nu'\lambda'}(\mu)$$

成立。

证明：只要证明函数值 $F_{\nu\lambda}(\mu)$ 仅依存于 μ、α、β，便可达到目的。下面分三种情况进行讨论。

第 1 种情况：$\alpha \succsim \mu \succsim \beta$

根据定理 13.6 的（1），存在函数 $f_{\nu\lambda}$，有

$$\mu \sim f_{\alpha\beta}(\mu)\alpha+[1-f_{\alpha\beta}(\mu)]\beta$$

成立。因此，根据定理 13.6 的（2）和（3），可以得到

$$f_{\nu\lambda}(\mu)=f_{\nu\lambda}(f_{\alpha\beta}(\mu)\alpha+[1-f_{\alpha\beta}(\mu)]\beta)$$
$$=f_{\alpha\beta}(\mu)f_{\nu\lambda}(\alpha)+[1-f_{\alpha\beta}(\mu)]f_{\nu\lambda}(\beta)$$

因为 $f_{\nu\lambda}(\alpha)>f_{\nu\lambda}(\beta)$，上式可以变为

$$f_{\alpha\beta}(\mu)=\frac{f_{\nu\lambda}(\mu)-f_{\nu\lambda}(\beta)}{f_{\nu\lambda}(\alpha)-f_{\nu\lambda}(\beta)}=F_{\nu\lambda}(\mu)$$

第 2 种情况：$\mu \succ \alpha$

根据定理 13.6 的（1），存在函数 $f_{\mu\beta}$，并且

$$\alpha \sim f_{\mu\beta}(\alpha)\mu+[1-f_{\mu\beta}(\alpha)]\beta$$

成立。因此，根据定理 13.6 的（2）和（3），得到
$$f_{\nu\lambda}(\alpha) = f_{\nu\lambda}(f_{\mu\beta}(\alpha)\mu + [1-f_{\mu\beta}(\alpha)]\beta)$$
$$= f_{\mu\beta}(\alpha)f_{\nu\lambda}(\mu) + [1-f_{\mu\beta}(\alpha)]f_{\nu\lambda}(\beta)$$

因为 $f_{\mu\beta}(\alpha) \neq 0$，上式可以变为
$$\frac{1}{f_{\mu\lambda}(\alpha)} = \frac{f_{\nu\lambda}(\mu) - f_{\nu\lambda}(\beta)}{f_{\nu\lambda}(\alpha) - f_{\nu\lambda}(\beta)} = F_{\nu\lambda}(\mu)$$

第 3 种情况：$\beta \succ \mu$

根据定理 13.6 的（1），存在函数 $f_{\alpha\mu}$，并且
$$\beta \sim f_{\alpha\mu}(\beta)\alpha + [1-f_{\alpha\mu}(\beta)]\mu$$

成立。因此，根据定理 13.6 的（2）和（3），得到
$$f_{\nu\lambda}(\beta) = f_{\nu\lambda}(f_{\alpha\mu}(\beta)\alpha + [1-f_{\alpha\mu}(\beta)]\mu)$$
$$= f_{\alpha\mu}(\beta)f_{\nu\lambda}(\alpha) + [1-f_{\alpha\mu}(\beta)]f_{\nu\lambda}(\mu)$$

因为 $f_{\alpha\mu}(\beta) < 1$，上式可以变为
$$\frac{-f_{\alpha\mu}(\beta)}{1-f_{\alpha\mu}(\beta)} = \frac{f_{\nu\lambda}(\mu) - f_{\nu\lambda}(\beta)}{f_{\nu\lambda}(\alpha) - f_{\nu\lambda}(\beta)} = F_{\nu\lambda}(\mu)$$

综上所述，不论上述三种情况的哪一种，函数 $F_{\nu\lambda}(\mu)$ 的值都取决于 μ、α、β，与元素 ν、λ 独立。 ∎

定理 13.7 揭示了集合 $\mathfrak{S}$ 中的任意元素 μ 的位置，仅决定于两个固定元素 α、β 的函数 $F_{\nu\lambda}$ 的值，如图 13.2 所示。

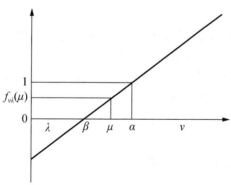

图 13.2 以 $F_{\nu\lambda}$ 的值表现元素的位置

做好了以上准备，便能证明下面的定理。

定理 13.8：存在满足以下条件的函数 $U : \mathfrak{S} \to R$：

（1）函数 U 是保序的，即如果 $\mu \succ \mu'$，则
$$U(\mu) > U(\mu')$$
成立。另外，其逆命题也成立。

（2）函数 U 是线性的，即对于任意的 $\mu, \mu' \in \mathfrak{S}$ 和满足 $0 \leq a \leq 1$ 的实数 a，有
$$U(a\mu + (1-a)\mu') = aU(\mu) + (1-a)U(\mu')$$

成立。

证明：首先，我们定义函数 $U: \Im \to R$ 如下：

在集合 $\Im$ 里不存在使得 $\alpha \succ \beta$ 成立的元素 α、β 时，对于各 $\mu \in \Im$，定义
$$U(\mu) = 0$$

此时，函数 U 显然为保序、线性的。

其次，当集合 $\Im$ 里存在使得 $\alpha \succ \beta$ 成立的元素 α、β 时，对于函数 $U: \Im \to R$ 给出如下定义：

对于各 $\mu \in \Im$，选择两个元素 $\nu, \lambda \in \Im$，使得 $\alpha, \beta \in D_{\nu\lambda}$。此时，如果必要，元素 ν 与 μ 或 α 相等，另一方面，元素 λ 与 μ 或 β 相等即可。定义函数为
$$U(\mu) = F_{\nu\lambda}(\mu)$$

根据定理 13.7，因为函数 $F_{\nu\lambda}(\mu)$ 与元素 ν、λ 独立，故这个定义是整合的。

下面证明如上定义的函数 U 是保序、线性的。

对于任意的两元素 $\mu, \mu' \in \Im$，选择元素 $\nu, \lambda \in \Im$，使得 $\mu, \mu', \alpha, \beta \in D_{\nu\lambda}$，根据函数 U 的定义，有
$$U(\mu) = \frac{f_{\nu\lambda}(\mu) - f_{\nu\lambda}(\beta)}{f_{\nu\lambda}(\alpha) - f_{\nu\lambda}(\beta)}, \quad U(\mu') = \frac{f_{\nu\lambda}(\mu') - f_{\nu\lambda}(\beta)}{f_{\nu\lambda}(\alpha) - f_{\nu\lambda}(\beta)}$$

注意函数值 $f_{\nu\lambda}(\mu)$ 和 $f_{\nu\lambda}(\mu')$，根据定理 13.6 的（2）和（3），可知函数 U 为保序的，并且是线性的。∎

定理 13.8 最初是由约翰·冯·诺伊曼（John von Neumann）和 O. 摩根斯坦（O. Morgenstem）证明的，以后，由 I. N. 赫尔斯坦（I. N. Herstein）和 J. 米尔诺（J.Milnor）将其证明一般化。

定理 13.8 中，函数 U 是预期的效用函数。如果定义函数 $V: \Im \to R$ 为
$$V(\mu) = aU(\mu) + b \quad (a > 0)$$

则函数 V 具有与函数 U 同样的性质。为了使 V 具有线性，只能进行上述的单纯一次变换以外的其他变换。此时，函数 U 所表示的预期的效用，不仅表示大小，其数值也具有意义。例如，对于预期 $\nu, \lambda, \nu', \lambda' \in \Im$，有
$$U(\nu) - U(\lambda) > U(\nu') - U(\lambda')$$

上式意味着预期 ν 与预期 λ 的效用差比预期 ν' 和预期 λ' 的效用差大。这时效用函数 V 也变成
$$V(\nu) - V(\lambda) = a[U(\nu) - U(\lambda)]$$
$$> a[U(\nu') - U(\lambda')]$$
$$= V(\nu') - V(\lambda')$$

也就是说，效用差的大小经过单纯的一次变换并不发生改变。预期的效用具有基数性质，这意味着预期的效用是"可测的"（measurable）。

三、期望效用的假说

在上文的讨论中，预期的集合 Π 与集合 $\Im$ 相当，因此，根据定理 13.8，存在保序、线性的函数 $U: \Pi \to R$。

设状态 s 以概率 1 实现的预期为 $\delta_s \in \Pi$。对于结果 x_s，定义数值 $u(x_s)$ 为
$$u(x_s) = U(\delta_s)$$
因为函数 U 是保序的，如果 $\delta_s \succ \delta_t$，则
$$u(x_s) > u(x_t)$$
反之也成立。因此，数值 $u(x_s)$ 表示结果 x_s 的效用，在结果的集合
$$X = \{x_1, x_2, \cdots, x_S\}$$
上定义效用函数 $u: X \to R$，我们将函数 u 称为"诺伊曼-摩根斯坦的效用函数"。

任意的预期 $\pi \in \Pi$ 可以表达为
$$\pi = \sum_{s=1}^{S} \pi_s \delta_s$$
另外，因函数 U 是线性的，故有
$$U(\pi) = \sum_{s=1}^{S} \pi_s U(\delta_s) = \sum_{s=1}^{S} \pi_s u(x_s)$$
可以将函数值 $U(\pi)$ 看成期望效用。因此，对持有满足假定 13.2 和公理 13.1 至公理 13.3 的顺序 $\succsim$ 的消费者而言，期望效用的假说是正确的。

§13.3 完全市场

一、有条件的商品

设经济中存在不确定性，有 S 个状态，在这些状态中会出现其中的一个。对各个状态从 1 到 S 进行编号，将第 s 号的状态称作"状态 s"。设经济中存在 n 种商品，以 R^n 表示商品空间。我们还假设，即便是同样的商品处在不同的状态下也可被视为不同的商品；在状态 $s(s=1,2,\cdots,S)$ 的商品量以向量 $x_s \in R^n$ 表示，以它们为分量的向量 $x \in R^{n \times S}$ 表示处在全部状态的商品的量。即

$$x = \begin{bmatrix} x_1 \\ x_2 \\ \vdots \\ x_S \end{bmatrix} \in R^{n \times S}, \quad x_s = \begin{bmatrix} x_{s1} \\ x_{s2} \\ \vdots \\ x_{sn} \end{bmatrix} \in R^n \quad (s=1,2,\cdots,S)$$

其中，向量 x_s 的成分 x_{sk} ($s=1,2,\cdots,S; k=1,2,\cdots,n$)，表示状态 s 的第 k 种商品的量。根据状态区别的商品被称为"有条件的商品"（contingent commodity）。因为根据状态区别商品的种类共有 $n \times S$ 种，所以，有条件的商品空间为 $R^{n \times S}$。

设经济有 I 个消费者，对各消费者从 1 到 I 进行编号，第 i 号消费者被称为"消费者 i"；消费者 i 的消费集合为 $X_i \subset R^{n \times S}$；属于消费集合 X_i 的向量 $x^i \in R^{n \times S}$ 表示的是所有状态下消费者 i 的商品消费量，向量 $x_1^i, x_2^i, \cdots, x_S^i \in R^n$ 为其成分，即 x_s^i 表示出现状态 s 时消费者 i 消费的商品量。

与消费计划有关的消费者 i 的偏好关系用 $\succsim_i \subset X_i \times X_i$ 标记。偏好关系 $\succsim_i$ 不只表现出

商品的消费量，也表现与不确定性有关的消费者的判断或爱好。我们不假设消费者知道各状态出现的概率，消费者可以以自己的主观概率选择消费计划。

消费者 i 的商品初期禀赋量记为 $e^i \in R^{n \times s}$，向量 e^i 表示所有状态下的消费者 i 拥有的商品量，向量 $e_1^i, e_2^i, \cdots, e_S^i \in R^n$ 为其成分，其中，e_s^i 表示出现状态 s 时消费者 i 的初期禀赋量。

设经济中存在 J 个企业，把各企业从 1 到 J 进行编号，将第 j 号企业称为"企业 j"。企业 j 的生产集合为 $Y_j \subset R^{n \times s}$。属于生产集合 Y_j 的向量 $y^j \in R^{n \times s}$ 是所有状态下的生产量，$y_1^j, y_2^j, \cdots, y_S^j \in R^n$ 为其成分。也就是说，y_s^j 表示出现状态 s 时企业 j 生产的商品量。与前面章节类似，当向量 y_s^j 的成分为负时，意味着该项商品是作为投入的生产元素。生产集合的形状表示各状态下企业可能实现的生产计划，表现出与生产活动有关的不确定性。

二、有条件的价格

我们将消费者制订消费计划、企业制订生产计划的时点称为"时刻 0"；出现状态 1 到 s 中的任一个且消费者实际消费商品、企业实际生产的时点，称为"时刻 1"。

在消费者制订的消费计划为 x^i 时，为了在状态 s 出现时消费 x_s^i，消费者在时刻 0 处购入"在时刻 1 收到数量为 x_s^i 的商品的权利"。也就是说，向量 x^i 表示消费者 i 在时刻 0 时所购买的商品"索求权"。各成分 x_s^i 表示在时刻 1、出现状态 s 时消费者 i 能收到的商品量。

当企业 j 实行的生产计划为 y^j 时，为了在状态 s 出现时生产 y_s^j，在时刻 0 时约定"在时刻 1 提交数量为 y_s^j 的商品"。也就是说：向量 y^j 表示企业 j 在时刻 1 所出售的商品索求权，各成分 y_s^j 表示在时刻 1、出现状态 s 时必须提交的商品量。向量 y_s^j 的成分如果为负，则作为生产投入的生产元素。

设状态 s 下第 k 件商品的 1 个单位的索求权的价格以 p_{ks} 标记。

定义 11.4：依存于状态的商品索求权的价格被称为"有条件价格"（contingent price）。

状态 s 下全部的有条件价格以向量 $p_s \in R^n$ 标记，并且，以所有状态下有条件价格的向量 $p_1, p_2, \cdots, p_S \in R^n$ 为成分的向量用 $p \in R^{n \times s}$ 标记，即

$$p = \begin{bmatrix} p_1 \\ p_2 \\ \vdots \\ p_S \end{bmatrix} \in R^{n \times s}, \quad p_s = \begin{bmatrix} p_{s1} \\ p_{s2} \\ \vdots \\ p_{sn} \end{bmatrix} \in R^n \quad (s = 1, 2, \cdots, S)$$

在有条件价格 p 之下，消费者 i 购入商品索求权 x^i 所需的费用为 $p \cdot x^i$，企业 j 出售索求权 y^j 得到的利润为 $p \cdot y^j$。物品的索求权的买卖在时刻 0 进行，而货币的流动也在时刻 0 发生；因此，各消费者在时刻 0 为了购入索求权支付货币，企业在时刻 0 获取利润。应该注意的是，实际上的商品的流动发生在时刻 1。也就是说，S 个状态中的 1 个出现在时刻 1；在时刻 1，消费者消费商品和企业生产商品形成商品的转移。

三、竞争均衡

企业将获得的利润分配给消费者，企业 j 分配给消费者 i 的利润比例用 $\theta_{ij} \geq 0$ 来表示。企业的利润全部分配给消费者 i 时，有下式成立：

$$\sum_{i=0}^{I} \theta_{ij} = 1 \qquad (j=1,2,\cdots,J) \tag{13.3.1}$$

当有条件的价格为 $p \in R^{n\times s}$，企业的生产计划为 $y^j \in Y_j$ 时，企业将利润 $p \cdot y^j$ 中的 $\theta_{ij} p \cdot y^j$ 分配给消费者 i；因此，消费者的收入 m_i 就等于商品的初期禀赋加上所有企业所分配的利润的合计：

$$m_i = p \cdot e^i + \sum_{j=1}^{J} \theta_{ij} p \cdot y^j$$

在给出的价格之下，所有企业选择利润最大化的生产计划，所有消费者在预算约束之下制订与自己偏好有关的最合适的消费计划。此时，如果商品的索求权的总需求量和总供给量相等，经济就处于均衡状态。因此，对有条件的商品市场均衡定义如下：

定义 13.5：设价格 $p \in R^{n\times s}$，消费者 i 的商品的消费量 $x^i \in X_i$ 和企业 j 生产的商品量 $y^j \in Y_j$ 的组合 $\{p, x^1, x^2, \cdots, x^I, y^1, y^2, \cdots, y^J\}$，在满足以下条件时，被称为"阿罗-德布鲁均衡"：

（1）对于消费者 i 而言，$p \cdot x^i = p \cdot e^i + \sum_{j=1}^{J} \theta_{ij} p \cdot y^j$ 成立。另外，如果 $z \succ_i x^i$，则 $p \cdot z > p \cdot e^i + \sum_{j=1}^{J} \theta_{ij} p \cdot y^j$ 成立。

（2）就各企业 j 而言，对于任意的 $z \in Y_j$，有 $p \cdot y^j \geq p \cdot z$ 成立。

（3）$\sum_{i=1}^{I} x^i = \sum_{j=1}^{J} y^j + \sum_{i=1}^{I} e^i$。

阿罗-德布鲁均衡的定义和第八章所定义的竞争均衡在理论构造上是完全一样的。因此，第八章和第十章中讨论的均衡帕累托最优性及其存在性仍然是有效的，但商品空间扩大为有条件的商品空间，对消费者和企业行为的解释也有不同之处。经济上虽然存在不确定性，但对于所有状态都假定是有条件的可交易，即以完全市场为前提，这就是由阿罗-德布鲁提出的"完全市场理论"。

§13.4 证券和期望

如果在经济中存在收入能够转移的资产，即使不是在有条件的市场中，在完全市场中均衡也是可以实现的。为了使讨论简单化，本节我们将在交换经济的环境下给出证明。

设经济中有 n 种商品；由于经济的不确实性，存在 S 个可能发生的状态；经济中有 I 个消费者；各消费者 i 的消费集合为 $X_i \subset R^{n\times s}$，偏好关系为 $\succ_i \subset X_i \times X_i$；商品的初期禀赋量设为 $e^i \in R^{n\times s}$。

如果这个经济存在有条件的商品市场，则可以与上一节相同地定义商品市场的阿罗-德布鲁均衡如下：

定义 13.6：价格 $p \in R^{n \times s}$、消费者 i 的消费量 $\bar{x}^i \in X_i$ 的组合 $\{p, x^1, x^2, \cdots, x^I\}$ 在满足下列条件时，被称为阿罗-德布鲁均衡：

(1) 就消费者 i 而言，$p \cdot \bar{x}^i = p \cdot e^i$ 成立。另外，如果 $z \succ_i \bar{x}^i$，则 $p \cdot x^i > p \cdot e^i$ 成立。

(2) $\sum_{i=1}^{I} x^i = \sum_{j=1}^{J} y^j + \sum_{i=1}^{I} e^i$。

一、证券市场

设经济中存在与状态数量相同的 S 种证券，对各证券从 1 到 S 进行编号，将第 s 号证券称为"证券 s"。不失一般性，将证券 s 作为"当且仅当出现状态 s 时收到货币"的证券，并设 1 单位的证券 s 在状态 s 下有 1 单位货币的索求权。

定义 13.7：与单一状态相对应，支付货币或物品的证券被称为"阿罗证券"。

以下，对经济进行设定。

设证券在时刻 0 进行交易，S 种证券的价格向量为 $q \in R^S$；n 种商品在时刻 1 进行买卖，消费者在时刻 0 不能得知商品的价格，只能进行预期；我们还设定在时刻 1、状态 s 出现时，商品市场价格的预期值以 $p_s^* \in R^n$ 表示。

各消费者 i 的证券购入量以 $z^i \in R^S$ 标记，向量 z^i 的成分 z_s^i 表示证券 s 的购入量。

定义 13.8：如果

$$z_s^i < 0$$

则意味着消费者 i 将自己并不持有的证券卖出，这种情况被称为"卖空"（short selling）。

假定所有消费者在时刻 0 的收入为 0，消费者 i 在购入证券时必须满足的预算约束为

$$q \cdot z^i \leq 0 \qquad (13.4.1)$$

消费者 i 选择商品的消费计划为 $x^i \in X_i$，向量 x^i 的成分为 x_s^i。在预期价格 p_s^* 之下，各状态 s 出现时的购入量必须满足预算约束，即

$$p_s^* \cdot x_s^i \leq p_s^* \cdot e_s^i + z_s^i \qquad (s = 1, 2, \cdots, S) \qquad (13.4.2)$$

从而，消费者在满足式（13.4.1）、式（13.4.2）所示的 $S+1$ 个预算约束的条件下，于时刻 0 选择自己满足程度最高的证券购入量 z^i 和商品购入量 x^i。

对于所有的状态，以预期价格的向量 $p_1^*, p_2^*, \cdots, p_S^* \in R^n$ 为分量的向量用 $p^* \in R^{n \times S}$ 表示。设所有消费者预期价格相同。

至此，经济设定完毕。在这样的经济中，如下定义在预期价格下的证券市场的均衡。

定义 13.9：证券价格 $q \in R^S$、预期价格 $p^* \in R^{n \times S}$、消费者 i 的证券购入量 $\bar{z}^i \in R^S$ 和商品购入量 $\bar{x}^i$ 的组合 $\{q, p^*, (\bar{z}^1, \bar{x}^1), (\bar{z}^2, \bar{x}^2), \cdots, (\bar{z}^I, \bar{x}^I)\}$ 在满足以下条件时，被称为"合理期望均衡"：

（1）对于消费者 i，
$$q \cdot \bar{z}^i = 0, \quad p_s^* \cdot \bar{x}^i = p_s^* \cdot e_s^i + \bar{z}_s^i \quad (s=1,2,\cdots,S)$$
成立，并且，对于满足式（13.4.1）、式（13.4.2）的(z^i, x^i)，$x^i \succ_i \bar{x}^i$ 不成立。

（2）$\sum_{i=1}^{I} \bar{z}^i = 0$，$\sum_{i=1}^{I} \bar{x}_s^i = \sum_{i=1}^{I} e_s^i$。

定义 13.9 的条件（1）意味着各消费者在自己的预期之下，为了获得最大的满足而制订证券和商品的购买计划。条件（2）的第一个等式表示在时刻 0 证券市场是均衡的。条件（2）还表明如果各消费者都按时刻 0 的计划在时刻 1 购入商品，则不论出现什么样的状态，市场都会实现均衡。实际上，在各状态 s 中，如果价格 p_s^* 是成立的，则对所有的消费者计划而言商品交易都是可行的；如果所有的消费者都能按计划执行，市场就会达到均衡。这样的思想体现了价格 p^* 的正确预期，这就是其被称为"合理期望"的原因所在。

下面的命题揭示了有条件市场的阿罗-德布鲁均衡和证券市场的合理期望均衡之间的关系。

命题 13.1：I 个消费者的商品消费量 $\bar{x}^i \in X_i$ 的组合 $\{\bar{x}^1, \bar{x}^2, \cdots, \bar{x}^I\}$ 是合理期望均衡的配置的充分必要条件为，它是阿罗-德布鲁均衡的配置。

证明：假定 $\{q, p^*, (\bar{z}^1, \bar{x}^1), (\bar{z}^2, \bar{x}^2), \cdots, (\bar{z}^I, \bar{x}^I)\}$ 是合理期望均衡，则定义 13.11 的条件成立。将向量 $p \in R^{n \times S}$ 的分量设为
$$p_1 = q_1 p_1^*, p_2 = q_2 p_2^*, \cdots, p_S = q_S p_S^*$$
我们下面证明 $\{p, \bar{x}^1, \bar{x}^2, \cdots, \bar{x}^I\}$ 是阿罗-德布鲁均衡。

根据定义 13.11 的（1），有
$$q_s p_s^* \cdot \bar{x}_s^i = q_s p_s^* \cdot e_s^i + q_s \bar{z}_s^i \quad (s=1,2,\cdots,S)$$
成立。将所有状态下的上述等式加总，可以得到
$$p \cdot \bar{x}^i - p \cdot e^i = \sum_{s=1}^{S} q_s p_s^* \cdot \bar{x}_s^i - \sum_{s=1}^{S} q_s p_s^* \cdot e_s^i = \sum_{s=1}^{S} q_s \bar{z}_s^i = q \cdot \bar{z}^i = 0$$

对于满足 $x^i \succ_i \bar{x}^i$ 的向量 x^i，设向量 $z^i \in R^S$，其分量为
$$z_s^i = p_s^* \cdot x_s^i - p_s^* \cdot e_s^i$$
此时，因 (z^i, x^i) 满足式（13.4.2），所以，根据定义 13.11 的（2），式（13.4.1）不成立，也就是
$$p \cdot x^i - p \cdot e^i = \sum_{s=1}^{S} q_s p_s^* \cdot x_s^i - \sum_{s=1}^{S} q_s p_s^* \cdot e_s^i = \sum_{s=1}^{S} q_s z_s^i = q \cdot z^i > 0$$
成立。从而，定义 13.9 的（1）被证明。而定义 13.9 的（2）可以由定义 13.11 的（2）很容易地得到。

反之，我们假定 $\{p, \bar{x}^1, \bar{x}^2, \cdots, \bar{x}^I\}$ 是阿罗-德布鲁均衡，定义 13.9 的条件成立。对于各 i（$i=1,2,\cdots,I$），设向量 $\bar{z}^i \in R^S$ 的各分量如下：
$$\bar{z}_s^i = p_s \cdot \bar{x}_s^i - p_s \cdot e_s^i \quad (s=1,2,\cdots,S)$$
此时，需要证明 $\{\mathbf{1}, p, (\bar{z}^1, \bar{x}^1), (\bar{z}^2, \bar{x}^2), \cdots, (\bar{z}^I, \bar{x}^I)\}$ 是合理期望均衡。这里，$\mathbf{1}$ 是所

有成分为 1 的 S 维向量。明显地，
$$\mathbf{1} \cdot \bar{z}^i = p \cdot \bar{x}^i - p \cdot e^i = 0$$
$$p_s \cdot \bar{x}_s^i = p_s \cdot e_s^i + \bar{z}_s^i \quad (s=1,2,\cdots,S)$$
成立。如果对于 $(\bar{z}^i, \bar{x}^i)$，有
$$\mathbf{1} \cdot z^i \leqslant 0, \quad p_s \cdot x_s^i \leqslant p_s \cdot e_s^i + z^i \quad (s=1,2,\cdots,S)$$
则
$$p \cdot x^i \leqslant p \cdot e^i$$
成立，所以，根据定义 13.9 的 (1)，不可能有 $x^i \succ_i \bar{x}^i$ 成立。从而，在
$$q = \mathbf{1}, \quad p^* = p$$
时，定义 13.11 的 (1) 成立。另外，根据定义 13.9 的 (2) 和 $\bar{z}_s^i$ 的定义，定义 13.11 的 (2) 显然成立。■

设状态 s 出现时，消费者 i 的效用函数为 $u_s^i : R_+^n \to R$，函数值 $u_s^i(x_s^i)$ 表示的是在状态 s 下，消费者 i 的商品消费量为 x_s^i 时的效用。设状态 s 出现的概率满足
$$\pi_s^i > 0, \quad \sum_{s=1}^{S} \pi_s^i = 1$$
此时，如下定义函数 $U_s : X_i \to R$：
$$U_s(x^i) = \sum_{s=1}^{S} \pi_s^i u_s^i(x_s^i)$$
函数值 $U_s(x^i)$ 表示消费者 i 的商品消费量为 $x^i \in X_i$ 时的期望效用。消费者 i 的偏好 $\succ_i$ 由期望效用 $U_s(x^i)$ 来表示，即
$$\succ_i = \{(x, y) \in X_i \times X_i \mid U_i(x) > U_i(y)\}$$
$$X_i = R_+^{n \times S}$$
现在设 $\{q, p^*, (\bar{z}^1, \bar{x}^1), (\bar{z}^2, \bar{x}^2), \cdots, (\bar{z}^I, \bar{x}^I)\}$ 是合理期望均衡，在时刻 0 消费者 i 购入 $\bar{z}^i$ 的证券。如果在时刻 1 出现状态 s，消费者 i 就获得 $\bar{z}_s^i$ 的货币。

向量 $x^i \in X_i$，其分量 $x_1^i, x_2^i, \cdots, x_S^i \in R_+^n$ 满足下式：
$$p_s^* \cdot x_s^i = p_s^* \cdot e_s^i + \bar{z}_s^i \quad (s=1,2,\cdots,S)$$
根据合理期望的定义，
$$\sum_{s=1}^{S} \pi_s^i u_s^i(x_s^i) = U_s(x^i) \leqslant U_s(\bar{x}^i) = \sum_{s=1}^{S} \pi_s^i u_s^i(\bar{x}_s^i)$$
成立。特别地，如果除向量 x^i 的分量 x_s^i 外，其他成分都与 $\bar{x}^i$ 的分量相等，则有
$$u_s^i(x_s^i) \leqslant u_s^i(\bar{x}_s^i)$$
成立。从而，在出现状态 s 时，消费者将在满足预算约束条件
$$p_s^* \cdot x_s^i \leqslant p_s^* \cdot e_s^i + \bar{z}_s^i$$
时，选择使效用 $u_s^i(x_s^i)$ 最大的消费量 $\bar{x}_s^i$。

通过上面的讨论可知，在合理期望均衡的情况下，实际的交易市场是由时刻 0 的 S 个的证券市场和时刻 1 出现的某一个状态下的 n 个商品市场组成的。如果存在证券并且

人们的期望是合理的，则在 $S \times n$ 个有条件物品市场中实现的帕累托最优，可以在数量较小的 $S+n$ 个市场上实现。这样的现象被称为证券具有"市场节约"机能。

二、不完全市场

收入在各状态之间能够自由移动的市场被称为"完全市场"（complete market）。在合理期望均衡上，各消费者以证券交易的方式在全部状态下实现了收入的最优配置。正是证券的机能使得收入可以在状态之间移动，从而在均衡处达到帕累托最优。如果没有证券，即使期望是合理的，在均衡处也不一定能实现帕累托最优。

在本小节讨论的经济中，先不考虑证券。此时，在时刻 0 没有任何交易发生。各消费者在时刻 1 买卖商品，但他们在时刻 0 却不知道商品的价格，只能对其进行预期。当在时刻 1 出现状态 s 时，将市场价格设为 $p_s^{**} \in R^n$。

向量 x^i 是消费者 i 的商品购入计划；其成分 x_s^i，也就是出现状态 s 时的购入量必须满足以下预算约束：

$$p_s^{**} \cdot x_s^i \leqslant p_s^{**} \cdot e_s^i \quad (s=1,2,\cdots,S) \tag{13.4.3}$$

在预算约束之下，各消费者 i 在时刻 0 设置使自己的满足程度最大的购入量 x^i。式（13.4.3）的预算约束相当于存在证券情况下的式（13.4.2）的 $z_s^i=0$ 的情况。从而，在不存在证券的情况下，因各状态的收入不能自由转移，消费者的预算集合也就比较狭窄。

定义 13.10：各状态收入自由转移不完全的市场被称为"不完全市场"（incomplete market）。

设预期价格向量为 $p^{**} \in R^{n \times S}$，其分量是在全部状态下的预期价格向量 $p_1^{**}, p_2^{**}, \cdots, p_S^{**} \in R^n$，这样的经济可以定义如下。

定义 13.11：预期价格 $p^{**} \in R^{n \times S}$ 和消费者 i 的商品的消费量 $\tilde{x}^i \in X_i$ 的组合 $\{p^{**}, \tilde{x}^1, \tilde{x}^2, \cdots, \tilde{x}^I\}$ 满足以下条件时，被称为"不完全市场的均衡"：

（1）对于消费者 i，有

$$p_s^{**} \cdot \tilde{x}_s^i = p_s^{**} \cdot e_s^i \quad (s=1,2,\cdots,S) \tag{13.4.4}$$

成立。另外，对于满足式（13.4.4）的 x^i，偏好关系 $x^i \succ_i \tilde{x}^i$ 不成立。

（2）$\sum_{i=1}^{I} \tilde{x}_s^i = \sum_{i=1}^{I} e_s^i \ (s=1,2,\cdots,S)$。

定义 13.11 的（1）意味着在预期价格 p_s^{**} 之下，各消费者选择达到最大满足程度的商品量；（2）则表明如果各消费者按时刻 0 的计划商品量在时刻 1 购入商品，则市场就会达到均衡。实际上，在各状态 s 和价格 p_s^{**} 之下，所有消费者的商品买卖计划都是可行的。另外，如果所有消费者都实施自己的计划，则市场就是均衡的，即价格 p_s^{**} 是正确的预期价格。

但是，一般情况下，在不完全市场达到均衡时，其配置不一定是帕累托最优的。为了证明这一点，我们进一步简化经济的设定。

设各消费者 i 的效用函数在各状态下都是相同的 $u^i: R_+^n \to R$；有相同的初期禀赋量

e^i。也就是说,假设:

$$u^i = u_1^i = u_2^i = \cdots = u_S^i$$
$$e^i = e_1^i = e_2^i = \cdots = e_S^i \quad (i=1,2,\cdots,I)$$

对于各状态,设消费者的主观概率是相同的,即

$$\pi = \pi_s^1 = e_s^2 = \cdots = e_s^I \quad (s=1,2,\cdots,S)$$

在这样的情况下,因为不论出现什么样的状态,经济都处在相同的状态,故不存在不确定性。我们再对效用函数的凹性进行假定。

严格的凹性:如果 $x,y \in R_+^n$,$x \neq y$,实数 θ 满足 $0<\theta<1$,则

$$u^i(\theta x + (1-\theta)y) > \theta u^i(x) + (1-\theta)u^i(y)$$

成立。

上述条件意味着对于效用函数 u^i 而言,无差异曲线是严格凸的曲线,满足边际效用递减的条件。

由于所有的状态都是相同的,对于定义 13.13,其预期是

$$p_1^{**} = p_2^{**} = \cdots = p_S^{**} \quad (13.4.5)$$

根据效用函数的严格凹性,各消费者 i 的商品消费量都是相同的,不依存于状态,即

$$\tilde{x}_1^i = \tilde{x}_2^i = \cdots = \tilde{x}_S^i \quad (i=1,2,\cdots,I) \quad (13.4.6)$$

设由 I 个消费者构成的交换经济为

$$\varepsilon = \{u^i, e_i (i=1,2,\cdots,I)\}$$

在前文讨论竞争均衡的存在性时,我们已经知道竞争均衡未必只有一个。如果存在多个竞争均衡,就不一定预期在全部状态下都会出现相同的竞争均衡。从而,预期价格 $p_1^{**}, p_2^{**}, \cdots, p_S^{**}$ 相异,最终可能因状态不同而配置各异。也就是说,定义 13.13 的均衡可能为不满足式(13.4.5)和式(13.4.6)的均衡。在这样的均衡处,人们虽然实际处于相同的状态,但他们考虑到实现的状态不一,故预期价格也不同。这种情况与经济学中的"太阳黑子理论"有相似之处。实际上,太阳的黑子并不影响经济,但人们相信太阳黑子与经济周期之间存在内在联系,故这样的均衡被称为"太阳黑子均衡"的配置。

命题 13.2:在太阳黑子均衡处的配置不是帕累托最优。

证明:设对于定义 13.13 的均衡配置 $\{\tilde{x}^1, \tilde{x}^2, \cdots, \tilde{x}^I\}$,式(13.4.6)不成立。

对于各消费者 i,定义 z^i 如下:

$$z^i = \sum_{s=1}^{S} \pi_s \tilde{x}_s^i$$

根据效用函数的严格凹性,有

$$\sum_{s=1}^{S} \pi_s u^i(z^i) = u^i(z^i) = u^i(\sum_{s=1}^{S} \pi_s \tilde{x}_s^i) > \sum_{s=1}^{S} \pi_s u^i(\tilde{x}_s^i)$$

成立。从而,对于消费者 i 而言,比起 $\tilde{x}^i$ 更希望得到 z^i。另外,我们可以得到

$$\sum_{i=1}^{I} z^i = \sum_{i=1}^{I} \sum_{s=1}^{S} \pi_s \tilde{x}_s^i = \sum_{s=1}^{S} \pi_s (\sum_{i=1}^{I} \tilde{x}_s^i) = \sum_{s=1}^{S} \pi_s (\sum_{i=1}^{I} e^i) = \sum_{i=1}^{I} e^i$$

也就是说，不依存状态是指在所有的状态下都可能对消费者 i 给予 z^i 的配置。从而，配置 $\{\tilde{x}^1, \tilde{x}^2, \cdots, \tilde{x}^I\}$ 不是帕累托最优的。 ∎

练 习

1. 某人的期望效用函数为 $u(w)=\sqrt{w}$，初始财富为 4 美元。设他有一张彩票，能够得到 12 美元的概率为 0.5，能够得到 0 美元的概率也为 0.5。请问：

（1）他的期望效用是多少？

（2）他卖出彩票的最低价格是多少？

2. 设存在个人理性顺序 $\succsim$，并且约定：如果 $u(x)=u(y)$，则 $x \sim y$；如果 $u(x)>u(y)$，则 $x \succ y$。

试证明：u 是一个代表 $\succsim$ 的效用函数。

主要参考文献

1. 林金坤. 拓扑学基础[M]. 北京：科学出版社，2004.
2. 安吉尔，弗恩特. 经济数学方法与模型[M]. 朱保华，钱晓明，译. 上海：上海财经大学出版社，2003.
3. 蒋中一. 数理经济学的基本方法[M]. 刘学，译. 北京：商务印书馆，2003.
4. 斯蒂格利茨，沃尔什. 经济学：第3版[M]. 黄险峰，张帆，译. 北京：中国人民大学出版社，2005.
5. 斯塔尔. 一般均衡理论. 鲁昌，许永国，译. 上海：上海财经大学出版社，2003.
6. 范里安. 微观经济学：高级教程：第3版. 费方域，等译. 北京：经济科学出版社，2022.
7. 福恩特. 经济数学方法与模型[M]. 朱保华，钱晓明，译. 上海：上海财经大学出版社，2003.
8. 马斯-克莱尔，温斯顿，格林. 微观经济理论[M]. 曹乾，译. 北京：中国人民大学出版社，2014.
8. 武隈慎一. 数理经济学[M]. 東京：新世社，2004.
9. 西村和雄. ミクロ経済学[M]. 東京：東洋経済新報社，1993.
10. 高木贞治. 解析概論：改訂第三版[M]. 東京：岩波書店，1971.
11. 福岛雅夫. 非线性最优化基础[M]. 林贵华，译. 北京：科学出版社，2011.
12. 高山晟. 数理经济学：第2版. 杨斌，魏二铃，何宗炎，等译，北京：中国人民大学出版社，2009.
13. 高山晟. 经济学中的分析方法[M]. 北京：中国人民大学出版，2013.
14. 李晓春. 数理经济学[M]. 北京：北京大学出版社，2006.
15. 史树中. 凸性[M]. 大连：大连理工大学出版社，2011.
16. Arrow, K. An Extension of the Basic Theorems of Classical Welfare Economics[M]//Neyman (ed), Proceedings the Second Berkeley Symposium on Mathematical Statics and Probability. Berkeley, University California Press, 1951.
17. Border, K. C. Fixed Point Theorems with Applications to Economics and Game Theory[M]. Cambridge, Eng：Cambridge University Press.
18. Rockafellar, R. T. Convex Analysis[M]. Princeton：Princeton University Press, 1970.
19. Fenchel, W. Convex Cones, Set, and Functions[M]. Princeton: Princeton University Press, 1950.
20. Herstein, I. N., Milnor, J. An Axiomatic Approach to Measurable Utility[J]. Econometrica, 1953(21): 291-297.
21. von Neumann, J., Morgenstern, O. Theory of Game and Economic Behavior: 2E[M]. Princeton: Princeton University Press, 1944.

术 语 索 引

CES 函数,38
De Morgan 法则,5
K-T 条件,155
n 维向量空间,12
r 重复制经济,196,201,203

A
阿罗-德布鲁经济,134
阿罗-德布鲁均衡,217,218,219
阿罗证券,218
埃奇沃斯盒状图,133,134,136,146,204
凹性,19,35,76,108,222

B
半负定,75,87,99,100,108
半正定,75,106
闭,116,117,121,162,163,165,166,172
闭包,66,87,115,117,127
闭集,60,63,66,
闭值,163
边际代替率,21,25
边际生产成本,80,81
边界,25,32,33,65,66,126,128,136
便宜点假设,176
并集,3,5,113
补偿收入函数,92
补偿需求,89,93-101,106,108
补偿需求函数,94,95,100,101
补集,4,66,114
不动点,159,161-167,171,177,179
不完全市场,205
不完全竞争理论,81

不完全市场的均衡,221
布劳威尔不动点定理,159,161,163,166

C
差集,3,13
产业关联论,41,53
长期,37,84
超平面,34,123,125-130
成本函数,81,87-89,106-109
传递性,28,29,210
纯粹交换经济,131,133
辞书式顺序,29,30,39
存在定理,41,49,52,59

D
单调,6
单调增加,8,10
单调非减少,8
单调减少,8,10
单调非增加,8
单位单体,119,127
单位圆周,119,128
德布鲁-斯卡夫的极限定理,201
定义域,6,63,70,73,75,79,85,85,120,
　　121,165
顶点,14,19,38,79,103
点 x 处可微,66,71,73,74,101,102,149,
　　153
独立性公理,211
短期,37
对角占优矩阵,185-188
对偶定理,41,49,52,58

对偶问题,49
对应,5,6,24,71,161,162,165,166,172

E
二次可微,74,75,87,106
二阶微分,73-76,100
二阶导函数,73
二项关系,5

F
法线,12
法锥,147,150-152
反射性,210
非负矩阵,41,49,50,54,56-58
非负象限,14,29,35,202
非反射性,28,29,171,172
分离,123,125,126,128
分离定理,64,111,123,125-129,131,
　　143,159,176,180,203
福利经济学第二基本定理,131,
　　142-145
福利经济学第一基本定理,131,141,
　　142,192,194,196
弗罗贝尼乌斯定理,41,57
复合函数,71,72,101
复合映射,6
复制经济,196,199,201,203

G
改善,194-197,199,201,203
供给关系,167,173,174
供给函数,21,34,61,89,103-106,167,173
供给集合,34,35,135,138,139,173-175
孤立局部最优解,149
固定生产要素,37
固定成本,80
关系,4
规模收益不变,37,38

规模收益递减,37
规模收益递增,32,37
国民生产总值,83

H
海塞矩阵,61,72-75,87,100,106
函数,6
横向量,12,49,72,73
合理期望均衡,205,218-221
和公理,209,211,215
和集合,13
核,191,193-204
核配置,191,194-201
黄金律,83
货币的边际效用,102,103
霍特林引理,89,105,107

J
基数效用,24,27
极大值,61,76,78-80,84-88,121
极小值,78,79,87,88,121,149,150
集合 A 与集合 B 相等,3
价格的标准化,182
价格向量,26,33-35,92,93,100,101,103,
　　139,144,182,193,195,199,202-204,
　　218,221,
价值尺度物品,182
间接效用函数,101,103
交集,3,5,19,32,113,128
角谷不动点定理,159,161-163,165,
　　166
紧集,111,118-121
紧密,7
近旁,64,78,79,127,140,162,164,172,174
竞争均衡,131,133,134,136,140,
　　141-146,159,167,169,171,175,177,
　　179

境界条件,196
局部非饱和性,148
局部最优解,149-155
距离,14,15,126,162,163
距离空间,15
均衡配置,136,142,222
均衡价格,133,135,136,140,183-185

K
开集,65-66
开球,64
开值,169-172,176,180,181
柯西-施瓦茨不等式,14,15,95
可变生产要素,37
可测的,214
可行集,149
可行解,49-52
可行的,32,49-51,144,182,219
克莱默法则,43,45
空集,3,7,58,113,114,181
库恩-塔克条件,147,149,151,153-158

L
拉格朗日乘子,153-155
拉格朗日函数,98,99,145,153,154,156,157
李雅普诺夫函数,188,190
利润函数,21,34,35,89,104,105,167,174,178
里昂惕夫函数,38
理性,25,28-30,39,205,210,223
联合,194-197,199,201,203
连续,63,64,67,68,77-79,86-88
连续可微,71,74,78,79,86,88,91,95,100,106,184,185
连续函数,63,64,67,68,77-79,86-88
连续二次可微,74,75,87
连续性条件,169

连续选择,165
连续映射,119,120,161
零阶齐次性,21,27,35,139,182-184
零向量,12,51
罗尔定理,67,77
罗伊恒等式,89,101-103,108

M
马肯基引理,89,95-97,100,102,105,107
幂集合,5,114,161,169
幂集合公理,5
模空间,15
卖空,218
目标函数,49,80,83,101,149,150,154,155

N
内积,12,33
内部,64,66,85,127,128,163,173
拟凹函数,17-19,76,87
拟凸函数,17,18

O
欧几里得空间,14,15,111,113,193

P
帕累托最优,131,141-146,191,194-196,204,205,217,221-223
帕累托最优配置,145,194,195,204,205
配置,133,135,136,140-146,193-201,203,204,219,221-223
偏导函数,69,84,86
偏好,21,23-30,38,39,89,92,94,110,133,135,136,140-144,167,169-172,175,176,181,193,195-197,199-203,209-211,215
偏好关系,27-30,39,136,169,170,196,197,201,215,217,221
偏好集合,21,24,25,92,143,169,193

偏好无差异,24,25
偏好映射,169-172,175,176,181
偏好的凸性,25,143
偏微分,69,70,74,96,97,101,102,104,145

Q
期望效用,205,207-209,211,214,215,
　　220,223
期望效用假说,208
齐次线性方程组,43-45
契约曲线,144,146,191
切平面,126
切向量,150,151,153
切锥,147,150-153
区间,6,10,11,67,
全局最优解,149,150
全微分,69,70,87,102

R
弱瓦尔拉斯法则,139

S
三角不等式,14
上界,6,7,10,57
上有界,6,7,57,64,179,180
上确界,6,7,10,64,69,120,121
上半连续,159,162-165,172,174
生产函数,35-38,89,106,108,109,111
生产集合,3,21,31-34,36,38,103,
　　134-138,143,173-157,216
生产集合的凸性,31,32
生产经济,131,134,135,137,138,167
实际工资率,80
实数连续性公理,6,7,10,120
世外桃源的不存在性,32
收敛,8,63
数量积,12
斯勒茨基方程,89,96-99,108

斯勒茨基矩阵,99
索求权,216-218

T
塔克引理,41,45,47
太阳黑子均衡,205,222
拓扑,111,113-117,119,121,159,225
拓扑空间,113-116,121
泰勒展开式,61,76,78,79,84-86
梯度,72,73,152,155
替代品,183
替代矩阵,99,100
凸包,1,16,17
凸规划,149,150
凸函数,17,18,61,75,106,108,149,
　　150,178
凸集合,15,17,19,25,36,75,104,126,
　　166,170,177,202
凸值,162,165,166,171,172,177-179
凸锥,16,103,104,151
凸组合,15,19,207-209
投入产出系数表,54

W
外部,73
瓦尔拉斯的摸索过程,167,184,190
瓦尔拉斯法则,139,140,182,185,188
完全市场,205
完备性,210
完全竞争市场,81
维尔斯特拉斯定理,67,111,120,121
无差异曲线,21,24,25,27,39,92-94,97,
　　102,144,156,193,197,202,222
无生产活动的可能性,31

X
希克斯需求函数,93

下半连续,159,164,165,169,171,172,177-179
下确界,6,10,64,120,121
下有界,6,7,10,170,171,172,175
显示性偏好,29,30
显示性偏好的弱公理,29,30,38
线性规划问题,48,147,149
线性化锥,147,150,152,153
相对拓扑,115
向量空间,1,5,7,9,11,12,15,17,35
向无穷大发散的,11
消费集合,23-26,133,135,169,170,172,175,179,180,193,197,215,217
效用,21,24
效用函数,25
谢泼德引理,116
需求关系,172
需求函数,24,29,39,93,96,98,101,102,111,146,207,214,215,220,222,223
需求集合,26,27,96,107,139,170-173
序数效用,27
选择定理,157,165,166

Y
雅可比矩阵,99,100,106,167
严格局部最优解,149
严格拟凹函数,18,76,87
严格拟凸函数,18
严格全局最优解,150
一一对应映射,4
一般均衡理论,53,131,159,225
一阶齐次的生产函数,37,38

有条件价格,216
有条件的商品,205,215,217,218
有效约束,152,155
预算集合,26,27,91,136,170-172,221
预算约束线,26,98,136
元素,3,7,12,23,24,31
约束规范,147,156

Z
在点 x 处连续二次可微,74
支撑超平面,125,126
直积,3,28,116,121
直积拓扑,115,116
指标集合,1,5
值域,6,24,35,79,163,172,174
正象限,14,19
锥,14,16,19,38,104,147,150-152
准均衡,131,142-145
状态,207-209,214-223
子空间,115,193
子数列,8,9-11
子点列,118-120,126,128,163,173,190
自替代效应,100
自由处置,31,32,176
自由生产的否定,32
总超额需求函数,167,183,184,187,189,190
最小成本,107,108
最小支出函数,89,92,95,96,101,108
最优解,49,51-52,58,149-152,154-156
最终需求向量,53,54
纵向量,12,73

教辅申请说明

北京大学出版社本着"教材优先、学术为本"的出版宗旨,竭诚为广大高等院校师生服务。为更有针对性地提供服务,请您按照以下步骤在微信后台提交教辅申请,我们会在1~2个工作日内将配套教辅资料,发送到您的邮箱。

◎手机扫描下方二维码,或直接微信搜索公众号"北京大学经管书苑",进行关注;

◎点击菜单栏"在线申请"—"教辅申请",出现如右下界面:

◎将表格上的信息填写准确、完整后,点击提交;

◎信息核对无误后,教辅资源会及时发送给您;如果填写有问题,工作人员会同您联系。

温馨提示:如果您不使用微信,您可以通过下方的联系方式(任选其一),将您的姓名、院校、邮箱及教材使用信息反馈给我们,工作人员会同您进一步联系。

我们的联系方式:
北京大学出版社经济与管理图书事业部
通信地址:北京市海淀区成府路205号,100871
电子邮件:em@pup.cn
电　　话:010-62767312 / 62757146
微　　信:北京大学经管书苑(pupembook)
网　　址:www.pup.cn